UN PRIMER CURSO
DE TEORÍA DE JUEGOS

T0294484

ROBERT GIBBONS
Universidad de Cornell

UN PRIMER CURSO
DE TEORÍA DE JUEGOS

Traducción de
Paloma Calvo
y Xavier Vilà
Universidad de Northwestern

Antoni Bosch ⬭ editor

Publicado por Antoni Bosch, editor
Palafolls, 28 - 08017 Barcelona
Tel. (+34) 93 206 07 30 - Fax (+34) 93 206 07 31
E-mail: info@antonibosch.com
http://www.antonibosch.com

Título original de la obra:
A Primer in Game Theory

ISBN: 84-85855-69-8
Depósito legal: M. 42.838-2011

Diseño de la cubierta: Facing-bcn

Impresión y encuadernación: Book-print Digital

Impreso en España / *Printed in Spain*

CONTENIDO

PREFACIO

La teoría de juegos es el estudio de problemas de decisión multipersonales. Tales problemas se plantean frecuentemente en economía. Como es bien sabido, por ejemplo, en situaciones de oligopolio se dan típicamente problemas de este tipo (cada empresa debe tener en cuenta lo que harán las demás). Pero muchas otras aplicaciones de teoría de juegos surgen en campos ajenos a la organización industrial. A nivel micro económico, muchos modelos de intercambio (como los de negociación y de subasta) utilizan teoría de juegos. A un nivel de agregación intermedio, y en el campo de la economía laboral o de la economía financiera se utiliza la teoría de juegos en modelos de comportamiento de las empresas en los mercados de factores, o para dilucidar problemas de decisión multipersonales dentro de ellas: varios trabajadores compitiendo por un ascenso, varios departamentos compitiendo por unos mismos recursos. Finalmente, al nivel más alto de agregación, en el campo de la economía internacional, se utiliza en modelos en los que los países compiten (o coluden) en sus decisiones arancelarias y, en general, en una política económica exterior; o en macroeconomía, para analizar los resultados de la política monetaria cuando el gobierno y los agentes que determinan los salarios o los precios se comportan estratégicamente.

Este libro está concebido para presentar la teoría de juegos a quienes más tarde construirán (o, al menos, consumirán) los modelos de la teoría de juegos en los ámbitos aplicados de la economía. Se han procurado resaltar en él las aplicaciones de la teoría, tanto al menos como la propia teoría, por tres razones. En primer lugar, porque las aplicaciones ayudan a enseñar la teoría. En segundo lugar, porque las aplicaciones ilustran el proceso de construcción de modelos; es decir, el proceso de traducción de la descripción informal de una determinada situación a un problema formal de teoría de juegos para ser analizado. En tercer lugar, porque las diversas aplicaciones permiten comprobar que problemas similares surgen en áreas diferentes del análisis económico, y que los mismos instrumentos de teoría de juegos pueden aplicarse en cada situación. Para subrayar el amplio alcance potencial de los juegos los ejemplos habituales de organización industrial han sido sustituidos en gran medida por aplicaciones en el ámbito de la economia laboral, de la macroeconomía y de otros campos aplicados del análisis económico.[1]

Discutiremos cuatro tipos de juegos: juegos estáticos con información completa, juegos dinámicos con información completa, juegos estáticos con información incompleta y juegos dinámicos con información incompleta. (Un juego tiene información incompleta si un jugador no conoce las ganancias de otro jugador, como ocurre en una subasta cuando uno de los licitadores no sabe cuánto está dispuesto a pagar otro licitador por el bien subastado.) Correspondiendo a estas cuatro clases de juegos habrá cuatro nociones de equilibrio: equilibrio de Nash, equilibrio de Nash perfecto en subjuegos, equilibrio bayesiano de Nash y equilibrio bayesiano perfecto.

Existen dos maneras (relacionadas) de entender estos conceptos de equilibrio. Primero, se pueden entender como sucesiones de conceptos de equilibrio cada vez más poderosos, donde las definiciones más poderosas (es decir, más restrictivas) constituyen intentos de eliminar equilibrios poco plausibles permitidos por nociones de equilibrio más débiles. Veremos, por ejemplo, que el equilibrio de Nash perfecto en subjuegos es más poderoso que el equilibrio de Nash, y que el equilibrio bayesiano perfecto es a su vez más poderoso que el equilibrio de Nash perfecto en subjuegos. Segundo, puede afirmarse que el concepto de equilibrio relevante es siempre el equilibrio bayesiano perfecto (o quizás un concepto de solución aún más poderoso), aunque éste es equivalente al equilibrio de Nash en juegos estáticos con información completa, equivalente a la perfección en subjuegos en juegos dinámicos con información completa (y perfecta) y equivalente al equilibrio bayesiano de Nash en juegos estáticos con información incompleta.

Este libro puede utilizarse de dos formas. A los estudiantes de economía de primer año de doctorado, muchas de las aplicaciones les serán ya familiares, por lo que la parte de teoría de juegos se puede cubrir en medio semestre, dejando muchas de las aplicaciones para ser estudiadas fuera de clase. A los estudiantes de licenciatura, conviene presentarles la teoría un poco más despacio, y cubrir en clase virtualmente todas las aplicaciones. El prerrequisito matemático fundamental es el cálculo diferencial en una variable; los rudimentos de probabilidad y análisis se introducen a medida que se necesitan.

[1] Una buena fuente de aplicaciones de teoría de juegos en el ámbito de la organización industrial es *Teoría de la organización industrial*, de Tirole (Ariel, 1990).

Aprendí teoría de juegos con David Kreps, John Roberts y Bob Wilson durante mis estudios de doctorado, y con Adam Brandemburger, Drew Fudenberg y Jean Tirole más adelante. A ellos debo la parte teórica de este libro. El énfasis en las aplicaciones y otros aspectos del estilo pedagógico del libro, en cambio, se los debo en gran parte a los estudiantes del departamento de economía del M.I.T. quienes, de 1985 a 1990, inspiraron y moldearon los cursos que han culminado en este libro. Estoy muy agradecido a todos estos amigos por las ideas que han compartido conmigo y el estímulo que siempre me han otorgado, así como por los numerosos comentarios útiles al borrador del libro que he recibido de Joe Farrell, Milt Harris, George Mailath, Matthew Rabin, Andy Weiss y varios críticos anónimos. Finalmente, me complace reconocer los consejos y apoyo que he recibido de Jack Repcheck de Princeton University Press y la ayuda financiera de una beca Olin en economía del National Bureau of Economic Research.

1. JUEGOS ESTÁTICOS CON INFORMACIÓN COMPLETA

En este capítulo consideramos juegos simples de la siguiente forma: primero los jugadores forman decisiones simultáneamente; a continuación reciben sus ganancias, que dependen de la combinación de acciones que acaban de elegir. Dentro de la clase de estos juegos estáticos (o de decisión simultánea), restringimos nuestra atención a los juegos con *información completa*. Es decir, la función de ganancias de cada jugador (la función que determina la ganancia de cada jugador a partir de la combinación de acciones elegidas por los jugadores) es conocida por los jugadores. Estudiamos los juegos dinámicos (o de toma de decisiones sucesivas) en los capítulos 2 y 4, y los juegos con información incompleta (juegos en los cuales algún jugador no está seguro de la función de ganancias de otro jugador, como ocurre en una subasta en la cual lo que cada licitador está dispuesto a pagar por el bien subastado es desconocido por los otros licitadores) en los capítulos 3 y 4.

En la sección 1.1 entramos en las dos cuestiones básicas de la teoría de juegos: cómo describir un juego y cómo resolver el problema de teoría de juegos resultante. Con este fin describimos los instrumentos que utilizaremos para analizar los juegos estáticos con información completa, y sentaremos las bases de la teoría que utilizaremos para analizar juegos más ricos en capítulos posteriores. Definimos también la *representación en forma normal* de un juego y la noción de *estrategia estrictamente dominada*. Demostramos que algunos juegos pueden resolverse mediante la aplicación de la idea de que los jugadores racionales no utilizan estrategias estrictamente dominadas, pero también que en otros juegos este enfoque da lugar a predicciones muy imprecisas sobre el desarrollo del juego (algunas veces tan imprecisa como la afirmación de que "cualquier cosa puede ocurrir"). Después, definimos el *equilibrio de Nash*, un concepto de solución que da pie a predicciones mucho más precisas en una clase de juegos muy amplia.

En la sección 1.2, utilizando los instrumentos desarrollados en la sección previa, analizamos cuatro aplicaciones: el modelo de competencia imperfecta de Cournot (1838), el modelo de competencia imperfecta de Bertrand (1883), el modelo de arbitraje de oferta final de Farber (1980) y el problema de los ejidos (discutido por Hume [1739] y otros). En cada aplicación, en primer lugar traducimos la descripción informal del problema a una representación en la forma normal del juego y después hallamos su equilibrio de Nash. (Cada una de estas aplicaciones tiene un único equilibrio de Nash, pero discutimos ejemplos en los cuales esto no ocurre.)

En la sección 1.3 volvemos a la teoría. En primer lugar definimos la noción de *estrategia mixta*, que interpretamos en términos de la falta de certeza de un jugador con respecto a lo que otro jugador hará. Seguidamente, enunciamos y discutimos el teorema de Nash (1950), el cual garantiza que un equilibrio de Nash (que puede incluir estrategias mixtas) existe en una amplia clase de juegos. Puesto que presentamos primero la teoría básica en la sección 1.1, las aplicaciones en la sección 1.2 y, finalmente, más teoría en la sección 1.3, resulta evidente que el conocimiento de la teoría incluida en la sección 1.3 no constituye un requisito para entender las aplicaciones de la sección 1.2. Por otra parte, la idea de estrategia mixta y la existencia de equilibrio aparecen (ocasionalmente) en capítulos posteriores.

Cada capítulo concluye con ejercicios, sugerencias de lectura adicional y referencias.

1.1 Teoría básica: Juegos en forma normal y equilibrio de Nash

1.1.A Representación de los juegos en forma normal

En la representación de un juego en forma normal cada jugador elige de forma simultánea una estrategia, y la combinación de las estrategias elegidas por los jugadores determina la ganancia de cada jugador. Vamos a ilustrar la representación en forma normal con un ejemplo clásico, *el del dilema de los presos*. Dos sospechosos son arrestados y acusados de un delito. La policía no tiene evidencia suficiente para condenar a los sospechosos, a menos que uno confiese. La policía encierra a los sospechosos en celdas separadas y les explica las consecuencias derivadas de las decisiones que formen. Si ninguno confiesa, ambos serán condenados por un delito menor y sentenciados a un mes de cárcel. Si ambos confiesan, serán sentenciados a seis meses de cárcel. Finalmente, si uno confiesa y el otro no, el que confiesa será puesto en libertad inmediatamente y el otro será sentenciado a nueve meses en prisión, seis por el delito y tres más por obstrucción a la justicia.

El problema de los presos puede representarse mediante la siguiente matriz binaria. (Como matriz, una matriz binaria puede tener un número arbitrario de filas y columnas; binaria se refiere al hecho de que en un juego de dos jugadores hay dos números en cada casilla, las ganancias de los dos jugadores).

Preso 2

Callarse Confesar

		Callarse	Confesar
Preso 1	Callarse	$-1, -1$	$-9, 0$
	Confesar	$0, -9$	$-6, -6$

El dilema de los presos

En este juego, cada jugador cuenta con dos estrategias posibles: confesar y no confesar. Las ganancias de los dos jugadores cuando eligen un par concreto de estrategias aparecen en la casilla correspondiente de la matriz binaria. Por convención, la ganancia del llamado jugador-fila (aquí el preso 1) es la primera ganancia, seguida por la ganancia del jugador-columna (aquí el preso 2). Por eso, si por ejemplo el preso 1 elige callar y el preso 2 elige confesar, el preso 1 recibe una ganancia de –9 (que representa nueve meses en prisión) y el preso 2 recibe una ganancia de 0 (que representa la inmediata puesta en libertad).

Ahora abordamos el caso general. La *representación en forma normal* de un juego especifica: (1) los jugadores en el juego, (2) las estrategias de que dispone cada jugador y (3) la ganancia de cada jugador en cada combinación posible de estrategias. A menudo discutiremos juegos con un número n de jugadores, en los cuales los jugadores están numerados de 1 a n y un jugador arbitrario es denominado jugador i. Sea S_i el conjunto de estrategias con que cuenta el jugador i (llamado *espacio de estrategias de i*), y sea s_i un elemento arbitrario de este conjunto. (Ocasionalmente escribiremos $s_i \in S_i$ para indicar que la estrategia s_i es un elemento del conjunto S_i.) Sea $(s_1, \ldots, s_n)$ una combinación de estrategias, una para cada jugador, y sea u_i la función de ganancias del jugador i: $u_i(s_1, \ldots, s_n)$ es la ganancia del jugador i si los jugadores eligen las estrategias $(s_1, \ldots, s_n)$. Compilando toda esta información tenemos:

Definición. La **representación en forma normal** de un juego con n jugadores especifica los espacios de estrategias de los jugadores $S_1, \ldots, S_n$ y sus funciones de ganancias $u_1, \ldots, u_n$. Denotamos este juego con $G = \{S_1, \ldots, S_n; u_1, \ldots, u_n\}$.

Aunque hemos indicado que en un juego en forma normal los jugadores eligen sus estrategias de forma simultánea, esto no significa que las partes *actúen* necesariamente de forma simultánea. Es suficiente que cada parte elija la acción a seguir sin conocer las decisiones de los demás, como sería aquí el caso si los presos tomasen una decisión en momentos arbitrarios en sus celdas separadas. Además, aunque en este capítulo utilizamos juegos en forma normal para representar solamente juegos estáticos en los cuales los jugadores actúan todos sin conocer las decisiones de los demás jugadores, veremos en el capítulo 2 que las representaciones en forma normal pueden darse en juegos con tomas de decisión sucesivas, pero también que una alternativa, la representación *en forma extensiva* del juego, es a menudo un marco de trabajo más conveniente para analizar los aspectos dinámicos de los juegos.

1.1.B Eliminación iterativa de estrategias estrictamente dominadas

Después de describir un modo de representar un juego, ahora vamos a esbozar una forma de resolver un problema de teoría de juegos. Empezamos con el dilema de los presos, porque es fácil de resolver utilizando únicamente la idea de que un jugador racional no utilizará una estrategia estrictamente dominada.

En el dilema de los presos, si un sospechoso va a confesar, sería mejor para el otro confesar y con ello ir a la cárcel seis meses, en lugar de callarse y pasar nueve meses en prisión. Del mismo modo, si un sospechoso va a callarse, para el otro sería mejor confesar y con ello ser puesto en libertad inmediatamente en lugar de callarse y permanecer en prisión durante un mes. Así, para el preso i, la estrategia de callarse está dominada por la de confesar: para cada estrategia que el preso j puede elegir, la ganancia del prisionero i es menor si se calla que si confiesa. (Lo mismo ocurriría en cualquier matriz binaria en la cual las ganancias $0, -1, -6$ y -9 fueran reemplazadas por las ganancias T, R, P e I respectivamente, siempre que $T > R > P > I$, para plasmar las ideas de ganancias de tentación, recompensa, penalización e ingenuidad. De forma más general:

Definición. *En el juego en forma normal* $G = \{S_1, \ldots, S_n; u_1, \ldots, u_n\}$*, sean* s'_i *y* s''_i *posibles estrategias del jugador i (por ejemplo,* s'_i *y* s''_i *son elementos de* S_i*). La estrategia* s'_i *está* **estrictamente dominada** *por la estrategia* s''_i *si para cada combinación posible de las estrategias de los restantes jugadores la ganancia de i por utilizar* s'_i *es estrictamente menor que la ganancia de i por utilizar* s''_i*:*

$$u_i(s_1, \ldots, s_{i-1}, s'_i, s_{i+1}, \ldots, s_n) < u_i(s_1, \ldots, s_{i-1}, s'', s_{i+1}, \ldots, s_n) \qquad \text{(DE)}$$

para cada $(s_1, \ldots, s_{i-1}, s_{i+1}, \ldots, s_n)$ *que puede ser construida a partir de los espacios de estrategias de los otros jugadores* $S_1, \ldots, S_{i-1}, S_{i+1}, \ldots, S_n$*.*

Los jugadores racionales no utilizan estrategias estrictamente dominadas, puesto que bajo ninguna conjetura que un jugador pudiera formarse sobre las estrategias que elegirán los demás jugadores sería óptimo utilizar tales estrategias.[1] Así, en el dilema de los presos, un jugador racional elegirá confesar, por lo que (confesar, confesar) será el resultado al que llegan dos jugadores racionales, incluso cuando (confesar, confesar) supone unas ganancias peores para ambos jugadores que (callar, callar). Como el dilema de los presos tiene múltiples aplicaciones (que incluyen la carrera de armamentos y el problema del polizón en la provisión de bienes públicos) trataremos variantes del juego en los capítulos 2 y 4. Por ahora nos centraremos más bien en si la idea de que jugadores racionales no utilizan estrategias estrictamente dominadas puede conducir a la solución de otros juegos.

Consideremos el juego abstracto de la figura 1.1.1.[2] El jugador 1 tiene dos estrategias y el jugador 2 tiene 3: $S_1 = \{$alta, baja$\}$ y $S_2 = \{$izquierda, centro, derecha$\}$. Para el jugador 1, ni alta ni baja están estrictamente

---

[1] Una cuestión complementaria también tiene interés: si no existe una conjetura que el jugador i pueda formarse sobre las estrategias de los demás jugadores, que haga óptimo elegir la estrategia s_i, ¿podemos concluir que debe existir otra estrategia que domine estrictamente a s_i? La respuesta es afirmativa, siempre que adoptemos definiciones adecuadas de "conjetura" y de "otra estrategia", términos que incluyen la idea de estrategias mixtas que introduciremos en la sección 1.3.A.

[2] La mayor parte de este libro considera aplicaciones económicas más que ejemplos abstractos, tanto porque las aplicaciones son de interés por sí mismas como porque, para muchos lectores, las aplicaciones son a menudo un modo útil de explicar la teoría subyacente. Sin embargo, cuando introduzcamos algunas ideas teóricas básicas, recurriremos a ejemplos abstractos sin una interpretación económica directa.

dominadas: alta es mejor que baja si 2 elige izquierda (porque 1 es mayor que 0), pero baja es mejor que alta si 2 elige derecha (porque 2 es mayor que cero).

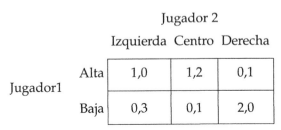

Jugador 2

Izquierda Centro Derecha

	Izquierda	Centro	Derecha
Alta	1,0	1,2	0,1
Baja	0,3	0,1	2,0

Jugador1

Figura 1.1.1

Sin embargo, para el jugador 2, derecha está estrictamente dominada por centro (porque 2 es mayor que 1 y 1 es mayor que 0), por lo que un jugador racional 2 no elegirá derecha. Así, si el jugador 1 sabe que el jugador 2 es racional, puede eliminar derecha del espacio de estrategias del jugador 2. Esto es, si el jugador 1 sabe que el jugador 2 es racional, puede comportarse en el juego de la figura 1.1.1 como si estuviera en el juego de la figura 1.1.2.

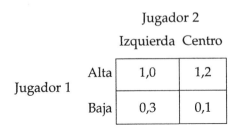

Jugador 2

Izquierda Centro

	Izquierda	Centro
Alta	1,0	1,2
Baja	0,3	0,1

Jugador 1

Figura 1.1.2

En la figura 1.1.2, baja está ahora estrictamente dominada por alta para el jugador 1, así que si el jugador 1 es racional (y el jugador 1 sabe que el jugador 2 es racional, por lo que se aplica el juego de la figura 1.1.2) no elegirá baja. Por eso, si el jugador 2 sabe que el jugador 1 es racional, y el jugador 2 sabe que el jugador 1 sabe que el jugador 2 es racional (por lo que el jugador 2 sabe que se aplica la figura 1.1.2), el jugador 2 puede eliminar baja del espacio de estrategias del jugador 1, quedando el juego como indica la figura 1.1.3. Pero ahora, izquierda está estrictamente dominada por centro para el jugador 2, quedando (alta, centro) como el resultado del juego.

Jugador 2

Izquierda Centro

		Izquierda	Centro
Jugador 1	Alta	1,0	1,2

Figura 1.1.3

Este proceso se denomina *eliminación iterativa de las estrategias estrictamente dominadas*. Aunque está basado en la atractiva idea de que los jugadores racionales no utilizan estrategias estrictamente dominadas, el proceso presenta dos inconvenientes. En primer lugar, cada paso requiere un supuesto adicional sobre lo que los jugadores saben acerca de la racionalidad del otro. Si queremos ser capaces de aplicar el proceso para un número arbitrario de pasos, necesitamos suponer que es *información del dominio público* que los jugadores son racionales. Esto es, necesitamos suponer no sólo que todos los jugadores son racionales, sino también que todos los jugadores saben que todos los jugadores son racionales, y que todos los jugadores saben que todos los jugadores saben que todos los jugadores son racionales, y así *ad infinitum* (véase la definición formal de información del dominio público en Aumann [1976]).

La segunda desventaja de la eliminación iterativa de estrategias estrictamente dominadas es que el proceso conduce a menudo a una predicción imprecisa sobre el desarrollo del juego. Por ejemplo, consideremos el juego de la figura 1.1.4. En este juego no hay estrategias estrictamente dominadas para ser eliminadas. (Puesto que no hemos fundamentado este juego en absoluto, al lector puede parecerle arbitrario o incluso patológico. Para una aplicación económica en el mismo sentido, véase el caso de tres o más empresas en el modelo de Cournot incluido en la sección 1.2.A.) Puesto que todas las estrategias en el juego sobreviven a la eliminación iterativa de las estrategias estrictamente dominadas, el proceso no permite ninguna predicción sobre el desarrollo del juego.

	I	C	D
A	0,4	4,0	5,3
M	4,0	0,4	5,3
B	3,5	3,5	6,6

Figura 1.1.4

A continuación abordamos el equilibrio de Nash, un concepto de solución que da lugar a predicciones mucho más precisas en una clase de juegos muy amplia. Demostramos que el equilibrio de Nash es un concepto de solución más poderoso que la eliminación iterativa de las estrategias estrictamente dominadas, en el sentido de que las estrategias de los jugadores en un equilibrio de Nash siempre sobreviven a la eliminación iterativa de las estrategias estrictamente dominadas, cosa que no ocurre a la inversa. En los capítulos siguientes argumentaremos que, en juegos más ricos, incluso el equilibrio de Nash da lugar a predicciones demasiado imprecisas sobre el desarrollo del juego, por lo que definiremos nociones de equilibrio aún más poderosas, más adecuadas para estos casos.

1.1.C Fundamentación y definición del equilibrio de Nash

Una manera de fundamentar la definición del equilibrio de Nash es el argumento de que si la teoría de juegos ofrece una solución única a un determinado problema, esta solución debe ser un equilibrio de Nash en el siguiente sentido: Supongamos que la teoría de juegos hace una única predicción sobre las estrategias elegidas por los jugadores. Para que esta predicción sea correcta es necesario que cada jugador esté dispuesto a elegir la estrategia predicha por la teoría. Por ello, la estrategia predicha de cada jugador debe ser la mejor respuesta de cada jugador a las estrategias predichas de los otros jugadores. Tal predicción puede denominarse *estratégicamente estable* o *self-enforcing*, puesto que ningún jugador va a querer desviarse de la estrategia predicha para él. Llamaremos a tal predicción equilibrio de Nash:

Definición. *En el juego en forma normal de n jugadores, $G = \{S_1, \ldots, S_n; u_1, \ldots, u_n\}$, las estrategias $s_1^*, \ldots, s_n^*)$ forman un **equilibrio de Nash** si, para cada jugador i, s_i^* es la mejor respuesta del jugador i (o al menos una de ellas) a las estrategias de los otros $n-1$ jugadores, $(s_1^*, \ldots, s_{i-1}^*, s_{i+1}^*, \ldots, s_n^*)$:*

$$u_i(s_1^*, \ldots, s_{i-1}^*, s_i^*, s_{i+1}^*, \ldots, s_n^*) \geq u_i(s_1^*, \ldots, s_{i-1}^*, s_i, s_{i+1}^*, \ldots, s_n^*) \qquad \text{(EN)}$$

para cada posible estrategia s_i en S_i; esto es, s_i^* es una solución de

$$\max_{s_i \in S_i} u_i(s_1^*, \ldots, s_{i-1}^*, s_i, s_{i+1}^*, \ldots, s_n^*).$$

Para relacionar esta definición con su fundamentación anterior, supongamos que la teoría de juegos ofrece las estrategias $(s'_1, \ldots, s'_n)$ como la solución al juego en forma normal $G = \{S_1, \ldots, S_n; u_1, \ldots, u_n\}$. Decir que $(s'_1, \ldots, s'_n)$ no constituyen un equilibrio de Nash de G es equivalente a decir que existe algún jugador i tal que s'_i *no* es la mejor respuesta a $(s'_1, \ldots, s'_{i-1}, s'_{i+1}, \ldots, s'_n)$. Esto es, existe alguna s''_i en S_i tal que

$$u_i(s'_1, \ldots, s'_{i-1}, s'_i, s'_{i+1}, \ldots, s'_n) < u_i(s'_1, \ldots, s'_{i-1}, s''_i, s'_{i+1}, \ldots, s'_n).$$

Así, si la teoría ofrece las estrategias $(s'_1, \ldots, s'_n)$ como la solución pero estas estrategias no constituyen un equilibrio de Nash, al menos un jugador tendrá un incentivo para desviarse de la predicción de la teoría, con lo que la teoría quedará desmentida por el desarrollo concreto del juego. Otra fundamentación muy parecida del equilibrio de Nash incorpora la idea de convenio: si surge un acuerdo sobre cómo comportarse en un determinado juego, las estrategias fijadas por el convenio deben formar un equilibrio de Nash; si no, habrá al menos un jugador que no se regirá por el convenio.

Para concretar, vamos a resolver unos cuantos ejemplos. Consideremos los tres juegos en forma normal ya descritos: el dilema de los presos y los de las figuras 1.1.1. y 1.1.4. Una forma torpe de hallar los equilibrios de Nash en un juego consiste simplemente en comprobar si cada combinación posible de estrategias satisface la condición (EN) en la definición.[3] En un juego de dos jugadores, esta forma de hallar los equilibrios comienza del modo siguiente: para cada jugador y para cada estrategia posible con la que cuenta cada jugador se determina la mejor respuesta del otro jugador a esa estrategia. En la figura 1.1.5 se representa esto en el caso del juego definido en 1.1.4, subrayando la ganancia de la mejor respuesta del jugador j a cada una de las posibles estrategias del jugador i. Si el jugador columna fuera a jugar I, por ejemplo, la mejor respuesta del jugador fila sería M, puesto que 4 es mayor que 3 y que 0; por ello, la ganancia que 4 le proporciona al jugador fila en la casilla (M, I) de la matriz binaria está subrayada.

---

[3] En la sección 1.3.A vamos a distinguir entre estrategias puras y mixtas. Después vamos a ver que la definición dada aquí describe equilibrios de Nash en *estrategias puras*, pero que también puede haber equilibrios de Nash en *estrategias mixtas*. A menos que se señale explícitamente de otro modo, todas las referencias a los equilibrios de Nash en esta sección se refieren a equilibrios de Nash en estrategias puras.

Un par de estrategias satisface la condición (EN) si la estrategia de cada jugador es la mejor respuesta a la del otro, es decir, si ambas ganancias están subrayadas en la casilla correspondiente de la matriz binaria. Por ello (B,D) es el único par de estrategias que satisface (EN). Lo mismo ocurre para (confesar, confesar) en el dilema de los presos y para (alta, centro) en la figura 1.1.1. Estos pares de estrategias son los únicos equilibrios de Nash de estos juegos.[4]

	I	C	D
A	0,4̲	4̲,0	5,3
M	4̲,0	0,4̲	5,3
B	3,5	3,5	6̲,6̲

Figura 1.1.5

A continuación tratamos la relación entre el equilibrio de Nash y la eliminación iterativa de las estrategias estrictamente dominadas. Recordemos que las estrategias de equilibrio de Nash en el dilema de los presos y en la figura 1.1.1 —(confesar, confesar) y (alta, centro) respectivamente— son las únicas estrategias que sobreviven a la eliminación iterativa de las estrategias estrictamente dominadas. Este resultado puede generalizarse: si la eliminación iterativa de las estrategias estrictamente dominadas elimina todas las estrategias menos las estrategias $(s_1^*, \ldots, s_n^*)$, estas estrategias constituyen el único equilibrio de Nash del juego. (Véase el apéndice para una demostración de esta afirmación.) Sin embargo, puesto que la eliminación iterativa de las estrategias estrictamente dominadas con frecuencia *no* elimina más que una combinación de estrategias, es del máximo interés el hecho de que el equilibrio de Nash sea un concepto de solución más poderoso que la eliminación iterativa de las estrategias estrictamente dominadas en el siguiente sentido: si las estrategias $s_1^*, \ldots, s_n^*$ constituyen un equilibrio de Nash, sobreviven a la eliminación iterativa de las estrategias estrictamente dominadas (véase apéndice para una demostración), pero pueden existir estrategias que sobrevivan a la eliminación iterativa de estrategias estrictamente dominadas pero que no formen parte de ningún

---

[4] Esta afirmación es correcta incluso si no limitamos nuestra atención al equilibrio de Nash en estrategias puras, puesto que en estos juegos no existen equilibrios de Nash en estrategias mixtas. Véase el ejercicio 1.10.

equilibrio de Nash. Para ver esto último recordemos que en la figura 1.1.4, el equilibrio de Nash ofrece una única predicción (B,D), mientras que la eliminación iterativa de las estrategias estrictamente dominadas ofrece una predicción con el mayor grado de imprecisión posible: no se elimina ninguna estrategia; puede ocurrir cualquier cosa.

Tras demostrar que el equilibrio de Nash es un concepto de solución más poderoso que la eliminación iterativa de las estrategias estrictamente dominadas tenemos que preguntarnos si el equilibrio de Nash no es un concepto de solución demasiado poderoso. Esto es ¿podemos estar seguros de que el equilibrio de Nash existe? Nash (1950) demostró que en cualquier juego finito (por ejemplo, un juego en el cual el número n de jugadores y los conjuntos de estrategias $S_1, \ldots, S_n$ son todos finitos) existe al menos un equilibrio de Nash. (Este equilibrio puede incluir estrategias mixtas, que discutiremos en la sección 1.3.A. Para un enunciado preciso del teorema de Nash véase la sección 1.3.B.) Cournot (1838) propuso la misma noción de equilibrio en el contexto de un modelo particular de duopolio y demostró (por construcción) que existe un equilibrio en este modelo; véase la sección 1.2.A. En cada aplicación analizada en este libro, seguiremos el ejemplo de Cournot: demostraremos que existe un equilibrio de Nash (o más poderoso) mediante la construcción de uno. En algunas secciones teóricas, no obstante, utilizaremos el teorema de Nash (o su análogo para conceptos de equilibrio más poderosos) y simplemente diremos que existe un equilibrio.

Concluimos esta sección con otro ejemplo clásico, *la batalla de los sexos*. Este ejemplo muestra que un juego puede tener múltiples equilibrios de Nash, y también será útil en las discusiones sobre estrategias mixtas de las secciones 1.3.B y 3.2.A. En la exposición tradicional del juego (que, quede claro, data de los años cincuenta), un hombre y una mujer están tratando de decidir qué harán esta noche; nosotros analizamos una versión del juego que no tiene en cuenta el sexo de los participantes.[5] En lugares de trabajo separados, Pat y Chris deben elegir entre ir a la ópera o a un combate de boxeo. Ambos(as) jugadores(as) preferirían pasar la noche juntos(as), pero Pat preferiría estar juntos(as) en el boxeo, mientras que Chris preferiría estar juntos(as) en la ópera, tal como representamos en la matriz binaria que sigue:

---

[5] En inglés, los diminutivos Pat y Chris pueden referirse tanto a nombres masculinos (Patrick y Christopher) como femeninos (Patricia y Christina). (N. de los T.)

Pat

Ópera Boxeo

		Ópera	Boxeo
Chris	Ópera	2,1	0,0
	Boxeo	0,0	1,2

La batalla de los sexos

Ambos, (ópera, ópera) y (boxeo, boxeo) son equilibrios de Nash.

Hemos argumentado antes que si la teoría de juegos ofrece una única solución a un juego, ésta debe ser un equilibrio de Nash. Este argumento ignora la posibilidad de juegos en los cuales la teoría de juegos no ofrece una solución única. También hemos argumentado que si se llega a un acuerdo sobre cómo comportarse en un juego, las estrategias establecidos en el acuerdo deben ser un equilibrio de Nash, pero este argumento, al igual que el anterior, ignora la posibilidad de juegos para los cuales no se alcance un acuerdo. En algunos juegos con múltiples equilibrios de Nash sobresale un equilibrio como la solución más atractiva del juego. (Gran parte de la teoría de los capítulos posteriores constituye un esfuerzo para identificar este equilibrio más atractivo en diferentes clases de juegos.) Así, la existencia de múltiples equilibrios de Nash no es un problema en sí mismo. Sin embargo, en la batalla de los sexos, (ópera, ópera) y (boxeo, boxeo) parecen igualmente atractivos, lo que indica que pueden existir juegos para los cuales la teoría de juegos no ofrece una solución única y en los que no se llegará a ningún acuerdo.[6] En tales juegos, el equilibrio de Nash pierde gran parte de su atractivo como predicción del juego.

---

[6] En la sección 1.3.B describimos un tercer equilibrio de Nash (que incluye estrategias mixtas) en la batalla de los sexos. Al contrario que (ópera,ópera) y (boxeo,boxeo), este tercer equilibrio ofrece ganancias simétricas, como se podría esperar de la solución única a un juego simétrico. Por otro lado, el tercer equilibrio es también ineficiente, lo cual puede influir en contra de que se llegue a un acuerdo para alcanzarlo. Cualquiera que sea nuestro juicio sobre los equilibrios de Nash en la batalla de los sexos, la cuestión sigue en pie: pueden existir juegos para los cuales la teoría de juegos no ofrezca una solución única y para los que no se llegue a ningún acuerdo.

Apéndice

Este apéndice contiene demostraciones de las dos proposiciones siguientes, que fueron enunciadas de manera informal en la sección 1.1.C. Saltarse estas demostraciones no impedirá de forma sustancial la comprensión del resto del libro. Sin embargo, para aquellos lectores no acostumbrados a la manipulación de definiciones formales y a la construcción de demostraciones, el dominio de estas demostraciones constituye un valioso ejercicio.

Proposición A. *En el juego en forma normal con n jugadores $G = \{S_1, \ldots, S_n; u_1, \ldots, u_n\}$, si la eliminación iterativa de las estrategias estrictamente dominadas elimina todas las estrategias menos las $(s_1^*, \ldots, s_n^*)$, estas últimas estrategias constituyen el único equilibrio de Nash del juego.*

Proposición B. *En el juego en forma normal con n jugadores $G = \{S_1, \ldots, S_n; u_1, \ldots, u_n\}$, si las estrategias $(s_1^*, \ldots, s_n^*)$ forman un equilibrio de Nash, entonces sobreviven a la eliminación iterativa de las estrategias estrictamente dominadas.*

Puesto que la proposición B es más fácil de demostrar, comenzamos por ella para entrar en materia. El argumento es por contradicción. Esto es, vamos a suponer que una de las estrategias en un equilibrio de Nash es eliminada por eliminación iterativa de las estrategias estrictamente dominadas, y después demostraremos que llegaríamos a una contradicción si este supuesto ocurriera, demostrando así que el supuesto debe ser falso.

Supongamos que las estrategias $(s_1^*, \ldots, s_n^*)$ forman un equilibrio de Nash del juego en forma normal $G = \{S_1, \ldots, S_n; u_1, \ldots, u_n\}$, pero supongamos también que (tal vez después de que algunas estrategias distintas de $(s_1^*, \ldots, s_n^*)$ hayan sido eliminadas) s_i^* es la primera de las estrategias $(s_1^*, \ldots, s_n^*)$ en ser eliminada por ser estrictamente dominada. Entonces, debe existir una estrategia s_i'' que no ha sido aún eliminada de S_i que domina estrictamente a s_i^*. Adaptando (DE) tenemos

$$u_i(s_1, \ldots, s_{i-1}, s_i^*, s_{i+1}, \ldots, s_n) < u_i(s_1, \ldots, s_{i-1}, s_i'', s_{i+1}, \ldots, s_n) \qquad (1.1.1)$$

para cada $(s_1, \ldots, s_{i-1}, s_{i+1}, \ldots, s_n)$ que puede ser construida a partir de las estrategias que no han sido aún eliminadas de los espacios de estrategias de los otros jugadores. Puesto que s_i^* es la primera de las estrategias de equilibrio en ser eliminada, las estrategias de equilibrio de otros jugadores no han sido eliminadas, por lo que una de las consecuencias de (1.1.1) es

$$u_i(s_1^*, \ldots, s_{i-1}^*, s_i^*, s_{i+1}^*, \ldots, s_n^*) < u_i(s_1^*, \ldots, s_{i-1}^*, s_i'', s_{i+1}^*, \ldots, s_n^*). \quad (1.1.2)$$

Pero (1.1.2) es contradicha por (EN): s_i^* debe ser una mejor respuesta a $(s_1^*, \ldots, s_{i-1}^*, s_{i+1}^*, \ldots, s_n^*)$, por lo que no puede existir una estrategia s_i'' que domine estrictamente a s_i^*. Esta contradicción completa la demostración.

Después de haber demostrado la proposición B hemos ya demostrado parte de la proposición A; lo único que nos queda demostrar es que si la eliminación iterativa de estrategias estrictamente dominadas elimina todas las estrategias excepto $(s_1^*, \ldots, s_n^*)$, estas estrategias forman un equilibrio de Nash. Por la proposición B cualesquiera otros equilibrios de Nash habrían sobrevivido también, por lo que este equilibrio debe ser único. Suponemos aquí que G es finito.

El argumento es nuevamente por contradicción. Supongamos que la eliminación iterativa de estrategias estrictamente dominadas elimina todas las estrategias excepto $(s_1^*, \ldots, s_n^*)$, pero estas estrategias no forman un equilibrio de Nash. Entonces debe existir un jugador i y alguna estrategia factible s_i en S_i tal que (EN) no se cumpla, pero s_i debe haber sido estrictamente dominada por alguna otra estrategia s_i' en algún punto del proceso. Los enunciados formales de estas dos observaciones son: existe s_i en S_i tal que

$$u_i(s_1^*, \ldots, s_{i-1}^*, s_i^*, s_{i+1}^*, \ldots, s_n^*) < u_i(s_1^*, \ldots, s_{i-1}^*, s_i, s_{i+1}^*, \ldots, s_n^*); \quad (1.1.3)$$

y existe s_i' en el conjunto de estrategias del jugador i que queda en algún punto del proceso tal que

$$u_i(s_1, \ldots, s_{i-1}, s_i, s_{i+1}, \ldots, s_n) < u_i(s_1, \ldots, s_{i-1}, s_i', s_{i+1}, \ldots, s_n) \quad (1.1.4)$$

para cada $(s_1, \ldots, s_{i-1}, s_{i+1}, \ldots, s_n)$ que puede ser construida a partir de las estrategias que quedan en los espacios de estrategias de los otros jugadores en ese punto del proceso. Puesto que las estrategias de los otros jugadores $(s_1^*, \ldots, s_{i-1}^*, s_{i+1}^*, \ldots, s_n^*)$ nunca son eliminadas, una de las implicaciones de (1.1.4) es

$$u_i(s_1^*, \ldots, s_{i-1}^*, s_i, s_{i+1}^*, \ldots, s_n^*) < u_i(s_1^*, \ldots, s_{i-1}^*, s_i', s_{i+1}^*, \ldots, s_n^*). \quad (1.1.5)$$

Si $s_i' = s_i^*$ (es decir, si s_i^* es la estrategia que domina estrictamente a s_i) (1.1.5) contradice a (1.1.3), en cuyo caso la demostración está completa. Si $s_i' \neq s_i^*$ alguna otra estrategia s_i'' debe más tarde dominar estrictamente a s_i', ya que s_i' no sobrevive al proceso. Por eso, las desigualdades análogas a (1.1.4) y (1.1.5) se cumplen para s_i' y s_i'', que sustituyen a s_i y s_i' respectivamente. Una vez más, si $s_i'' = s_i^*$ la demostración está completa; si no, pueden construirse otras dos desigualdades análogas. Puesto que s_i^* es la única estrategia de S_i que sobrevive al proceso, la repetición de este argumento (en un juego finito) completa finalmente la demostración.

1.2 Aplicaciones

1.2.A Modelo de duopolio de Cournot

Como hemos indicado en la sección previa, Cournot (1838) se anticipó a la definición de equilibrio de Nash en más de un siglo (pero sólo en el contexto de un modelo concreto de duopolio). Por ello, no es sorprendente que el trabajo de Cournot constituya uno de los clásicos de la teoría de juegos y una de las piedras angulares en organización industrial. Consideramos aquí una versión muy simple del modelo de Cournot y presentaremos variaciones del modelo en los capítulos siguientes. En esta sección utilizamos el modelo para ilustrar: (a) la traducción del enunciado informal de un problema a la forma normal de un juego; (b) los cálculos necesarios para hallar el equilibrio de Nash del juego y (c) la eliminación iterativa de las estrategias estrictamente dominadas.

Sean q_1 y q_2 las cantidades (de un producto homogéneo) producidas por las empresas 1 y 2 respectivamente. Sea $P(Q) = a - Q$ el precio de equilibrio de mercado cuando la cantidad agregada en el mercado es $Q = q_1 + q_2$. (Más precisamente, $P(Q) = a - Q$ para $Q < a$ y $P(Q) = 0$ para $Q \geq a$.) Supongamos que el coste total de producción de la cantidad q_i por la empresa i es $C_i(q_i) = cq_i$. Es decir, no existen costes fijos y el coste marginal es constante e igual a c, donde suponemos que $c < a$. Siguiendo a Cournot, suponemos que las empresas eligen sus cantidades de forma simultánea.[7]

---

[7] En la sección 1.2.B discutimos el modelo de Bertrand (1883), en el cual las empresas eligen precios en vez de cantidades, y en la sección 2.1.B el modelo de Stackelberg (1934), en el cual las empresas eligen cantidades, pero una empresa elige antes que (y es observada por) la otra. Finalmente, discutimos en la sección 2.3.C el modelo de Friedman (1971), en el cual la interacción descrita en el modelo de Cournot ocurre repetidamente en el tiempo.

Para encontrar el equilibrio de Nash en el juego de Cournot, primero traducimos el problema a un juego en forma normal. Recordemos de la sección anterior que la representación en forma normal de un juego exige precisar: (1) los jugadores en el juego; (2) las estrategias de que dispone cada jugador y (3) las ganancias recibidas por cada jugador con cada combinación de estrategias posibles. Hay dos jugadores en un juego de duopolio: las dos empresas. En el modelo de Cournot las estrategias de que dispone cada empresa son las diferentes cantidades que puede producir. Vamos a suponer que el producto es continuamente divisible. Naturalmente, no puede haber producción negativa. Por ello, el espacio de estrategias de cada empresa puede ser representado como $S_i = [0,\infty)$, los números reales no negativos, en cuyo caso una estrategia típica s_i es la elección de una cantidad $q_i \geq 0$. Se podría argumentar que no se puede disponer de cantidades demasiado grandes, por lo que éstas no deberían incluirse en el espacio de estrategias de una empresa. No obstante, puesto que $P(Q) = 0$ para $Q \geq a$, ninguna empresa producirá una cantidad $q_i > a$.

Quedan por concretar las ganancias de la empresa i en función de las estrategias elegidas por dicha empresa y por la otra empresa, y definir y hallar el equilibrio. Suponemos que las ganancias de la empresa son simplemente su beneficio. Por ello, la ganancia $u_i(s_i,s_j)$ en un juego general en forma normal de dos jugadores puede expresarse de la siguiente forma:[8]

$$\pi_i(q_i,q_j) = q_i[P(q_i + q_j) - c] = q_i[a - (q_i + q_j) - c].$$

Recordemos de la sección previa que, en un juego en forma normal de dos jugadores, el par de estrategias (s_1^*,s_2^*) forma un equilibrio de Nash si, para cada jugador i,

$$u_i(s_i^*,s_j^*) \geq u_i(s_i,s_j^*) \qquad \text{(EN)}$$

para cada posible estrategia s_i en S_i. De la misma forma, para cada jugador i, s_i^* debe ser una solución del problema de optimización

$$\max_{s_i \in S_i} u_i(s_i,s_j).$$

---

[8] Obsérvese que hemos cambiado ligeramente la notación al escribir $u_i(s_i,s_j)$ en vez de $u_i(s_1,s_2)$. Ambas expresiones representan las ganancias del jugador i en función de las estrategias elegidas por todos los jugadores. Vamos a utilizar estas expresiones (y sus análogas con n jugadores) indistintamente.

En el modelo de duopolio de Cournot, el enunciado análogo es que el par de cantidades (q_1^*,q_2^*) forma un equilibrio de Nash si, para cada empresa i, q_i^* es una solución de

$$\max_{0\leq q_i<\infty} \pi_i(q_i,q_j) = \max_{0\leq q_i<\infty} q_i[a - (q_i + q_j^*) - c].$$

Suponiendo que $q_j^* < a-c$ (como demostraremos que ocurre), la condición de primer orden del problema de optimización de la empresa i es necesaria y suficiente, con lo que se obtiene

$$q_i = \frac{1}{2}(a - q_j^* - c). \tag{1.2.1}$$

Así, si el par de cantidades (q_1^*,q_2^*) ha de formar un equilibrio de Nash, las cantidades elegidas por las empresas deben cumplir

$$q_1^* = \frac{1}{2}(a - q_2^* - c)$$

y

$$q_2^* = \frac{1}{2}(a - q_1^* - c).$$

Resolviendo este par de ecuaciones obtenemos

$$q_1^* = q_2^* = \frac{a-c}{3},$$

que es ciertamente menor que $a - c$, como habíamos supuesto.

La interpretación de este equilibrio es simple. Cada empresa querría por supuesto tener el monopolio del mercado, en cuyo caso elegiría q_i para maximizar $\pi_i(q_i,0)$, produciría la cantidad de monopolio $q_m = (a - c)/2$ y alcanzaría un beneficio de monopolio $\pi_i(q_m,0) = (a-c)^2/4$. Dado que hay dos empresas, los beneficios agregados del duopolio se verían maximizados fijando una cantidad agregada $q_1 + q_2$ igual a la cantidad de monopolio q_m, como ocurriría si $q_i = q_m/2$ para cada i, por ejemplo. El problema de este arreglo es que cada empresa tiene un incentivo para desviarse de él, puesto que la cantidad de monopolio es baja, el precio correspondiente $P(q_m)$ es alto y, a este precio, cada empresa querría aumentar su cantidad, pese a que tal incremento en la producción bajaría el precio de equilibrio de mercado. (Formalmente, utilícese (1.2.1) para comprobar que $q_m/2$ *no* es la mejor respuesta de la empresa 2 a la elección de $q_m/2$ por parte de la empresa 1.) En el equilibrio de Cournot, al contrario, la cantidad agregada es más alta, por lo que el precio correspondiente es más bajo, con lo que la tentación de aumentar la producción queda reducida justo lo preciso para que cada empresa decida no hacerlo, al darse cuenta de que con ello caerá el precio de equilibrio de mercado. Véase el ejercicio 1.4 para un análisis de cómo la presencia de un número n de oligopolistas afecta al dilema planteado en equilibrio por la tentación de aumentar la producción y el temor a reducir el precio de equilibrio de mercado.

En vez de hallar de forma algebraica el equilibrio de Nash del juego de Cournot, se podría hallar gráficamente del modo siguiente: la ecuación (1.2.1) proporciona la mejor respuesta de la empresa i a la estrategia de *equilibrio* de la empresa j, q_j^*. Un razonamiento análogo conduce a la mejor respuesta de la empresa 2 a cualquier estrategia *arbitraria* de la empresa 1, y la mejor respuesta de la empresa 1 a cualquier estrategia arbitraria de la empresa 2. Suponiendo que la estrategia de la empresa 1 cumple $q_1 < a - c$, la mejor respuesta de la empresa 2 es

$$R_2(q_1) = \frac{1}{2}(a - q_1 - c);$$

del mismo modo, si q_2 es menor que $a - c$, la mejor respuesta de la empresa 1 es

$$R_1(q_2) = \frac{1}{2}(a - q_2 - c).$$

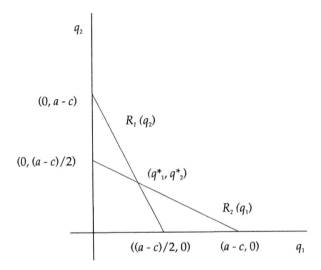

Figura 1.2.1

Como se muestra en la figura 1.2.1 estas dos funciones de mejor respuesta se cortan sólo una vez, en el par de cantidades de equilibrio (q_1^*, q_2^*).

Un tercer modo de hallar este equilibrio de Nash es aplicar el proceso de eliminación iterativa de las estrategias estrictamente dominadas. Este proceso ofrece una única solución que, por la proposición A del apéndice de la sección anterior, debe ser un equilibrio de Nash (q_1^*, q_2^*). El proceso completo requiere un número infinito de pasos, cada uno de los cuales elimina una fracción de las cantidades que quedan en el espacio de estrategias de cada empresa. Vamos a discutir solamente los dos primeros pasos. En primer lugar, la cantidad de monopolio $q_m = (a - c)/2$ domina estrictamente a cualquier cantidad más alta. Es decir, para cada $x > 0$, $\pi_i(q_m, q_j) > \pi_i(q_m + x, q_j)$ para toda $q_j \geq 0$. Para comprobarlo, nótese que $Q = q_m + x + q_j < a$, por lo que

$$\pi_i(q_m, q_j) = \frac{a - c}{2} \left[\frac{a - c}{2} - q_j \right]$$

y

$$\pi_i(q_m + x, q_j) = \left[\frac{a - c}{2} + x \right] \left[\frac{a - c}{2} - x - q_j \right] = \pi_i(q_m, q_j) - x(x + q_j),$$

y si $Q = q_m + x + q_j \geq a$, entonces $P(Q) = 0$, por lo que producir una cantidad menor aumenta el beneficio. En segundo lugar, puesto que las cantidades mayores que q_m han sido eliminadas, la cantidad $(a - c)/4$ domina estrictamente a cualquier cantidad más baja. Esto es, para cualquier x entre cero y $(a - c)/4$, $\pi_i[(a - c)/4, q_j] > \pi_i[(a - c)/4 - x, q_j]$ para cualquier q_j entre cero y $(a - c)/2$. Para comprobarlo, nótese que

$$\pi_i \left(\frac{a - c}{4}, q_j \right) = \frac{a - c}{4} \left[\frac{3(a - c)}{4} - q_j \right]$$

y

$$\pi_i \left(\frac{a - c}{4} - x, q_j \right) = \left[\frac{a - c}{4} - x \right] \left[\frac{3(a - c)}{4} + x - q_j \right]$$
$$= \pi_i(q_m, q_j) - x \left[\frac{a - c}{2} + x - q_j \right].$$

Tras estos dos pasos, las cantidades que quedan en el espacio de estrategias de cada empresa son las contenidas en el intervalo entre $(a-c)/4$ y $(a-c)/2$. La repetición de estos argumentos conduce a intervalos cada vez menores de las cantidades que quedan. En el límite, estos intervalos convergen al único punto $q_i^* = (a - c)/3$.

La eliminación iterativa de las estrategias estrictamente dominadas también se puede representar en forma gráfica utilizando la observación (incluida en la nota 1; véase también la discusión en la sección 1.3.A) de que una estrategia es estrictamente dominada si y sólo si no existe ninguna conjetura sobre las decisiones posibles de los demás jugadores para la cual sea la mejor respuesta. Puesto que sólo hay dos empresas en este modelo, podemos reformular esta observación del siguiente modo: una cantidad q_i es estrictamente dominada si y sólo si no hay ninguna conjetura sobre q_j tal que q_i sea la mejor respuesta de la empresa i. Nuevamente, discutimos sólo los dos primeros pasos del proceso iterativo. En primer lugar, nunca es una respuesta mejor para la empresa i producir más que la cantidad de monopolio $q_m = (a - c)/2$. Para comprobarlo, consideremos, por ejemplo, la función de mejor respuesta de la empresa 2: en la figura 1.2.1, $R_2(q_1)$ es igual a q_m cuando $q_1 = 0$, y disminuye cuando q_1 aumenta. Así, para cualquier $q_j \geq 0$, si la empresa i cree que la empresa j elegirá q_j, la mejor respuesta de la empresa i es menor que o igual a q_m. No existe q_j tal que la mejor respuesta de la empresa i sea mayor que q_m. En segundo lugar, dada esta cota superior para la cantidad de la empresa j, podemos derivar una cota más baja a la mejor respuesta de la empresa i: si $q_j \leq (a - c)/2$, entonces $R_i(q_j) \geq (a - c)/4$, como mostramos para la mejor respuesta de la empresa 2 en la figura 1.2.2.[9]

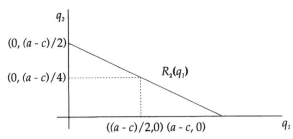

Figura 1.2.2

[9] Estos dos argumentos son ligeramente incompletos, puesto que no hemos analizado la mejor respuesta de la empresa i cuando no tiene la certeza de cuál sea la cantidad q_j. Supongamos que la empresa i no está segura de q_j pero cree que el valor esperado de q_j es $E(q_j)$. Puesto que $\pi_i(q_i, q_j)$ es lineal en q_j, la mejor respuesta de la empresa i dentro de su incertidumbre es igual a su mejor respuesta cuando tiene la certeza de que la empresa j elegirá $E(q_j)$, caso que hemos desarrollado en el texto.

Como en el caso anterior, la repetición de estos argumentos conduce a la cantidad $q_i^* = (a - c)/3$.

Concluimos esta sección cambiando el modelo de Cournot, de forma que la eliminación iterativa de las estrategias estrictamente dominadas *no* ofrezca una solución única. Para hacerlo, añadimos simplemente una o más empresas al duopolio existente. Vamos a comprobar que el primero de los dos pasos discutidos en el caso del duopolio continúa cumpliéndose, pero el proceso termina ahí. Por eso, cuando hay más de dos empresas, la eliminación iterativa de las estrategias estrictamente dominadas ofrece sólo la predicción imprecisa de que la cantidad de cada empresa no excederá a la cantidad de monopolio (como en la figura 1.1.4, donde no se eliminaba ninguna estrategia durante el proceso).

Para ser más concretos, consideramos el caso de tres empresas. Sea Q_{-i} la suma de las cantidades elegidas por las empresas distintas de i, y sea $\pi_i(q_i, Q_{-i}) = q_i(a - q_i - Q_{-i} - c)$ siempre que $q_i + Q_{-i} < a$ (mientras que $\pi_i(q_i, Q_{-i}) = -cq_i$ si $q_i + Q_{-i} \geq a$). Nuevamente es cierto que la cantidad de monopolio $q_m = (a - c)/2$ domina estrictamente cualquier cantidad más alta. Es decir, para cualquier $x > 0$, $\pi_i(q_m, Q_{-i}) > \pi_i(q_m + x, Q_{-i})$ para todo $Q_{-i} \geq 0$, como en el primer paso del caso de duopolio. Sin embargo, puesto que hay dos empresas además de la empresa i, lo único que podemos decir acerca de Q_{-i} es que está entre cero y $(a-c)$, porque q_j y q_k están entre cero y $(a-c)/2$. Pero esto implica que ninguna cantidad $q_i \geq 0$ es estrictamente dominada en el caso de la empresa i, porque para cada q_i entre cero y $(a-c)/2$ existe un valor de Q_{-i} entre cero y $(a-c)$ (concretamente, $Q_{-i} = a - c - 2q_i$), tal que q_i es la mejor respuesta de la empresa i a Q_{-i}. Por ello, en lo sucesivo ya no se puede eliminar ninguna estrategia.

1.2.B Modelo de duopolio de Bertrand

A continuación consideramos un modelo diferente de la relación que puede existir entre dos duopolistas, basado en la sugerencia de Bertrand (1883) de que, de hecho, las empresas eligen precios, y no cantidades como en el modelo de Cournot. Es importante observar que el modelo de Bertrand constituye un *juego diferente* al modelo de Cournot: los espacios de estrategias son diferentes, las funciones de ganancias son diferentes y (como se verá) el comportamiento de los equilibrios de Nash en los dos modelos es diferente. Algunos autores resumen estas diferencias hablando de los equilibrios de Cournot y de Bertrand. Pero esto puede crear confusiones, puesto que existen diferencias entre los juegos de Bertrand y Cournot y en el comportamiento de equilibrio en estos juegos, pero *no existe diferencia en el concepto de equilibrio utilizado en ambos juegos. En ambos el concepto de equilibrio utilizado es el equilibrio de Nash definido en la sección anterior.*

Consideremos el caso de productos diferenciados. (Para el caso de productos homogéneos véase el ejercicio 1.7.) Si las empresas 1 y 2 eligen los precios p_1 y p_2 respectivamente, la cantidad demandada a la empresa i por los consumidores es

$$q_i(p_i,p_j) = a - p_i + bp_j,$$

donde $b > 0$ refleja hasta qué punto el producto de la empresa i es un sustituto del producto de la empresa j. (Ésta es una función de demanda irreal, puesto que la cantidad demandada del producto de la empresa i es positiva incluso cuando la empresa i fija un precio arbitrariamente alto, siempre que la empresa j también fije un precio suficientemente alto. Como se verá, el problema sólo tiene sentido si $b < 2$.) Como en la discusión del modelo de Cournot, suponemos que no existen costes fijos de producción y que los costes marginales son constantes e iguales a c, donde $c < a$ y las empresas deciden (por ejemplo, eligen los precios) simultáneamente.

Como antes, la primera tarea en el proceso de hallar el equilibrio de Nash es traducir el problema a un juego en forma normal. Tenemos dos jugadores nuevamente. Sin embargo, esta vez las estrategias de que dispone cada empresa son los diferentes precios que pueden fijar, en vez de las diferentes cantidades que pueden producir. Vamos a suponer que los precios negativos no son factibles, pero que cualquier precio no negativo lo es; por ejemplo, no existe ninguna restricción a los precios expresados en céntimos. Así, el espacio de estrategias de cada empresa puede ser nuevamente representado como $S_i = [0,\infty)$, los números reales no negativos, y una estrategia típica s_i es ahora la decisión de un precio $p_i \geq 0$.

Vamos a suponer nuevamente que la función de ganancias de cada empresa es simplemente su beneficio. El beneficio de la empresa i cuando elige el precio p_i y su rival elige el precio p_j es

$$\pi_i(p_i,p_j) = q_i(p_i,p_j)[p_i - c] = [a - p_i + bp_j][p_i - c].$$

Así, el par de precios (p_1^*,p_2^*) constituye un equilibrio de Nash si para cada empresa i, p_i^* es una solución de

$$\max_{0 \le p_i < \infty} \pi_i(p_i, p_j^*) = \max_{0 \le p_i < \infty} [a - p_i + bp_j^*][p_i - c].$$

La solución al problema de optimización de i es

$$p_i^* = \frac{1}{2}(a + bp_j^* + c).$$

Por lo tanto, si el par de precios (p_1^*, p_2^*) ha de ser un equilibrio de Nash, las decisiones de precios de las empresas deben cumplir

$$p_1^* = \frac{1}{2}(a + bp_2^* + c)$$

y

$$p_2^* = \frac{1}{2}(a + bp_1^* + c).$$

Resolviendo este par de ecuaciones obtenemos

$$p_1^* = p_2^* = \frac{a + c}{2 - b}.$$

1.2.C Arbitraje de oferta final

A ciertos trabajadores del sector público no les está permitido declararse en huelga; en su lugar, las disputas salariales se resuelven mediante una decisión arbitral vinculante. (La liga de fútbol es un ejemplo más llamativo que el del sector público, pero es sustancialmente menos importante desde un punto de vista económico.) Otras muchas disputas, entre las que se encuentran los casos de negligencia médica y las denuncias de los inversores contra sus agentes de bolsa, también suelen resolverse por decisión arbitral. Las dos formas principales de arbitraje son el arbitraje *convencional* y el de *oferta final*. En el arbitraje de oferta final las dos partes hacen ofertas salariales y el árbitro decide entre una de las ofertas. Por el contrario, en un arbitraje convencional el árbitro tiene libertad para imponer cualquier salario. A continuación, vamos a derivar las ofertas salariales de equilibrio de Nash, en un modelo de arbitraje de oferta final desarrollado por Farber (1980).[10]

---

[10] Esta aplicación incluye algunos conceptos básicos de probabilidad: función de distribución de probabilidad, función de densidad de probabilidad y valor esperado. Daremos definiciones sucintas cuando sean necesarias; para más detalles, consúltese cualquier texto de introducción a la probabilidad.

Supongamos que las partes en disputa son una empresa y un sindicato, y que la disputa es acerca de los salarios. Supongamos que el juego se desarrolla de la siguiente manera: primero, la empresa y el sindicato realizan simultáneamente ofertas, denominadas w_e y w_s. En segundo lugar, el árbitro elige una de las dos ofertas. (Como en muchos de los llamados juegos estáticos, esto es en realidad un juego dinámico del tipo que discutiremos en el capítulo 2, pero aquí lo reducimos a un juego estático entre la empresa y el sindicato al suponer una determinada conducta del árbitro en la segunda etapa.) Supongamos que el árbitro tiene un acuerdo ideal que le gustaría imponer, que denominamos x. Supongamos además que, tras observar las ofertas de las partes, w_e y w_s, el árbitro elige simplemente la oferta más cercana a x: siempre que $w_e < w_s$ (una intuición que demostraremos que se cumple) el árbitro elige w_e si $x < (w_e + w_s)/2$ y elige w_s si $x > (w_e + w_s)/2$, como vemos en la figura 1.2.3. (Lo que ocurre si $x = (w_e + w_s)/2$ es irrelevante; supongamos que el árbitro lanza una moneda.)

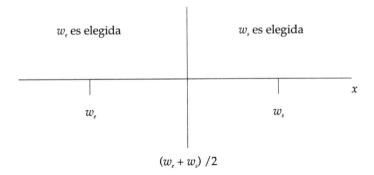

Figura 1.2.3

El valor de x es conocido por el árbitro, pero no por las partes. Las partes creen que x se distribuye aleatoriamente según una distribución de probabilidad $F(x)$, con la correspondiente función de densidad $f(x)$.[11] Dada nuestra especificación acerca del comportamiento del árbitro, si las ofertas son w_e y w_s, las partes creen que las probabilidades Prob$\{w_e$ sea elegida$\}$ y Prob$\{w_s$ sea elegida$\}$ pueden ser expresadas de la siguiente forma:

---

[11] Esto es, la probabilidad de que x sea menor que un valor arbitrario x^* es $F(x^*)$, y la derivada de esta probabilidad con respecto a x^* es $f(x^*)$. Puesto que $F(x^*)$ es una probabilidad, tenemos que $0 \leq F(x^*) \leq 1$ para cualquier x^*. Además, si $x^{**} > x^*$, $F(x^{**}) \geq F(x^*)$; entonces $f(x^*) \geq 0$ para cada x^*.

$$\text{Prob}\{w_e \text{elegido}\} = \text{Prob}\left\{x < \frac{w_e + w_s}{2}\right\} = F\left(\frac{w_e + w_s}{2}\right)$$

y

$$\text{Prob}\{w_e \text{elegido}\} = 1 - F\left(\frac{w_e + w_s}{2}\right).$$

Así, el acuerdo salarial esperado es

$$w_e \cdot \text{Prob}\{w_e \text{elegido}\} + w_s \cdot \text{Prob}\{w_s \text{elegido}\} =$$
$$w_e \cdot F\left(\frac{w_e + w_s}{2}\right) + w_s \cdot \left[1 - F\left(\frac{w_e + w_s}{2}\right)\right].$$

Suponemos que la empresa quiere minimizar el salario esperado impuesto por el árbitro y el sindicato quiere maximizarlo.

Si el par de ofertas (w_e^*, w_s^*) ha de constituir un equilibrio de Nash del juego entre la empresa y el sindicato, w_e^* debe ser una solución de[12]

$$\min_{w_e} w_e \cdot F\left(\frac{w_e + w_s^*}{2}\right) + w_s^* \cdot \left[1 - F\left(\frac{w_e + w_s^*}{2}\right)\right]$$

y w_s^* debe ser una solución de

$$\max_{w_s} w_e^* \cdot F\left(\frac{w_e^* + w_s}{2}\right) + w_s \cdot \left[1 - F\left(\frac{w_e^* + w_s}{2}\right)\right].$$

Así, el par de ofertas salariales (w_e^*, w_s^*) debe ser una solución de las condiciones de primer orden de estos problemas de optimización:

$$(w_s^* - w_e^*) \cdot \frac{1}{2} f\left(\frac{w_e^* + w_s^*}{2}\right) = F\left(\frac{w_e^* + w_s^*}{2}\right)$$

y

$$(w_s^* - w_e^*) \cdot \frac{1}{2} f\left(\frac{w_e^* + w_s^*}{2}\right) = \left[1 - F\left(\frac{w_e^* + w_s^*}{2}\right)\right].$$

(Posponemos la consideración de si estas condiciones de primer orden son suficientes.) Puesto que los términos de la izquierda de estas condiciones de primer orden son iguales, los términos de la derecha deben asimismo ser iguales, lo que implica que

---

[12] Al formular los problemas de optimización de la empresa y el sindicato hemos supuesto que la oferta de la empresa es menor que la oferta del sindicato. Es inmediato demostrar que esta desigualdad se debe cumplir en equilibrio.

$$F\left(\frac{w_e^* + w_s^*}{2}\right) = \frac{1}{2};\qquad (1.2.2)$$

esto es, la oferta media debe ser igual a la mediana del acuerdo preferido por el árbitro. Sustituyendo (1.2.2) en cualquiera de las condiciones de primer orden obtenemos

$$w_s^* - w_e^* = \frac{1}{f\left(\frac{w_e^* + w_s^*}{2}\right)};\qquad (1.2.3)$$

esto es, la distancia entre las ofertas debe ser igual a la inversa del valor de la función de densidad evaluada en la mediana del acuerdo preferido por el árbitro.

Consideremos el siguiente ejemplo, que ofrece un resultado de estática comparativa que resulta intuitivamente atractivo. Supongamos que el acuerdo preferido por el árbitro se distribuye normalmente con media m y varianza σ^2, en cuyo caso la función de densidad es

$$f(x) = \frac{1}{\sqrt{2\pi\sigma^2}} \exp\left\{-\frac{1}{2\sigma^2}(x - m)^2\right\}.$$

(En este ejemplo, se puede demostrar que las condiciones de primer orden anteriormente dadas son suficientes.) Puesto que una distribución normal es simétrica con respecto a su media, la mediana de la distribución es igual a su media, m. Por lo tanto, (1.2.2) se convierte en

$$\frac{w_e^* + w_s^*}{2} = m$$

y (1.2.3) se convierte en

$$w_s^* - w_e^* = \frac{1}{f(m)} = \sqrt{2\pi\sigma^2},$$

por lo que las ofertas de equilibrio de Nash son

$$w_s^* = m + \sqrt{\frac{\pi\sigma^2}{2}} \qquad \text{y} \qquad w_e^* = m - \sqrt{\frac{\pi\sigma^2}{2}}.$$

Así, en equilibrio, las ofertas de las partes se centran alrededor de la esperanza del acuerdo preferido por el árbitro (es decir, m), y la distancia entre las ofertas aumenta con la incertidumbre de las partes acerca del acuerdo preferido por el árbitro (es decir, σ^2).

La interpretación de este equilibrio es simple. Cada parte se enfrenta a un dilema. Una oferta más agresiva (es decir, una oferta más baja por parte de la empresa o una oferta más alta por parte del sindicato) genera unas ganancias mayores si es elegida por el árbitro, pero es menos probable que sea elegida. (Veremos en el capítulo 3 que un dilema similar aparece en una licitación a pliego cerrado y al precio más alto: una puja más baja genera unas ganancias mayores si es la puja ganadora, pero reduce probabilidad de ganar.) Cuando hay más incertidumbre sobre el acuerdo preferido por el árbitro (es decir, σ^2 es más alta), las partes pueden permitirse ser más agresivas, puesto que una oferta agresiva tiene menos probabilidades de ser muy diferente del acuerdo preferido por el árbitro. Por el contrario, cuando apenas hay incertidumbre, ninguna parte puede permitirse hacer una oferta alejada de la media, porque es muy probable que el árbitro prefiera acuerdos cercanos a m.

1.2.D El problema de los ejidos

Al menos desde Hume (1739), los filósofos políticos y los economistas han entendido que si los ciudadanos responden únicamente a incentivos privados, habrá un déficit en la provisión de bienes públicos y los recursos públicos estarán sobreutilizados. Hoy en día, basta con fijarse en el medio ambiente para constatar la fuerza de esta idea. Fue el trabajo ampliamente citado de Hardin (1968) el que fijó la atención de los no economistas sobre el problema. A continuación analizamos un ejemplo bucólico.

Consideremos los n habitantes de una aldea. Cada verano todos los aldeanos llevan sus cabras a pastar en el ejido de la aldea. Denominamos g_i el número de cabras que el i-ésimo campesino posee y el número total de cabras en la aldea $G = g_1 + \ldots + g_n$. El coste de comprar y cuidar una cabra es c, independientemente de cuántas cabras se posean. El valor de criar una cabra en el ejido cuando allí se concentra un total de G cabras es $v(G)$ *por cabra*. Puesto que una cabra necesita al menos una cierta cantidad de pasto para sobrevivir, existe un número máximo de cabras que pueden pastar en el ejido, G_{max}: $v(G) > 0$ para $G < G_{max}$, pero $v(G) = 0$ para $G \geq G_{max}$. Por otra parte, puesto que las primeras cabras disponen de un amplio espacio para pastar, añadir una más no afecta a las que ya están allí, pero cuando hay tantas cabras pastando que apenas pueden sobrevivir (es decir, G está justo por debajo de G_{max}), añadir una cabra más afecta a las demás de forma dramática. Formalmente: para $G < G_{max}$, $v'(G) < 0$

y $v''(G) < 0$, como muestra la figura 1.2.4.

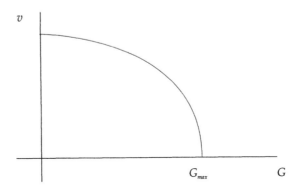

Figura 1.2.4

Durante la primavera, los aldeanos eligen simultáneamente cuántas cabras van a tener. Supongamos que las cabras son continuamente divisibles. Una estrategia del aldeano i es la decisión sobre el número de cabras que llevará a pastar en el ejido, g_i. Suponer que el espacio de estrategias es $[0,\infty)$ cubre todas las opciones del aldeano; $[0,G_{max})$ también bastaría. Las ganancias del aldeano i por criar g_i cabras cuando el número de cabras criadas por otros aldeanos es $g_1, \ldots ,g_{i-1},g_{i+1} \cdots ,g_n$, es

$$g_i v(g_1, \ldots ,g_{i-1},g_i + g_{i+1}, \ldots + g_n) - cg_i. \qquad (1.2.4)$$

Así, si $(g_1^*, \ldots ,g_n^*)$ ha de constituir un equilibrio de Nash, para cada i, g_i^* debe maximizar (1.2.4) dado que los otros aldeanos eligen $(g_1^*, \ldots ,g_{i-1}^*, g_{i+1}^*, \ldots ,g_n^*)$. La condición de primer orden de este problema de optimización es

$$v(g_i + g_{-i}^*) + g_i v'(g_i + g_{-i}^*) - c = 0, \qquad (1.2.5)$$

donde g_{-i}^* denota $g_1^* + \ldots + g_{i-1}^* + g_{i+1}^* + \ldots + g_n^*$. Sustituyendo g_i^* en (1.2.5), sumando todas las condiciones de primer orden de los n aldeanos y dividiendo luego por n se obtiene

$$v(G^*) + \frac{1}{n}G^*v'(G^*) - c = 0, \qquad (1.2.6)$$

donde G^* denota $g_1^* + \ldots + g_n^*$. Por el contrario, el óptimo social, denotado con G^{**}, es una solución de

$$\max_{0 \leq G < \infty} \; Gv(G) - Gc,$$

para la cual la condición de primer orden es

$$v(G^{**}) + G^{**}v'(G^{**}) - c = 0 \qquad (1.2.7)$$

La comparación entre (1.2.6) y (1.2.7) muestra[13] que $G^* > G^{**}$: en el equilibrio de Nash se crían demasiadas cabras comparado con el óptimo social. La condición de primer orden (1.2.5) refleja los incentivos que tiene un aldeano que ya está criando g_i cabras pero considera añadir una más (o, de forma más precisa, una pequeña fracción de una más). El valor de la cabra adicional es $v(g_i + g^*_{-i})$ y su coste es c. El daño a las cabras ya existentes del aldeano es $v'(g_i + g^*_{-i})$ por cabra, o $g_i v'(g_i + g^*_{-i})$ en total. Los recursos comunales están sobreutilizados porque cada aldeano considera sólo su propia situación, y no el efecto de sus decisiones sobre los otros aldeanos; de aquí la presencia de $G^* v'(G^*)/n$ en (1.2.6), pero de $G^{**} v'(G^{**})$ en (1.2.7).

1.3 Teoría avanzada: Estrategias mixtas y existencia de equilibrio

1.3.A Estrategias mixtas

En la sección 1.1.C hemos definido S_i como el conjunto de estrategias con que cuenta el jugador i, y la combinación de estrategias $(s^*_1, \ldots, s^*_n)$ como un equilibrio de Nash si, para cada jugador i, s^*_i es la mejor respuesta del jugador i a las estrategias de los otros $n - 1$ jugadores:

$$u_i(s^*_1, \ldots, s^*_{i-1}, s^*_i, s^*_{i+1}, \ldots, s^*_n) \geq u_i(s^*_1, \ldots, s^*_{i-1}, s_i, s^*_{i+1}, \ldots, s^*_n) \qquad (\text{EN})$$

para cada estrategia s_i en S_i. Según esta definición no existe ningún equilibrio de Nash en el siguiente juego conocido como *el juego de las monedas (matching pennies)*.

---

[13] Supongamos, a la inversa, que $G^* \leq G^{**}$. Entonces $v(G^*) \geq v(G^{**})$, puesto que $v' < 0$. Del mismo modo, $0 > v'(G^*) \geq v'(G^{**})$, puesto que $v'' < 0$. Finalmente, $G^*/n < G^{**}$. Así, el término de la izquierda de (1.2.6) es estrictamente mayor que el término de la izquierda de (1.2.7), lo cual es imposible dado que ambos son iguales a cero.

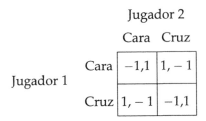

El juego de las monedas

En este juego el espacio de estrategias de cada jugador es {cara, cruz}. La historia que explica las ganancias en la matriz binaria es la siguiente: imaginemos que cada jugador tiene una moneda y debe elegir mostrar una cara de la moneda. Si las dos monedas coinciden, esto es, ambas muestran la misma cara, el jugador 2 gana la moneda del jugador 1. Si las caras de las monedas no coinciden entonces el jugador 1 gana la moneda del jugador 2. No existe ningún par de estrategias que pueda cumplir (EN), puesto que si las estrategias de los jugadores coinciden (cara, cara) o (cruz, cruz), el jugador 1 prefiere cambiar su estrategia, mientras que si las estrategias no coinciden (cara,cruz) o (cruz, cara), es el jugador 2 quien prefiere cambiar su estrategia.

El rasgo distintivo de este juego es que a cada jugador le gustaría adivinar la jugada del otro y que el otro no adivinase la suya. Versiones de este juego también se dan en el póquer, el béisbol, en las batallas y en otras situaciones. En el póquer, la cuestión análoga es con qué frecuencia tirarse un farol: si se sabe que el jugador i nunca se tira faroles, sus oponentes pasarán siempre que i apueste de forma agresiva, haciendo que a i le convenga tirarse un farol de cuando en cuando. Por otra parte, tirarse faroles con demasiada frecuencia constituye una estrategia perdedora. En béisbol, supongamos que el lanzador puede lanzar la bola o bien de forma rápida o bien describiendo una curva, y que el bateador puede darle a cualquiera de ellas si (y sólo si) la prevé correctamente. De forma similar, en una batalla, podemos suponer que los atacantes pueden elegir entre dos objetivos (o dos rutas, como por tierra o por mar), y que la defensa puede rechazar cualquiera de los dos ataques si (y sólo si) éste es previsto de forma correcta.

En cualquier juego en el cual a cada jugador le convenga adivinar la jugada del otro y que el otro no adivine la suya, no existe ningún equilibrio de Nash (al menos tal como este concepto de equilibrio se definió en la sección 1.1.C), porque la solución de tal juego incluye necesariamente un elemento de incertidumbre sobre lo que harán los jugadores. A continuación, introducimos la noción de *estrategia mixta*, que interpretamos en términos de la incertidumbre de un jugador respecto a lo que otro jugador hará. (Esta interpretación fue avanzada por Harsanyi [1973]; la discutiremos con más detalle en la sección 3.2.A.) En la próxima sección vamos a ampliar la definición de equilibrio de Nash para que incluya estrategias mixtas, incorporando con ello el elemento de incertidumbre inherente a la solución de juegos como el juego de las monedas, del póquer, del béisbol y de las batallas.

Formalmente, para el jugador i una estrategia mixta es una distribución de probabilidad sobre (algunas o todas) las estrategias en S_i. De aquí en adelante nos referiremos a las estrategias en S_i como *estrategias puras* del jugador i. En los juegos con decisión simultánea e información completa analizados en este capítulo, las estrategias puras de un jugador son las diferentes decisiones que el jugador puede tomar. En el juego de las monedas, por ejemplo, S_i consiste en las dos estrategias puras cara y cruz, así que una estrategia mixta para el jugador i es la distribución de probabilidad $(q, 1-q)$, donde q es la probabilidad de elegir cara, $1-q$ es la probabilidad de elegir cruz, y $0 \leq q \leq 1$. La estrategia mixta $(0,1)$ es simplemente la estrategia pura cruz; del mismo modo, la estrategia mixta $(1,0)$ es la estrategia pura cara.

Como un segundo ejemplo de estrategia mixta, recordemos la figura 1.1.1, en la que el jugador 2 cuenta con las estrategias puras izquierda, centro y derecha. En este caso, para el jugador 2 una estrategia mixta es la distribución de probabilidad $(q, r, 1-q-r)$, en la que q es la probabilidad de elegir izquierda, r es la probabilidad de elegir centro y $1-q-r$ es la probabilidad de elegir derecha. Como antes, $0 \leq q \leq 1$, y ahora también $0 \leq r \leq 1$ y $0 \leq q+r \leq 1$. En este juego la estrategia mixta $(1/3, 1/3, 1/3)$ asigna la misma probabilidad a izquierda, centro y derecha, mientras que $(1/2, 1/2, 0)$ asigna la misma probabilidad a izquierda y centro, pero no asigna ninguna probabilidad a derecha. Como siempre, las estrategias puras de un jugador son simplemente los casos límite de sus estrategias mixtas (por ejemplo, aquí la estrategia pura izquierda del jugador 2 es la estrategia mixta $(1, 0, 0)$).

De forma más general, supongamos que el jugador i cuenta con K estrategias puras: $S_i = \{s_{i1}, \ldots, s_{iK}\}$. En este caso, para el jugador i una estrategia mixta es una distribución de probabilidad $(p_{i1}, \ldots, p_{iK})$, en la que p_{ik} es la probabilidad de que el jugador i elija la estrategia s_{ik}, para $k = 1, \ldots, K$. Puesto que p_{ik} es una probabilidad, es necesario que

$0 \leq p_{ik} \leq 1$ para $k = 1,\dots,K$ y $p_{i1} + \dots + p_{iK} = 1$. Vamos a utilizar p_i para denotar una estrategia mixta del conjunto de distribuciones de probabilidad sobre S_i, del mismo modo que utilizamos s_i para denotar una estrategia pura de S_i.

Definición. *En el juego en forma normal $G = \{S_1,\dots,S_n; u_1,\dots,u_n\}$ supongamos que $S_i = \{s_{i1},\dots,s_{iK}\}$. En este caso para el jugador i una* **estrategia mixta** *es una distribución de probabilidad $p_i = (p_{i1},\dots,p_{iK})$, donde $0 \leq p_{ik} \leq 1$ para $k = 1,\dots,K$ y $p_{i1} + \dots + p_{iK} = 1$.*

Concluimos esta sección volviendo brevemente a la noción de estrategias estrictamente dominadas que introdujimos en la sección 1.1.B, con objeto de ilustrar el papel potencial de las estrategias mixtas en los argumentos allí utilizados. Recordemos que si una estrategia s_i es estrictamente dominada, no existe ninguna conjetura que el jugador i pueda formarse (sobre las estrategias que elegirán los demás jugadores) tal que hiciera óptimo elegir s_i. El argumento inverso también se cumple, siempre que permitamos estrategias mixtas: si no existe ninguna conjetura que el jugador i pueda formarse (sobre las estrategias que elegirán los demás jugadores) tal que hiciera óptimo elegir s_i, existe otra estrategia que domina estrictamente a s_i.[14] Los juegos de las figuras 1.3.1 y 1.3.2 muestran que este argumento inverso sería falso si limitáramos nuestra atención a estrategias puras.

Jugador 2

		I	D
	A	3,–	0,–
Jugador 1	M	0,–	3,–
	B	1,–	1,–

Figura 1.3.1

[14] Pearce (1984) demuestra este resultado en el caso de dos jugadores, e indica que se cumple para el caso de n jugadores siempre que las estrategias mixtas de los jugadores puedan estar correlacionadas. Es decir, siempre que lo que suponga el jugador i sobre lo que hará el jugador j pueda estar correlacionado con lo que suponga el jugador i sobre lo que hará el jugador k. Aumann (1987) sugiere que tal correlación en los supuestos de i es completamente natural, incluso si j, i y k toman sus decisiones de forma totalmente independiente: por ejemplo, i puede saber que tanto j como k fueron a una escuela de dirección de empresas, o incluso a la misma escuela, pero puede no saber lo que se enseña en ella.

La figura 1.3.1 muestra que una estrategia pura dada puede estar estrictamente dominada por una estrategia mixta, incluso si la estrategia pura no está estrictamente dominada por ninguna otra estrategia pura. En este juego, para cualquier conjetura $(q, 1 - q)$ que el jugador 1 pudiera formarse sobre el juego del jugador 2, la mejor respuesta de 1 es o A (si $q \geq 1/2$) o M (si $q \leq 1/2$), pero nunca B. Sin embargo, B no está estrictamente dominada ni por A ni por M. La clave es que B está estrictamente dominada por una estrategia mixta: si el jugador 1 elige A con probabilidad $1/2$ y M con probabilidad $1/2$, la ganancia esperada de 1 es $3/2$, independientemente de qué estrategia (pura o mixta) utilice 2, y $3/2$ es mayor que el pago a 1 que produce con certeza la elección de B. Este ejemplo ilustra el papel de las estrategias mixtas para encontrar "otra estrategia que domine estrictamente a s_i".

Jugador 2

		I	D
	A	$3,-$	$0,-$
Jugador 1	M	$0,-$	$3,-$
	B	$2,-$	$2,-$

Figura 1.3.2

La figura 1.3.2 muestra que una estrategia pura dada puede ser una mejor respuesta a una estrategia mixta, incluso si la estrategia pura no es una mejor respuesta a ninguna otra estrategia pura. En este juego, B no es una mejor respuesta para el jugador 1 a I o D del jugador 2, pero B es la mejor respuesta del jugador 1 a la estrategia mixta $(q, 1 - q)$ del jugador 2, siempre que $1/3 < q < 2/3$. Este ejemplo ilustra el papel de las estrategias mixtas en la "conjetura que se puede formar el jugador i".

1.3.B Existencia del equilibrio de Nash

En esta sección discutimos varios temas relacionados con la existencia del equilibrio de Nash. En primer lugar, ampliamos la definición de equilibrio de Nash dada en la sección 1.1.C para incluir las estrategias mixtas. En segundo lugar, aplicamos esta definición ampliada al juego de las monedas y a la batalla de los sexos. En tercer lugar, utilizamos un argumento gráfico para demostrar que cualquier juego de dos jugadores en el cual cada jugador cuenta con dos estrategias puras tiene un equilibrio de Nash (que posiblemente incluya estrategias mixtas). Finalmente, enunciamos y discutimos el teorema de Nash (1950), que garantiza que cualquier juego finito (es decir, cualquier juego con un número finito de jugadores, cada uno de los cuales cuenta con un número finito de estrategias puras) tiene un equilibrio de Nash (que posiblemente incluya estrategias mixtas).

Recordemos que la definición de equilibrio de Nash dada en la sección 1.1.C garantiza que la estrategia pura de cada jugador constituye una mejor respuesta a las estrategias puras de los restantes jugadores. Para ampliar la definición de modo que incluya estrategias mixtas, necesitamos simplemente que la estrategia mixta de cada jugador sea una mejor respuesta a las estrategias mixtas de los otros jugadores. Puesto que cualquier estrategia pura puede ser representada como la estrategia que asigna una probabilidad cero a todas sus otras estrategias puras, esta definición ampliada incluye a la anterior.

La forma de hallar la mejor respuesta del jugador i a una estrategia mixta del jugador j se basa en la interpretación de la estrategia mixta del jugador j como representación de la incertidumbre del jugador i sobre lo que hará el jugador j. Continuamos con el juego de las monedas como ejemplo. Supongamos que el jugador 1 cree que el jugador 2 elegirá cara con probabilidad q y cruz con probabilidad $1 - q$; esto es, 1 supone que 2 elegirá la estrategia mixta $(q,1 - q)$. Bajo este supuesto, las ganancias esperadas del jugador 1 son $q \cdot (-1) + (1 - q) \cdot 1 = 1 - 2q$ eligiendo cara y $q \cdot 1 + (1 - q) \cdot (-1) = 2q - 1$ eligiendo cruz. Puesto que $1 - 2q > 2q - 1$ si y sólo si $q < 1/2$, la mejor respuesta en estrategias puras del jugador 1 es cara si $q < 1/2$ y cruz si $q > 1/2$, y el jugador 1 será indiferente entre cara y cruz si $q = 1/2$. Nos quedan por considerar las estrategias mixtas del jugador 1.

Sea $(r,1 - r)$ la estrategia mixta en la cual el jugador 1 elige cara con probabilidad r. Para cada valor de q entre cero y uno, calculamos el(los) valor(es) de r, denotado(s) por $r^*(q)$ tal que $(r,1-r)$ sea una mejor respuesta del jugador 1 a $(q,1 - q)$ del jugador 2. Los resultados se recogen en la figura 1.3.3. La ganancia esperada del jugador 1 al elegir $(r,1 - r)$ cuando 2 elige $(q,1 - q)$ es

$$rq \cdot (-1) + r(1-q) \cdot 1 + (1-r)q \cdot 1 + (1-r)(1-q) \cdot (-1) = (2q-1) + r(2-4q), \quad (1.3.1)$$

donde rq es la probabilidad de (cara, cara), $r(1 - q)$ la probabilidad de (cara, cruz), y así sucesivamente.[15] Puesto que la ganancia esperada del jugador 1 es creciente en r si $2 - 4q > 0$ y decreciente en r si $2 - 4q < 0$, la mejor respuesta del jugador 1 es $r = 1$ (es decir, cara) si $q < 1/2$ y $r = 0$ (es decir, cruz) si $q > 1/2$, como indican los dos segmentos horizontales de $r^*(q)$ en la figura 1.3.3. Esta afirmación es más poderosa que la afirmación del párrafo anterior con la que está estrechamente relacionada: en aquélla considerábamos solamente estrategias puras y encontrábamos que si $q < 1/2$, cara era la mejor estrategia pura, y que si $q > 1/2$, cruz era la mejor estrategia pura. En ésta consideramos todas las estrategias, puras y mixtas, pero encontramos nuevamente que si $q < 1/2$, cara es la mejor estrategia de todas (puras o mixtas), y que si $q > 1/2$, cruz es la mejor estrategia de todas.

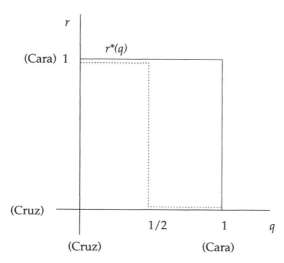

Figura 1.3.3

La naturaleza de la mejor respuesta del jugador 1 a $(q, 1 - q)$ cambia cuando $q = 1/2$. Como indicamos anteriormente, cuando $q = 1/2$ el jugador 1 es indiferente entre las estrategias puras cara y cruz. Además, puesto que la ganancia esperada del jugador 1 en (1.3.1) es independiente

[15] Los sucesos A y B son *independientes* si Prob$\{A$ y $B\}$ =Prob$\{A\}$·Prob$\{B\}$. Así, al escribir rq como la probabilidad de que 1 elija cara y 2 elija cara, estamos suponiendo que 1 y 2 toman sus decisiones de forma independiente, como corresponde a la descripción que dimos de los juegos de decisión simultánea. Consúltese Aumann (1974) para la definición de *equilibrio correlacionado*, que se utiliza en juegos en los cuales las decisiones de los jugadores pueden estar correlacionadas, puesto que observan el resultado de un suceso aleatorio, como el lanzamiento de una moneda, antes de elegir sus respectivas estrategias.

de r cuando $q = 1/2$, el jugador 1 es también indiferente entre todas las estrategias mixtas $(r, 1 - r)$. Es decir, cuando $q = 1/2$ la estrategia mixta $(r, 1 - r)$ es la mejor respuesta a $(q, 1 - q)$ para cualquier valor de r entre cero y uno. Así, $r^*(1/2)$ es todo el intervalo $[0, 1]$, como indica el segmento vertical de $r^*(q)$ en la figura 1.3.3. En el análisis del modelo de Cournot en la sección 1.2.A, llamamos a $R_i(q_j)$ la *función* de mejor respuesta de la empresa i. Aquí, puesto que existe un valor de q tal que $r^*(q)$ tiene más de un valor, llamamos a $r^*(q)$ la *correspondencia* de mejor respuesta del jugador 1.

Para derivar de forma más general la mejor respuesta del jugador i a la estrategia mixta del jugador j, así como para dar un enunciado formal de la definición ampliada del equilibrio de Nash, limitamos ahora nuestra atención al caso de dos jugadores, que permite presentar las ideas principales de modo más sencillo. Sea J el número de estrategias puras en S_1 y K el número de estrategias puras en S_2. Vamos a escribir $S_1 = \{s_{11}, \ldots, s_{1J}\}$ y $S_2 = \{s_{21}, \ldots, s_{2K}\}$, y vamos a utilizar s_{1j} y s_{2k} para denotar las estrategias puras arbitrarias de S_1 y S_2 respectivamente.

Si el jugador 1 cree que el jugador 2 utilizará las estrategias $(s_{21}, \ldots, s_{2K})$ con probabilidades $(p_{21}, \ldots, p_{2K})$, la ganancia esperada del jugador 1 por utilizar la estrategia pura s_{1j} es

$$\sum_{k=1}^{K} p_{2k} u_1(s_{1j}, s_{2k}), \tag{1.3.2}$$

y la ganancia esperada del jugador 1 por utilizar la estrategia mixta $p_1 = (p_{11}, \ldots, p_{1J})$ es

$$v_1(p_1, p_2) = \sum_{j=1}^{J} p_{1j} \left[\sum_{k=1}^{K} p_{2k} u_1(s_{1j}, s_{2k}) \right]$$

$$= \sum_{j=1}^{J} \sum_{k=1}^{K} p_{1j} \cdot p_{2k} u_1(s_{1j}, s_{2k}), \tag{1.3.3}$$

donde $p_{1j} \cdot p_{2k}$ es la probabilidad de que 1 utilice s_{1j} y 2 utilice s_{2k}. La ganancia esperada del jugador 1 con la estrategia mixta p_1, dado en (1.3.3), es la suma ponderada de las ganancias esperadas con cada una de las estrategias puras $\{s_{11}, \ldots, s_{1J}\}$ dada en (1.3.2), donde las ponderaciones son las probabilidades $(p_{11}, \ldots, p_{1J})$. Así, para que la estrategia mixta $(p_{11}, \ldots, p_{1J})$ sea una mejor respuesta del jugador 1 a la estrategia mixta p_2 del jugador 2, debe cumplirse que $p_{1j} > 0$ sólo si

$$\sum_{k=1}^{K} p_{2k} u_1(s_{1j}, s_{2k}) \geq \sum_{k=1}^{K} p_{2k} u_1(s_{1j'}, s_{2k})$$

para cada $s_{1j'}$ en S_1. Esto es, para que una estrategia mixta sea una mejor respuesta a p_2 debe asignar una probabilidad positiva a una estrategia pura concreta sólo si ésta es una mejor respuesta a p_2. De forma inversa, si el jugador 1 tiene varias estrategias puras que son mejores respuestas a p_2, cualquier estrategia mixta que asigna toda su probabilidad a algunas o a todas estas mejores respuestas en estrategias puras (y probabilidad cero al resto de las estrategias puras) es también una mejor respuesta del jugador 1 a p_2.

Para dar un enunciado formal de la definición ampliada del equilibrio de Nash necesitamos calcular la ganancia esperada del jugador 2 cuando los jugadores 1 y 2 utilizan las estrategias mixtas p_1 y p_2. Si el jugador 2 cree que el jugador 1 utilizará las estrategias $(s_{11}, \ldots, s_{1J})$ con probabilidades $(p_{11}, \ldots, p_{1J})$, la ganancia esperada del jugador 2 por utilizar las estrategias $(s_{21}, \ldots, s_{2K})$ con probabilidades $(p_{21}, \ldots, p_{2K})$ es

$$v_2(p_1, p_2) = \sum_{k=1}^{K} p_{2k} \left[\sum_{j=1}^{J} p_{1j} u_2(s_{1j}, s_{2k}) \right]$$
$$= \sum_{j=1}^{J} \sum_{k=1}^{K} p_{1j} \cdot p_{2k} u_2(s_{1j}, s_{2k}).$$

Dadas $v_1(p_1, p_2)$ y $v_2(p_1, p_2)$ podemos reformular el requisito del equilibrio de Nash de que la estrategia mixta de cada jugador tenga que ser una mejor respuesta a la estrategia mixta de los demás jugadores: para que el par de estrategias mixtas (p_1^*, p_2^*) forme un equilibrio de Nash, p_1^* debe cumplir

$$v_1(p_1^*, p_2^*) \geq v_1(p_1, p_2^*) \tag{1.3.4}$$

para cada distribución de probabilidad p_1 sobre S_1, y p_2^* debe cumplir

$$v_2(p_1^*, p_2^*) \geq v_2(p_1^*, p_2) \tag{1.3.5}$$

para cada distribución de probabilidad p_2 sobre S_2.

Definición. *En el juego en forma normal de dos jugadores* $G = \{S_1, S_2; u_1, u_2\}$ *las estrategias mixtas* (p_1^*, p_2^*) *forman un* **equilibrio de Nash** *si la estrategia mixta* *de cada jugador es una mejor respuesta a la estrategia mixta del otro jugador: (1.3.4) y (1.3.5) deben cumplirse.*

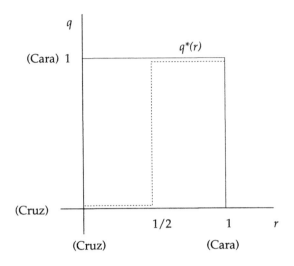

Figura 1.3.4

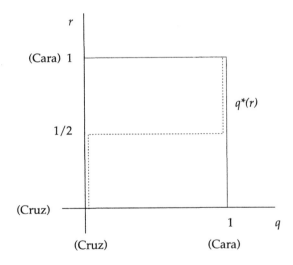

Figura 1.3.5

A continuación, aplicamos esta definición al juego de las monedas y a la batalla de los sexos. Para ello, utilizamos la representación gráfica de la mejor respuesta del jugador i a la estrategia mixta del jugador j presentada en la figura 1.3.3. Para complementar la figura 1.3.3 calculamos el(los) valor(es) de q, denotado(s) por $q^*(r)$, tal(es) que $(q, 1 - q)$ es una mejor respuesta del jugador 2 a $(r, 1 - r)$ del jugador 1. Los resultados se recogen en la figura 1.3.4. Si $r < 1/2$, la mejor respuesta de 2 es cruz, de forma que $q^*(r) = 0$. Del mismo modo, si $r > 1/2$, la mejor respuesta de 2 es cara, de forma que $q^*(r) = 1$. Si $r = 1/2$, el jugador es indiferente no sólo entre cara y cruz sino también entre todas las estrategias mixtas $(q, 1 - q)$, de forma que $q^*(1/2)$ es todo el intervalo [0, 1].

Girando 90 grados la figura 1.3.4 y dándole la vuelta, obtenemos la figura 1.3.5. Ésta es menos adecuada que la figura 1.3.4 como representación de la mejor respuesta del jugador 2 a la estrategia mixta del jugador 1, pero puede combinarse con la figura 1.3.3 para obtener la figura 1.3.6.

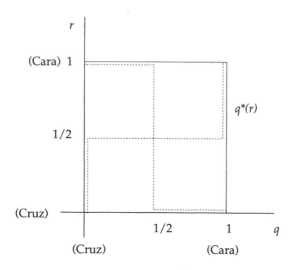

Figura 1.3.6

La figura 1.3.6 es análoga a la figura 1.2.1 del análisis de Cournot de la sección 1.2.A. Igual que la intersección de las funciones de mejor respuesta $R_2(q_1)$ y $R_1(q_2)$ dio el equilibrio de Nash del juego de Cournot, la intersección de las correspondencias de mejor respuesta $r^*(q)$ y $q^*(r)$ nos da el equilibrio de Nash (en estrategias mixtas) en el juego de las monedas: si un jugador i elige $(1/2, 1/2)$, $(1/2, 1/2)$ es la mejor respuesta del jugador j, tal como lo exige el equilibrio de Nash.

Conviene resaltar que el equilibrio de Nash en estrategias mixtas *no* se basa en que ningún jugador lance una moneda al aire, arroje unos dados o elija de forma aleatoria una estrategia. Más bien, interpretamos la estrategia mixta del jugador j como una representación de la incertidumbre del jugador i respecto a la decisión del jugador j sobre la estrategia (pura) que va a seguir. En béisbol, por ejemplo, el lanzador puede decidir si lanzar una bola rápida o una curva basándose en cómo le salieron los lanzamientos durante el entrenamiento. Si el bateador conoce el razonamiento del lanzador pero no sabe qué ocurrió durante su entrenamiento, puede ser que crea que existen las mismas posibilidades de que el lanzador lance una bola rápida o curva. Representaríamos entonces la conjetura del bateador como la estrategia mixta del lanzador (1/2,1/2), cuando en realidad el lanzador elige una estrategia pura basándose en la información que no dispone el bateador.

Enunciado de un modo más general, la idea consiste en dotar al jugador j de una cierta información privada de manera que, dependiendo de cómo el jugador j entienda dicha información, se incline por una de las estrategias puras posibles. Sin embargo, puesto que el jugador i no dispone de la información privada de j, i continúa con la incertidumbre de no saber cuál será la decisión de j, y representamos dicha incertidumbre de i como una estrategia mixta de j. Ofrecemos un enunciado más formal de esta interpretación de las estrategias mixtas en la sección 3.2.A.

Consideremos la batalla de los sexos, de la sección 1.1.C, como un segundo ejemplo de equilibrio de Nash con estrategias mixtas. Sea $(q,1-q)$ la estrategia mixta en la cual Pat elige la ópera con probabilidad q y sea $(r,1-r)$ la estrategia mixta en la cual Chris elige ópera con probabilidad r. Si Pat elige $(q,1-q)$, las ganancias esperadas de Chris son $q \cdot 2 + (1-q) \cdot 0 = 2q$ al elegir ópera y $q \cdot 0 + (1-q) \cdot 1 = 1 - q$ al elegir boxeo. Así, si $q > 1/3$, la mejor respuesta de Chris es ópera (es decir, $r = 1$); si $q < 1/3$ la mejor respuesta de Chris es boxeo (es decir, $r = 0$) y, si $q = 1/3$, cualquier valor de r es una mejor respuesta. De modo similar, si Chris elige $(r,1-r)$ las ganancias esperadas de Pat son $r \cdot 1 + (1-r) \cdot 0 = r$ al elegir ópera y $r \cdot 0 + (1-r) \cdot 2 = 2(1-r)$ al elegir boxeo. Así, si $r > 2/3$, la mejor respuesta de Pat es ópera (es decir, $q = 1$); si $r < 2/3$ la mejor respuesta de Pat es boxeo (es decir, $q = 0$) y, si $r = 2/3$ cualquier valor de q es una mejor respuesta. Como muestra la figura 1.3.7, las estrategias mixtas $(q,1-q) = (1/3,2/3)$ de Pat y $(r,1-r) = (2/3,1/3)$ de Chris forman, por lo tanto, un equilibrio de Nash.

Al contrario que en la figura 1.3.6, donde sólo existía una intersección de las correspondencias de mejor respuesta de los jugadores, existen en la figura 1.3.7 tres intersecciones de $r^*(q)$ y $q^*(r)$: $(q = 0, r = 0)$, $(q = 1, r = 1)$ y $(q = 1/3, r = 2/3)$. Las dos primeras intersecciones representan los equilibrios de Nash en estrategias puras (boxeo, boxeo) y (ópera, ópera) descritos en la sección 1.1.C.

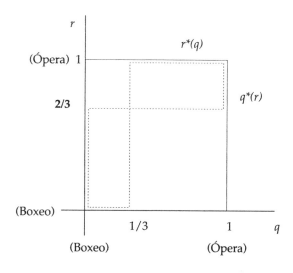

Figura 1.3.7

En cualquier juego, un equilibrio de Nash (que incluya estrategias puras o mixtas) aparece como una intersección de las correspondencias de mejor respuesta de los jugadores, incluso cuando hay más de dos jugadores y también cuando algunos o todos los jugadores tienen más de dos estrategias puras. Por desgracia, los únicos juegos en los que las correspondencias de mejor respuesta de los jugadores tienen representaciones gráficas sencillas son los juegos de dos jugadores en los que cada jugador sólo tiene dos estrategias. Discutimos ahora con un argumento gráfico que cualquier juego de ese tipo tiene un equilibrio de Nash (que posiblemente incluya estrategias mixtas).

Consideremos las ganancias del jugador 1 representadas en la figura 1.3.8. Hay dos comparaciones importantes: x con z e y con w. Basándonos en estas comparaciones, podemos definir cuatro casos principales: (i) $x > z$ e $y > w$; (ii) $x < z$ e $y < w$; (iii) $x > z$ e $y < w$, y (iv) $x < z$ e $y > w$. Discutimos primero estos cuatro casos y luego abordamos los casos restantes en los que $x = z$ o $y = w$.

Jugador 2

Izquierda Derecha

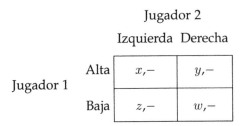

Jugador 1

	Izquierda	Derecha
Alta	$x,-$	$y,-$
Baja	$z,-$	$w,-$

Figura 1.3.8

En el caso (i) para el jugador 1 alta domina estrictamente a baja, y en el caso (ii) baja domina estrictamente a alta. Recordemos de la sección previa que una estrategia es estrictamente dominada si y sólo si no existe una conjetura que el jugador i pudiera formarse (sobre las estrategias que elegirán los demás jugadores) tal que hiciera óptimo elegir s_i. Así, si $(q, 1-q)$ es una estrategia mixta del jugador 2, donde q es la probabilidad de que 2 elija izquierda, en el caso (i) no existe un valor de q tal que baja sea óptima para el jugador 1, y en el caso (ii) no existe un valor de q tal que alta sea óptima. Si $(r, 1-r)$ denota una estrategia mixta del jugador 1 en la que r es la probabilidad de que 1 elija alta, podemos representar las correspondencias de mejor respuesta para los casos (i) y (ii) como en la figura 1.3.9. (En estos dos casos las correspondencias de mejor respuesta son de hecho funciones de mejor respuesta, puesto que no existe un valor de q tal que el jugador 1 tenga múltiples mejores respuestas.)

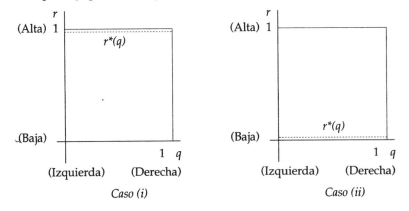

Caso (i)   Caso (ii)

Figura 1.3.9

En los casos (iii) y (iv), ni alta ni baja son estrictamente dominadas. Así, alta debe ser óptima para algunos valores de q y baja óptima para los demás. Sea $q' = (w - y)/(x - z + w - y)$. En el caso (iii) alta es óptima para $q > q'$ y baja para $q < q'$, mientras que en el caso (iv) ocurre lo contrario. En ambos casos, cualquier valor de r es óptimo cuando $q = q'$. Estas correspondencias de mejor respuesta se representan en la figura 1.3.10.

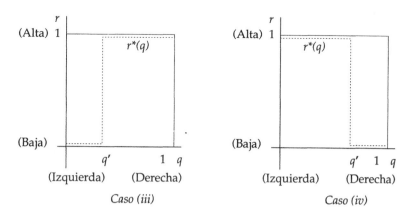

Figura 1.3.10

Puesto que $q' = 1$ si $x = z$ y $q' = 0$ si $y = w$, las correspondencias de mejor respuesta en los casos en que ocurra $x = z$ o $y = w$ tienen forma de L (es decir, dos caras adyacentes del cuadrado unitario), como ocurriría en la figura 1.3.10 si $q' = 0$ o 1 en los casos (iii) y (iv).

Añadiendo ganancias arbitrarias del jugador 2 a la figura 1.3.8 y realizando cálculos análogos obtenemos la mismas cuatro correspondencias de mejor respuesta, con la salvedad de que en el eje horizontal se mide r y en el vertical se mide q, como en la figura 1.3.4. Girando 90 grados y dando la vuelta a esas cuatro figuras, como hicimos para obtener 1.3.5, obtenemos 1.3.11 y 1.3.12. (En estas figuras r' se define de forma análoga a q' en la figura 1.3.10.)

La cuestión crucial es que, dada cualquiera de estas cuatro correspondencias de mejor respuesta del jugador 1, $r^*(q)$ de las figuras 1.3.9 o 1.3.10, y cualquiera de las cuatro del jugador 2, $q^*(r)$ de las figuras 1.3.11 o 1.3.12, el par de correspondencias de mejor respuesta tiene al menos una intersección, por lo que el juego tiene al menos un equilibrio de Nash. Comprobarlo para los dieciséis pares posibles de correspondencias de mejor respuesta se deja como ejercicio. En lugar de ello, nosotros vamos a describir las características cualitativas que pueden resultar. Puede darse: (1) un único equilibrio de Nash en estrategias puras; (2) un único equilibrio de Nash en estrategias mixtas; o (3) dos equilibrios en estrategias puras y un único equilibrio en estrategias mixtas. Recordemos el caso de la figura 1.3.6, el juego de las monedas, que constituye un ejemplo del caso (2) y el de la figura 1.3.7, la batalla de los sexos, que constituye un ejemplo del caso (3). El dilema de los presos es un ejemplo del caso (1); se obtiene de la combinación del caso (i) o (ii) de $r^*(q)$ con el caso (i) o (ii) de $q^*(r)$.[16]

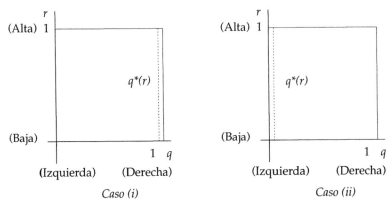

Figura 1.3.11

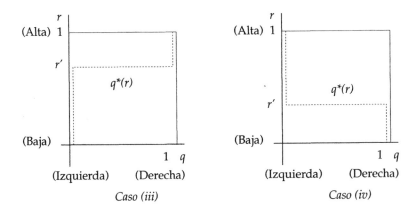

Figura 1.3.12

[16] Los casos que incluyen $x = z$ o $y = w$ no contradicen la afirmación de que el par de correspondencias de mejor respuesta tiene al menos una intersección. Al contrario, además de las características cualitativas descritas en el texto, pueden ahora darse dos equilibrios de Nash en estrategias puras sin un equilibrio de Nash en estrategias mixtas, y un continuo de equilibrios de Nash en estrategias mixtas.

Concluimos esta sección con una discusión sobre la existencia del equilibrio de Nash en juegos más generales. Si formulamos los argumentos anteriores para juegos de dos por dos en forma matemática en vez de gráfica, podemos generalizarlos para aplicarlos a juegos con n jugadores con espacios de estrategias finitos y arbitrarios.

Teorema. (Nash (1950): *En el juego en forma normal de n jugadores $G = \{S_1, \ldots, S_n; u_1, \ldots, u_n\}$, si n es un número finito y S_i es finito para cada i, existe al menos un equilibrio de Nash, que posiblemente incluye estrategias mixtas.*

La demostración del teorema de Nash utiliza un *teorema de punto fijo*. Como ejemplo simple de un teorema de punto fijo, supongamos que $f(x)$ es una función continua con dominio [0, 1] y recorrido [0, 1]. El teorema de punto fijo de Brouwer garantiza que existe al menos un punto fijo, es decir, existe al menos un valor x^* en [0, 1] tal que $f(x^*) = x^*$. Tenemos un ejemplo de ello en la figura 1.3.13.

La aplicación del teorema de punto fijo para demostrar el teorema de Nash se hace en dos etapas: (1) mostrando que cualquier punto fijo de una cierta correspondencia es un equilibrio de Nash y (2) utilizando un teorema de punto fijo adecuado para demostrar que esta correspondencia debe tener un punto fijo. La correspondencia apropiada es la correspondencia de mejor respuesta de n jugadores. El teorema de punto fijo relevante se debe a Kakutani (1941), quien generalizó el teorema de Brouwer con el fin de incluir correspondencias (de buen comportamiento) además de funciones. La correspondencia de mejor respuesta de n jugadores se obtiene a partir de las correspondencias individuales de mejor respuesta

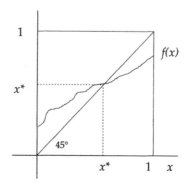

Figura 1.3.13

de los n jugadores del modo siguiente: consideramos una combinación arbitraria de estrategias mixtas $(p_1, \ldots, p_n)$. Para cada jugador i derivamos la mejor respuesta(s) de i a las estrategias mixtas de los otros jugadores $(p_1, \ldots, p_{i-1}, p_{i+1}, \ldots, p_n)$. Construimos a continuación el conjunto de todas las combinaciones posibles de dicha mejor respuesta para cada jugador. (Formalmente derivamos la correspondencia de mejor respuesta de cada jugador y luego construimos el producto cartesiano de estas n correspondencias individuales.) Una combinación de estrategias mixtas $(p_1^*, \ldots, p_n^*)$ es un punto fijo de esta correspondencia si $(p_1^*, \ldots, p_n^*)$ pertenece al conjunto de todas las combinaciones posibles de las mejores respuestas de los jugadores a $(p_1^*, \ldots, p_n^*)$. Es decir, para cada i, p_i^* debe ser la mejor (o una de las mejores) respuesta(s) del jugador i a $(p_1^*, \ldots, p_{i-1}^*, p_{i+1}^*, \ldots, p_n^*)$, pero esto es precisamente la afirmación de que $(p_1^*, \ldots, p_n^*)$ es un equilibrio de Nash. Con ello, completamos la primera etapa.

La segunda etapa utiliza el hecho de que la correspondencia de mejor respuesta de cada jugador es continua, en un sentido adecuado del término. El papel de la continuidad en el teorema de punto fijo de Brouwer puede observarse modificando $f(x)$ en la figura 1.3.13: si $f(x)$ es discontinua, no tiene necesariamente un punto fijo. En la figura 1.3.14, por ejemplo, $f(x) > x$ para toda $x < x'$, pero $f(x') < x'$ para $x \geq x'$.[17]

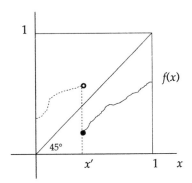

Figura 1.3.14

Para ilustrar las diferencias entre $f(x)$ en la figura 1.3.14 y la correspondencia de mejor respuesta de un jugador, consideremos el caso (iii)

---

[17] El valor de $f(x')$ se indica con el círculo negro. El círculo blanco indica que $f(x')$ no incluye este valor. La línea discontinua se incluye únicamente para indicar que ambos círculos se dan cuando $x = x'$; no indica valores adicionales de $f(x')$.

de la figura 1.3.10: para $q = q'$, $r^*(q')$ incluye cero, uno y todo el intervalo entre ellos. (De modo un poco más formal, $r^*(q')$ incluye el límite de $r^*(q)$ cuando q tiende a q' por la izquierda, el límite de $r^*(q)$ cuando q tiende a q' por la derecha, y todos los valores de r entre ambos límites.) Si $f(x')$ en la figura 1.3.14 se comportara de forma análoga a la correspondencia de mejor respuesta del jugador 1, $f(x')$ incluiría no sólo el círculo negro (como en la figura), sino también el círculo blanco y todo el intervalo entre ellos, en cuyo caso $f(x)$ tendría un punto fijo en x'.

La correspondencia de mejor respuesta de cada jugador se comporta siempre como $r^*(q')$ en la figura 1.3.14: siempre incluye (las generalizaciones adecuadas de) el límite por la izquierda, el límite por la derecha y los valores intermedios. El motivo de esto es que, como demostramos anteriormente en el caso de dos jugadores, si el jugador i tiene varias estrategias puras que son mejores respuestas a las estrategias mixtas de los demás jugadores, cualquier estrategia mixta p_i que asigna toda su probabilidad a algunas o a todas las mejores respuestas en estrategias puras del jugador i (y probabilidad cero al resto de las estrategias puras de i) es también una mejor respuesta del jugador i. Puesto que la correspondencia de mejor respuesta de cada jugador se comporta siempre del mismo modo, lo mismo ocurre con la correspondencia de mejor respuesta de los n jugadores. Estas propiedades cumplen las hipótesis del teorema de Kakutani, por lo que esta última correspondencia tiene un punto fijo.

El teorema de Nash garantiza que existe un equilibrio en una amplia clase de juegos, pero ninguna de las aplicaciones analizadas en la sección 1.2 pertenece a esta clase (porque cada aplicación tiene espacios de estrategias infinitos). Esto demuestra que las hipótesis del teorema de Nash son condiciones suficientes pero no necesarias para que exista un equilibrio; existen muchos juegos que no cumplen las hipótesis del teorema pero, no obstante, tienen uno o más equilibrios de Nash.

1.4 Lecturas adicionales

Consúltese Brandenburger (1992) sobre los supuestos en que se fundamentan la eliminación iterativa de las estrategias estrictamente dominadas y el equilibrio de Nash, y también sobre la interpretación de las estrategias mixtas en términos de las conjeturas de los jugadores. Sobre la relación entre los modelos (tipo Cournot), en los que las empresas eligen cantidades y los modelos (tipo Bertrand), en los que las empresas eligen precios, consúltese Kreps y Scheinkman (1983), quienes demuestran que en algunas circunstancias el resultado de Cournot se da en un modelo de tipo Bertrand en el cual las empresas se enfrentan a restricciones de capacidad (que escogen a un cierto coste antes de elegir los precios). Sobre el arbitraje, consúltese Gibbons (1988), quien demuestra que el acuerdo preferido por el árbitro puede depender del contenido informativo de las ofertas de las partes, tanto en el arbitraje convencional como en el de oferta final. Finalmente, consúltese Dasgupta y Maskin (1986) sobre la existencia del equilibrio de Nash en juegos con espacios de estrategias continuos, incluyendo equilibrios en estrategias puras.

1.5 Ejercicios

1.1 ¿Qué es un juego en forma normal? ¿Qué es una estrategia estrictamente dominada en un juego en forma normal? ¿Qué es un equilibrio de Nash con estrategias puras en un juego en forma normal?

1.2 En el siguiente juego en forma normal, ¿qué estrategias sobreviven a una eliminación iterativa de las estrategias estrictamente dominadas? ¿Cuáles son los equilibrios de Nash con estrategias puras?

	I	C	D
A	2,0	1,1	4,2
M	3,4	1,2	2,3
B	1,3	0,2	3,0

1.3 Los jugadores 1 y 2 están negociando cómo repartirse mil pesetas. Ambos jugadores indican simultáneamente la parte de las mil pesetas que querrían conseguir, s_1 y s_2, donde $0 \leq s_1, s_2 \leq 1$. Si $s_1 + s_2 \leq 1$, los jugadores ven cumplidos sus deseos; si $s_1 + s_2 > 1$, ambos jugadores reciben cero pesetas. ¿Cuáles son los equilibrios de Nash con estrategias puras de este juego?

1.4 Supongamos que existen n empresas en el modelo de oligopolio de Cournot. Sea q_i la cantidad producida por una empresa i, y sea $Q = q_1 + \ldots + q_n$ la cantidad agregada en el mercado. Sea P el precio de equilibrio de mercado y supongamos que la demanda inversa viene dada por $P(Q) = a - Q$ (suponiendo que $Q < a$; en el caso contrario $P = 0$). Supongamos que para la empresa i el coste total de producir la cantidad q_i es $C_i(q_i) = cq_i$. Es decir, no hay costes fijos y el coste marginal es constante e igual a c, donde suponemos que $c < a$. Siguiendo a Cournot, supongamos que las empresas eligen sus volúmenes de producción simultáneamente. ¿Cuál es el equilibrio de Nash? ¿Qué ocurre cuando n tiende a infinito?

1.5 Consideremos las dos versiones finitas siguientes del modelo de duopolio de Cournot. En primer lugar, supongamos que cada empresa debe elegir o la mitad de la cantidad de monopolio, $q_m/2 = (a - c)/4$, o la cantidad de equilibrio de Cournot, $q_c = (a - c)/3$. No pueden darse otras cantidades. Demuéstrese que este juego con dos alternativas es equivalente al dilema de los presos: cada empresa tiene una estrategia estrictamente dominada, y ambas están peor en equilibrio que si cooperasen. En segundo lugar, supongamos que cada empresa puede elegir o $q_m/2$ o q_c, o una tercera cantidad q'. Hállese un valor de q' tal que el juego sea equivalente al modelo de Cournot de la sección 1.2.A, en el sentido de que (q_c, q_c) sea un equilibrio de Nash único y ambas empresas estén peor en equilibrio de lo que estarían si cooperasen, pero ninguna de ellas tiene una estrategia estrictamente dominada.

1.6 Considérese el modelo de duopolio de Cournot en el que la demanda inversa es $P(Q) = a - Q$ pero las empresas tienen costes marginales asimétricos, c_1 para la empresa 1 y c_2 para la empresa 2. ¿Cuál es el equilibrio de Nash si $0 < c_i < a/2$ para cada empresa? ¿Qué ocurre si $c_1 < c_2 < a$ pero $2c_2 > a + c_1$?

1.7 En la sección 1.2.B analizamos el modelo de duopolio de Bertrand con productos diferenciados. En el caso de productos homogéneos se obtiene un resultado poderoso. Supongamos que la cantidad que demandan los consumidores a la empresa i es $a - p_i$ cuando $p_i < p_j$, 0 cuando $p_i > p_j$, y $(a - p_i)/2$ cuando $p_i = p_j$. Supongamos también que no hay costes fijos y que los costes marginales son constantes e iguales a c, donde $c < a$. Demuéstrese que si las empresas eligen precios simultáneamente, el único equilibrio de Nash consiste en que ambas empresas fijen un precio c.

1.8 Considérese una población votante uniformemente distribuida en el espectro ideológico que va de la izquierda ($x = 0$) a la derecha ($x = 1$). Cada uno de los candidatos para un único puesto elige simultáneamente

un programa electoral (es decir, un punto en la línea entre $x = 0$ y $x = 1$).
Los votantes observan el programa de los candidatos y luego cada votante
vota por el candidato cuyo programa se acerque más a su posición en el
espectro. Si, por ejemplo, hay dos candidatos y eligen programas $x_1 = 0,3$
y $x_2 = 0,6$, todos los votantes a la izquierda de $x = 0,45$ votan al candidato
1, y todos los que están a la derecha votan al candidato 2, y el candidato 2
gana la elección con un 55 por ciento de los votos. Supongamos que a los
candidatos sólo les importa ser elegidos; en realidad, su programa no les
interesa para nada. Si hay dos candidatos, ¿cuál es el equilibrio de Nash
con estrategias puras? Si hay tres candidatos, indíquese un equilibrio de
Nash con estrategias puras. (Supongamos que cuando varios candidatos
eligen el mismo programa, los votos obtenidos por ese programa se divi-
den a partes iguales, y que los empates entre los que consiguen más votos
se resuelven a cara o cruz.) Véase Hotelling (1929) para un primer modelo
similar.

1.9 ¿Qué es una estrategia mixta en un juego en forma normal? ¿Qué es un
equilibrio de Nash con estrategias mixtas en un juego en forma normal?

1.10 Demuéstrese que no existen equilibrios de Nash con estrategias mixtas en los tres juegos en forma normal analizados en la sección 1.1: El
dilema de los presos, el de la figura 1.1.1 y el de la figura 1.1.4.

1.11 Hállese el equilibrio de Nash con estrategias mixtas del juego del
ejercicio 1.2.

1.12 Hállese el equilibrio de Nash con estrategias mixtas del siguiente
juego en forma normal:

	I	D
A	2,1	0,2
B	1,2	3,0

1.13 Dos empresas ofrecen un puesto de trabajo cada una. Supongamos
que (por razones que no discutimos aquí, pero que se refieren al grado
de importancia de que se ocupe el puesto) las empresas ofrecen salarios
diferentes: la empresa i ofrece el salario w_i, donde $(1/2)w_1 < w_2 < 2w_1$.
Imaginemos que hay dos trabajadores, cada uno de los cuales sólo puede

solicitar trabajo en una de las empresas. Los trabajadores deciden simultáneamente si solicitar el trabajo de la empresa 1 o de la empresa 2. Si sólo un trabajador solicita trabajo en una de las empresas, dicho trabajador obtiene el trabajo. Si ambos trabajadores solicitan trabajo en la misma empresa, la empresa contrata a uno de ellos aleatoriamente, y el otro queda desempleado (lo que significa una ganancia cero). Hállense los equilibrios de Nash del juego en forma normal. (Para más información sobre los salarios que fijarán las empresas, consúltese Montgomery [1991].)

Trabajador 2

	Solicitar a empresa 1	Solicitar a empresa 2
Solicitar a empresa 1	$\frac{1}{2}w_1, \frac{1}{2}w_1$	w_1, w_2
Solicitar a empresa 2	w_2, w_1	$\frac{1}{2}w_2, \frac{1}{2}w_2$

Trabajador 1 (etiqueta lateral de las filas)

Fecha 2

1.14 Demuéstrese que la proposición B en el apéndice a la sección 1.1.C se cumple tanto para equilibrios de Nash con estrategias puras como con estrategias mixtas: las estrategias utilizadas con probabilidad positiva en un equilibrio de Nash con estrategias mixtas sobreviven al proceso de eliminación iterativa de las estrategias estrictamente dominadas.

1.6 Referencias

AUMANN, R. 1974, "Subjectivity and Correlation in Randomized Strategies" *Journal of Mathematical Economics* 1:67-96.

—. 1976. "Agreeing to Disagree." *Annals of Statistics* 4:1236-39.

—. 1987. "Correlated Equilibrium as an Expression of Bayesian Rationality." *Econometrica* 55:1-18.

BERTRAND, J. 1883. "Théorie Mathématique de la Richesse Sociale." *Journal des Savants* 499-508.

BRANDENBURGER, A. 1992. "Knowledge and Equilibrium in Games." De próxima aparición en *Journal of Economic* Perspectives.

COURNOT, A. 1838. *Recherches sur les Principes Mathématiques de la Théorie des Richesses*. Edición inglesa: *Researches into the Mathematical Principles of theory of Wealth*. Publicado por N. Bacon. New York: Macmillan, 1897.

DASGUPTA, P., y E. MASKIN, 1986. "The Existence of Equilibrium in Discontinuous Economic Games, I: Theory." *Review of Economic Studies* 53:1-26.

FARBER, H., 1980, "An Analysis of Final-Offer Arbitration."*Journal of Conflict Resolution* 35:683-705.

FRIEDMAN, J. 1971. "A Noncooperative Equilibrium for Supergames." *Review of Economic Studies* 28:1-12.

GIBBONS, R. 1988. "Learning in Equilibrium Models of Arbitration." *American Economic Review* 78:896-912.

HARDIN, G. 1968. "The Tragedy of the Commons." *Science* 162:1243-48.

HARSANYI, J. 1973. "Games with Randomly Disturbed Payoffs: A New Rationale for Mixed Strategy Equilibrium Points." *International Journal of Game Theory* 2:1-23.

HOTELLING, H. 1929. "Stability in Competition." *Economic Journal* 39:41-57.

HUME, D. 1739. *A Treatise of Human Nature*. Reedición. Londres: J. M. Dent. 1952.

KAKUTANI, S. 1941. "A Generalization of Brouwer's Fixed Point Theorem." *Duke Mathematical Journal* 8:457-59.

KREPS, D., y J. SCHEINKMAN. 1983. "Quantity Precommitment and Bertrand Competition Yield Cournot Outcomes." *Bell Journal of Economics* 4:326-37.

MONTGOMERY, J. 1991. "Equilibrium Wage Dispersion and Interindustry Wage Differentials." *Quarterly Journal of Economics* 106:163-79.

NASH, J. 1950. "Equilibrium Points in n-Person Games." *Proceedings of the National Academy of Sciences* 36:48-49.

PEARCE, D. 1984. "Rationalizable Strategic Behavior and the Problem of Perfection." *Econometrica* 52:1029-50.

STACKELBERG, H. VON. 1934. *Marktform und Gleichgewicht*. Viena: Julius Springer.

2. JUEGOS DINÁMICOS
CON INFORMACIÓN COMPLETA

En este capítulo presentamos los juegos dinámicos. De nuevo, limitamos nuestra atención a los juegos con información completa (es decir, juegos en los que las funciones de ganancias de los jugadores son información del dominio público); véase una introducción a los juegos con información incompleta en el capítulo 3. En la sección 2.1 analizamos los juegos dinámicos no sólo con información completa, sino también con *información perfecta*, lo que significa que en cada momento del juego, el jugador a quien le corresponde decidir conoce la historia completa de todas las decisiones tomadas hasta ese momento. En las secciones 2.2 a 2.4, consideramos los juegos con información completa pero imperfecta: en algún momento del juego el jugador a quien le corresponde decidir no conoce toda la historia del juego.

El tema central en todo juego dinámico es el de la credibilidad. Como ejemplo de una amenaza que no resulta creíble, consideremos el siguiente juego de dos tiradas. Primero, el jugador 1 escoge entre dar 1.000 pesetas al jugador 2 o no darle nada. En segundo lugar, el jugador 2 observa la decisión del jugador 1 y decide si hacer estallar o no una granada que los matará a los dos. Supongamos que el jugador 2 amenaza con hacer estallar la granada a no ser que el jugador 1 le page las 1.000 pesetas. Si el jugador 1 cree que puede cumplirse la amenaza, su mejor respuesta es la de pagar las 1.000 pesetas. Pero el jugador 1 no debería creerse una amenaza semejante: si al jugador 2 se le diera la oportunidad de ejecutar dicha amenaza, escogería no hacerlo. Por tanto, el jugador 1 no debería pagar nada al jugador 2.[1]

En la sección 2.1 analizamos los siguientes casos de juegos dinámicos con información completa y perfecta: el jugador 1 decide primero, acto seguido el jugador 2 observa la decisión del jugador 1 y finalmente el juga-

---

[1] El jugador 1 podría preguntarse si un oponente que amenaza con hacer explotar una granada está loco. Este tipo de dudas se modelan como información incompleta, porque el jugador 1 no está seguro de la función de ganancias del jugador 2 (véase capítulo 3).

dor 2 toma su decisión con lo que concluye el juego. El juego de la granada pertenece a esta clase, como el modelo de duopolio de Stackelberg (1934) y el modelo de Leontief, (1946) de determinación de salarios y nivel de empleo en una empresa con fuerte implantación de un sindicato. Definimos el *resultado por inducción hacia atrás* y consideramos brevemente su relación con el equilibrio de Nash (posponiendo la discusión de esta relación hasta la sección 2.4). Resolvemos los modelos de Stackelberg y Leontief, utilizando este criterio. Derivamos también un resultado análogo para el modelo de negociación de Rubinstein (1982), aun cuando ese juego tiene una sucesión potencialmente infinita de tiradas y, por tanto, no pertenece a la clase de juegos considerada.

En la sección 2.2 ampliamos la clase de juegos analizada en la sección anterior: primero ambos jugadores 1 y 2 deciden simultáneamente, acto seguido los jugadores 3 y 4 observan las decisiones de 1 y 2 y finalmente, los jugadores 3 y 4 deciden simultáneamente con lo que concluye el juego. Como ya se explicará en la sección 2.4, la simultaneidad de las decisiones significa en este contexto que estos juegos son de información imperfecta. Definimos el *resultado perfecto en subjuegos* de tales juegos, que es la extensión natural de la inducción hacia atrás. Resolvemos los modelos de Diamond y Dybvig (1983) de pánico bancario, un modelo de aranceles y de competencia internacional imperfecta y el modelo de los torneos de Lazear y Rosen (1981), utilizando este criterio.

En la sección 2.3 estudiamos los *juegos repetidos*, en los cuales un grupo determinado de participantes juegan repetidamente un determinado juego, habiendo observado los resultados de las anteriores rondas del juego antes de iniciar la siguiente. El tema del análisis es que las amenazas y las promesas (creíbles) sobre el comportamiento futuro pueden afectar el comportamiento presente. Definimos el *equilibrio de Nash perfecto en subjuegos* para juegos repetidos y lo relacionamos con los resultados de la inducción hacia atrás y de la perfección en subjuegos definidos en las secciones 2.1 y 2.2. Enunciamos y demostramos el teorema de tradición oral para juegos repetidos infinitamente y analizamos el modelo de Friedman (1971) de colusión entre duopolistas de Cournot, el de Shapiro y Stiglitz (1984) de salarios de eficiencia y el de política monetaria de Barro y Gordon (1983).

En la sección 2.4 presentamos las herramientas necesarias para analizar en general un juego dinámico con información completa, ya sea con información perfecta o imperfecta. Definimos la representación de un juego en *forma extensiva* y la relacionamos con la representación en forma normal presentada en el capítulo 1. Definimos también el equilibrio de Nash perfecto en subjuegos para juegos en general. La cuestión principal (tanto de esta sección como del capítulo en su conjunto) es que un juego dinámico con información completa puede tener muchos equilibrios de Nash, pero algunos de ellos pueden incluir amenazas o promesas que no son creíbles. Los equilibrios de Nash perfectos en subjuegos son aquellos que pasan la prueba de credibilidad.

2.1 Juegos dinámicos con información completa y perfecta

2.1.A Teoría: inducción hacia atrás

El juego de la granada es un representante de la siguiente clase de juegos sencillos con información completa y perfecta:

1. El jugador 1 escoge una acción a_1 del conjunto factible A_1.
2. El jugador 2 observa a_1 y escoge una acción a_2 del conjunto factible A_2.
3. Las ganancias son $u_1(a_1,a_2)$ y $u_2(a_1,a_2)$.

Muchos problemas económicos se ajustan a esta descripción.[2] Dos ejemplos (que más adelante discutiremos con mayor detalle) son el modelo de duopolio de Stackelberg y el modelo de Leontief, de salarios y nivel de empleo en una empresa con fuerte implantación de un sindicato. Otros problemas económicos pueden modelarse si permitimos una sucesión de movimientos más amplia, ya sea añadiendo más jugadores o permitiendo que los jugadores tiren más de una vez. (El modelo de negociación de Rubinstein discutido en la sección 2.1.D es un ejemplo de este último caso.) Las características clave de un juego dinámico con información completa y perfecta son que (1) las decisones se toman de manera sucesiva, (2) todas las decisiones anteriores son conocidas antes de tomar la decisión

---

[2] Se podría permitir que el conjunto factible del jugador 2, A_2, dependiera de la acción del jugador 1, a_1. Tal dependencia podría denotarse con $A_2(a_1)$ o podría incorporarse en la función de ganancias del jugador 2 estableciendo que $u_2(a_1,a_2) = -\infty$ para valores de a_2 que no son factibles dado a_1. Algunos movimientos del jugador 1 podrían incluso poner fin al juego sin dar la oportunidad de mover al jugador 2; para tales valores de a_1, el conjunto de acciones factibles $A_2(a_1)$ contiene un único elemento, de forma que el jugador 2 no tiene elección posible.

siguiente y (3) las ganancias de los jugadores para cada combinación posible de jugadas son información del dominio público.

Resolvemos un juego por inducción hacia atrás de la siguiente forma: cuando al jugador 2 le corresponda decidir en la segunda etapa del juego, se enfrentará al siguiente problema, dada la acción a_1 previamente adoptada por el jugador 1:

$$\max_{a_2 \in A_2} u_2(a_1, a_2).$$

Supongamos que para cada a_1 en A_1, el problema de optimización del jugador 2 tiene una única solución que podemos denotar con $R_2(a_1)$. Ésta es la *reacción* (o mejor respuesta) a la acción del jugador 1. Dado que el jugador 1 puede resolver el problema de maximización del jugador 2 tanto como el propio jugador 2, el jugador 1 debería prever la reacción del jugador 2 a cada acción a_1 que 1 pudiera tomar, de forma que el problema de 1 en la primera etapa se concreta en

$$\max_{a_1 \in A_1} u_1\left(a_1, R_2(a_1)\right).$$

Supongamos que este problema de optimización del jugador 1 tiene también una solución única que podemos denominar a_1^*. Llamaremos a $(a_1^*, R_2(a_1^*))$ el *resultado por inducción hacia atrás* de este juego. El resultado por inducción hacia atrás ignora las amenazas no creíbles: el jugador 1 prevé que el jugador 2 responderá óptimamente a cualquier acción que 1 pueda escoger jugando $R_2(a_1)$; el jugador 1 ignora las amenazas por parte del jugador 2 que no favorezcan a 2 cuando el juego llegue a su segunda etapa.

Recordemos que en el capítulo 1 usamos la representación en forma normal para estudiar juegos estáticos con información completa y nos concentramos en la noción del equilibrio de Nash como concepto para solucionar tales juegos. Sin embargo, en la discusión sobre juegos dinámicos de esta sección no hemos hecho mención alguna ni de la representación en forma normal ni del equilibrio de Nash. Al contrario, hemos dado una descripción verbal de un juego en (1)–(3) y hemos definido el resultado por inducción hacia atrás como solución del juego. En la sección 2.4.A veremos que la descripción verbal en (1)–(3) es la representación en forma extensiva del juego. En esta sección estableceremos la relación entre las representaciones en forma extensiva y normal, y veremos que para juegos dinámicos la representación en forma extensiva es a menudo más conveniente. En la sección 2.4.B definiremos el equilibrio perfecto de Nash en subjuegos: un equilibrio de Nash es perfecto en subjuegos si ignora las amenazas que no son creíbles en un sentido que definiremos con más precisión. Veremos que pueden existir múltiples equilibrios de Nash en un juego de la clase definida por (1)–(3), pero que el único equilibrio de Nash perfecto en subjuegos es el equilibrio asociado con el resultado obtenido por inducción hacia atrás. Éste es un ejemplo de la observación, hecha en la sección 1.1.C, de que algunos juegos tienen múltiples equilibrios de Nash pero tienen un equilibrio que destaca como la solución más llamativa del juego.

Concluimos esta sección explorando los supuestos de racionalidad inherentes en los argumentos de inducción hacia atrás. Consideremos para ello el siguiente juego de tres etapas en el que el jugador 1 decide dos veces:

1. El jugador 1 escoge I o D donde I finaliza el juego con ganancias de 2 para el jugador 1 y 0 para el jugador 2.
2. El jugador 2 observa la elección de 1. Si 1 escoge D entonces 2 escoge I' o D', donde I' finaliza el juego con ganancias de 1 para ambos jugadores.
3. El jugador 1 observa la elección de 2 (y recuerda su propia decisión en la primera etapa). Si las decisiones anteriores fueron D y D' entonces 1 escoge I'' o D'' finalizando ambas el juego, I'' con ganancias de 3 para el jugador 1 y 0 para el jugador 2 y D'' con ganancias de 0 y 2 respectivamente.

Esta descripción verbal puede traducirse al siguiente juego en forma de árbol. (Ésta es la representación en forma extensiva que definiremos de forma más general en la sección 2.4.) La ganancia superior en el par de ganancias que aparecen en el extremo de cada rama del árbol es la ganancia del jugador 1; la inferior es la del jugador 2.

Para calcular el resultado por inducción hacia atrás de este juego empezamos por la tercera etapa (es decir, la segunda decisión del jugador 1). Aquí el jugador 1 se enfrenta a una elección entre una ganancia de 3 por medio de I'' o una ganancia de 0 a través de D'', de forma que I'' es óptimo. Por tanto, en la segunda etapa, el jugador 2 prevé que si el juego llega a su tercera etapa el jugador 1 escogerá I'', lo que le proporcionaría una ganancia de 0. Por tanto, en la segunda etapa la decisión del jugador 2 es entre una ganancia de 1 por medio de I' o una ganancia de 0 a través de D', de forma que I' es óptimo. Consecuentemente, en la primera etapa el jugador 1 prevé que si el juego llega a la segunda etapa el jugador 2 elegirá I', lo que le proporcionará una ganancia de 1. La elección del jugador 1 en la primera etapa es, por tanto, entre una ganancia de 2 por medio de I o una ganancia de 1 a través de D, de forma que I es óptimo.

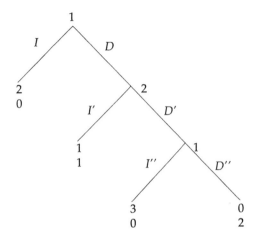

Este argumento establece que el resultado por inducción hacia atrás es que el jugador 1 escoge I en la primera etapa y se acaba el juego. Aun cuando el uso de la inducción hacia atrás establece que el juego se acaba en la primera etapa, una parte importante del argumento trata de lo que ocurriría si el juego no se acabase en esta primera etapa. En la segunda etapa, por ejemplo, cuando el jugador 2 prevé que si el juego llega a la tercera etapa el jugador 1 elegirá I'', 2 está suponiendo que 1 es racional. Este supuesto puede parecer inconsistente con el hecho de que 2 tiene la oportunidad de decidir en la segunda etapa sólo si 1 se desvía del resultado obtenido por inducción hacia atrás. Es decir, puede parecer que si 1 juega D en la primera etapa, 2 no puede suponer en la segunda etapa que 1 sea racional, pero esto no es así: si 1 juega D, en la primera etapa está claro que no puede ser información del dominio público que los dos jugadores sean racionales, pero existen razones para que 1 escogiera D que no contradicen el supuesto de 2 de que 1 es racional.[3] Una posibilidad es que sea información del dominio público que el jugador 1 es racional

---

[3] Recordemos de la discusión sobre la eliminación iterativa de las estrategias estrictamente dominadas (en la sección 1.1.B), que es información del dominio público que los jugadores son racionales si todos los jugadores son racionales, y si todos los jugadores saben que todos los jugadores son racionales y si todos los jugadores saben que todos los jugadores saben que todos los jugadores son racionales, etc, *ad infinitum.*

pero no que el jugador 2 lo sea: si 1 piensa que 2 podría no ser racional, 1 podría escoger D en la primera etapa confiando en que 2 eligiera D' en la segunda, dando con ello la oportunidad a 1 de jugar I'' en la tercera etapa. Otra posibilidad es que sea información del dominio público que el jugador 2 es racional pero no que el jugador 1 sea racional: si 1 es racional pero piensa que 2 cree que 1 podría no ser racional, 1 podría escoger D en la primera etapa confiando en que 2 pensara que 1 no es racional y, por tanto, jugara D' con la esperanza de que 1 jugara D'' en la tercera etapa. El uso de la inducción hacia atrás presupone que la elección de D por parte de 1 pueda explicarse siguiendo este razonamiento. Para algunos juegos, sin embargo, podría ser más razonable suponer que 1 jugó D porque 1 es, efectivamente, irracional. En tales juegos, el uso de la inducción hacia atrás pierde mucho de su atractivo como predicción del juego, tal como le pasa al equilibrio de Nash en juegos en los que la teoría de juegos no proporciona una solución única y no cabe esperar acuerdo alguno entre los jugadores.

2.1.B El modelo de duopolio de Stackelberg

Stackelberg (1934) propuso un modelo dinámico de duopolio en el cual una empresa dominante (o líder) decide primero y una empresa subordinada (o seguidora) decide en segundo lugar. En algunos momentos de la historia de la industria automovilística estadounidense, por ejemplo, General Motors parece haber jugado este papel de líder. Es inmediato ampliar esta descripción al caso en que haya más de una empresa seguidora, como Ford, Chrysler y otras. Siguiendo a Stackelberg, desarrollaremos el modelo bajo el supuesto de que las empresas escogen cantidades, como en el modelo de Cournot (donde las empresas deciden simultáneamente en vez de sucesivamente como aquí). Dejamos como ejercicio el desarrollo de un modelo de tomas de decisiones sucesivas en el que las empresas escogen los precios tal como lo hacen (simultáneamente) en el modelo de Bertrand.

El desarrollo temporal del juego es el siguiente: (1) La empresa 1 escoge una cantidad $q_1 \geq 0$; (2) la empresa 2 observa q_1 y escoge entonces una cantidad $q_2 \geq 0$; (3) las ganancias de la empresa i vienen dadas por la función de beneficio

$$\pi_i(q_i, q_j) = q_i[P(Q) - c],$$

donde $P(Q) = a - Q$ es el precio de equilibrio de mercado cuando la cantidad agregada es $Q = q_1 + q_2$, y c es el coste marginal constante de producción (siendo cero los costes fijos).

Para hallar el resultado por inducción hacia atrás de este juego, calculamos en primer lugar la reacción de la empresa 2 a una cantidad arbitrariamente fijada por la empresa 1. $R_2(q_1)$ es una solución de

$$\max_{q_2 \geq 0} \pi_2(q_1,q_2) = \max_{q_2 \geq 0} q_2[a - q_1 - q_2 - c],$$

lo que resulta en

$$R_2(q_1) = \frac{a - q_1 - c}{2},$$

siempre que $q_1 < a - c$. La misma ecuación para $R_2(q_1)$ apareció en nuestro análisis del juego de Cournot con decisiones simultáneas en la sección 1.2.A. La diferencia es que aquí $R_2(q_1)$ es realmente la reacción por parte de la empresa 2 a la cantidad observada que fija la empresa 1, mientras que en el análisis de Cournot $R_2(q_1)$ es la mejor respuesta de la empresa 2 a una cantidad hipotética que será simultáneamente escogida por la empresa 1.

Dado que la empresa 1 puede resolver el problema de la empresa 2 tanto como la propia empresa 2, la empresa 1 debería prever que la elección de la cantidad q_1 coincidirá con la reacción $R_2(q_1)$. Por tanto, el problema de la empresa 1 en la primera etapa del juego se concreta en

$$\max_{q_1 \geq 0} \pi_1\left(q_1, R_2(q_1)\right) = \max_{q_1 \geq 0} q_1[a - q_1 - R_2(q_1) - c]$$

$$= \max_{q_1 \geq 0} q_1 \frac{a - q_1 - c}{2},$$

lo que resulta en

$$q_1^* = \frac{a - c}{2} \quad \text{y} \quad R_2(q_1^*) = \frac{a - c}{4}$$

que es el resultado por inducción hacia atrás del juego del duopolio de Stackelberg.[4]

[4] De la misma forma que el "equilibrio de Cournot" y el "equilibrio de Bertrand" se refieren típicamente al equilibrio de Nash de los juegos de Cournot y Bertrand, la mención del "equilibrio de Stackelberg" significa a menudo que el juego es de decisiones sucesivas en vez de simultáneas. Sin embargo, como se ha constatado en la sección anterior, los juegos con decisiones sucesivas poseen a menudo múltiples equilibrios de Nash, de los cuales sólo uno está asociado con el resultado obtenido por inducción hacia atrás del juego. Por tanto, el "equilibrio de Stackelberg" puede referirse tanto a la naturaleza secuencial del juego como al uso de un criterio de solución más poderoso que el mero equilibrio de Nash.

Recordemos que en el equilibrio de Nash del juego de Cournot del capítulo 1, cada empresa produce $(a-c)/3$. Por tanto, la cantidad agregada obtenida por inducción hacia atrás en el juego de Stackelberg, $3(a-c)/4$, es mayor que la cantidad agregada en el equilibrio de Nash del juego de Cournot, $2(a-c)/3$, de forma que el precio de equilibrio de mercado es inferior en el juego de Stackelberg. Sin embargo, en el juego de Stackelberg la empresa 1 podía haber escogido la cantidad correspondiente al juego de Cournot, $(a-c)/3$, en cuyo caso la empresa 2 habría respondido con su cantidad de Cournot. Por tanto, en el juego de Stackelberg, la empresa 1 podría haber alcanzado el nivel de beneficios de Cournot, pero escogió no hacerlo, por lo que los beneficios de la empresa 1 en el juego de Stackelberg deben ser mayores que sus beneficios en el juego de Cournot. Pero el precio de equilibrio es inferior en el juego de Stackelberg, de forma que los beneficios agregados son menores. Por tanto, el hecho de que la empresa 1 esté mejor implica que la empresa 2 está peor en el juego de Stackelberg que en el juego de Cournot.

La observación de que la empresa 2 se encuentra en peor situación en el juego de Stackelberg que en el juego de Cournot ilustra una diferencia importante que existe entre los problemas de decisión uni o multipersonales. En la teoría de la decisión con un único agente, el tener más información nunca puede hacer que el agente decisor esté peor. En teoría de juegos, sin embargo, tener más información (o más precisamente, que otros jugadores sepan que uno tiene más información) *puede* hacer que un jugador esté peor.

En el juego de Stackelberg, la información en cuestión es la cantidad de la empresa 1: la empresa 2 conoce q_1 y (tan importante como esto) la empresa 1 sabe que la empresa 2 conoce q_1. Para ver el efecto que esta información tiene, consideremos un juego de decisión sucesiva algo distinto, en el que la empresa 1 escoge q_1, después de lo cual la empresa 2 escoge q_2, pero lo hace sin haber observado q_1. Si la empresa 2 cree que la empresa 1 ha escogido su cantidad de Stackelberg $q_1^* = (a-c)/2$, la mejor respuesta para la empresa 2 es de nuevo $R_2(q_1^*) = (a-c)/4$. Pero si la empresa 1 prevé que la empresa 2 creerá que ello vaya a ser así y, por tanto, escoja esta cantidad, la empresa 1 prefiere escoger su mejor respuesta a $(a-c)/4$ (es decir, $3(a-c)/8$) en lugar de su cantidad de Stackelberg $(a-c)/2$. Por todo ello, la empresa 2 no debe confiar en que la empresa 1 escoja su cantidad de Stackelberg. Más bien, el único equilibrio de Nash de este juego secuencial es que ambas empresas escojan la cantidad $(a-c)/3$, precisamente el equilibrio de Nash del juego de Cournot, en el que las dos empresas deciden simultáneamente.[5] Por lo tanto, que la empresa 1 sepa que la empresa 2 conoce q_1 va en contra de la empresa 2.

2.1.C Salarios y nivel de empleo en una empresa con fuerte implantación sindical

En el modelo de Leontief, (1946) de relación entre una empresa y un único sindicato (es decir, un sindicato que tiene el poder de monopolio de ofrecer la fuerza de trabajo a la empresa), el sindicato tiene poder exclusivo sobre los salarios, pero la empresa tiene el control exclusivo del nivel de empleo. (Conclusiones cualitativamente similares emergen en un modelo más realista en el cual la empresa y el sindicato negocian los salarios, pero la empresa retiene el poder exclusivo sobre el nivel de empleo.) La función de utilidad del sindicato es $U(w,L)$, donde w es el salario que el sindicato pide a la empresa y L es el nivel de empleo. Supongamos que $U(w,L)$ es creciente en los dos argumentos w y L. La función de beneficios de la empresa es $\pi(w,L) = R(L) - wL$, donde $R(L)$ son los ingresos que la empresa obtiene si emplea L trabajadores (y toma de forma óptima las correspondientes decisiones de producción y de estrategia de mercado). Supongamos que $R(L)$ es creciente y cóncava.

Supongamos que el desarrollo temporal del juego es: (1) el sindicato efectúa una demanda salarial, w; (2) la empresa observa (y acepta) w y escoge entonces el nivel de empleo, L; (3) las ganancias son $U(w,L)$ y $\pi(w,L)$. Podemos decir bastantes cosas sobre el resultado por inducción hacia atrás de este juego, aun sin haber supuesto ninguna forma funcional concreta de $U(w,L)$ y $R(L)$, pero no podemos calcular el resultado explícitamente.

En primer lugar caracterizamos la mejor respuesta de la empresa en la etapa (2), $L^*(w)$, a una demanda salarial arbitraria por parte del sindicato en la etapa (1), w. Dado w, la empresa escoge el nivel $L^*(w)$ que soluciona

$$\max_{L\geq 0} \pi(w,L) = \max_{L\geq 0} R(L) - wL,$$

[5] Esto es un ejemplo de la afirmación hecha en la sección 1.1.A: en un juego en forma normal los jugadores escogen sus estrategias simultáneamente, pero ello no implica necesariamente que *actúen* simultáneamente; es suficiente con que cada uno tome su decisión sin conocer las decisiones de los demás. Véase la sección 2.4.A para más discusión sobre esta cuestión.

cuya condición de primer orden es

$$R'(L) - w = 0.$$

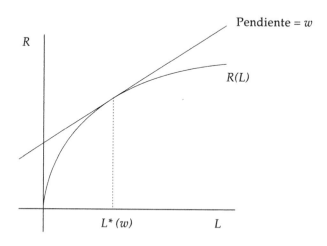

Figura 2.1.1

Para garantizar que la condición de primer orden $R'(L) - w = 0$ tenga solución, suponemos que $R'(0) = \infty$ y que $R'(\infty) = 0$, tal como indica la figura 2.1.1.

La figura 2.1.2 representa $L^*(w)$ en función de w (pero utiliza los ejes de forma que faciliten la comparación con gráficos posteriores) e indica que $L^*(w)$ corta cada una de las curvas de isobeneficio de la empresa en su punto máximo.[6] Manteniendo L constante, la empresa está tanto mejor cuanto menor sea w, de forma que las curvas isobeneficio inferiores representan niveles de beneficio más altos. La figura 2.1.3 representa las curvas de indiferencia del sindicato. Manteniendo L constante, el sindicato está tanto mejor cuanto más alto sea w, de forma que las curvas de indiferencia más altas corresponden a niveles de utilidad mayores del sindicato.

---

[6] Esta última propiedad es simplemente otra manera de decir que $L^*(w)$ maximiza $\pi(L,w)$ dado w. Si el sindicato pide w', por ejemplo, la elección de L por parte de la empresa se concreta en la elección de un punto en la recta horizontal $w = w'$. El máximo nivel de beneficio posible se alcanza escogiendo L de forma que la curva de isobeneficio que pasa por (L,w') sea tangente a la restricción $w = w'$.

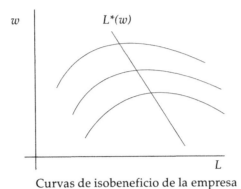

Curvas de isobeneficio de la empresa

Figura 2.1.2

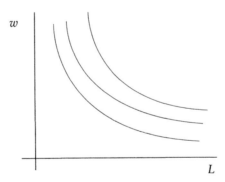

Curvas de indiferencia del sindicato

Figura 2.1.3

Consideremos ahora el problema del sindicato en la etapa (1). Dado que el sindicato puede resolver el problema de la empresa en la segunda etapa, tanto como la propia empresa, el sindicato debería prever que la reacción por parte de la empresa a su demanda salarial w será escoger el nivel de empleo $L^*(w)$. Por tanto, el problema del sindicato en la primera etapa se concreta en

$$\max_{w \geq 0} U\left(w, L^*(w)\right).$$

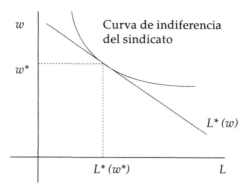

Figura 2.1.4.

En términos de las curvas de indiferencia representadas en la figura 2.1.3, al sindicato le gustaría escoger la demanda salarial w que proporcione un resultado $(w,L^*(w))$ que esté en la curva de indiferencia más alta posible. La solución al problema del sindicato es w^*, la demanda salarial que hace que la curva de indiferencia del sindicato que pasa por el punto $(w^*,L^*(w^*))$ sea tangente a $L^*(w)$ en ese punto (véase la figura 2.1.4). Por lo tanto, $(w^*,L^*(w^*))$ es el resultado por inducción hacia atrás de este juego de salarios y nivel de empleo.

Es fácil ver que $(w^*,L^*(w^*))$ es ineficiente: tanto la utilidad del sindicato como los beneficios de la empresa aumentarían si w y L estuvieran en la región sombreada de la figura 2.1.5. Esta ineficiencia hace que resulte difícil de entender que en la práctica las empresas parezca que retienen el control exclusivo sobre el nivel de ocupación. (Si permitimos que la empresa y el sindicato negocien los salarios pero mantenemos el control exclusivo de la empresa sobre el nivel de empleo obtenemos un resultado igualmente ineficiente.) Espinosa y Rhee (1989) proponen una explicación a este enigma basada en el hecho de que el sindicato y la empresa negocian repetidamente a lo largo del tiempo (normalmente cada tres años en Estados Unidos). En ese juego repetido, siempre que la elección de w por parte del sindicato y la elección de L por parte de la empresa caigan en la región sombreada de la figura 2.1.5 puede existir un equilibrio, aun cuando esos valores de w y L no pueden ser el resultado por inducción hacia atrás de una única negociación. Consúltese la sección 2.3 sobre juegos repetidos y el ejercicio 2.16 sobre el modelo de Espinosa-Rhee.

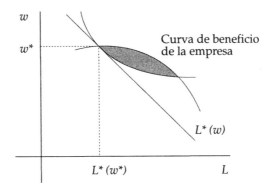

Figura 2.1.5

2.1.D Negociación secuencial

Empezamos con un modelo de negociación de tres periodos perteneciente a la clase de juegos estudiada en la sección 2.1.A. Pasamos luego a discutir el modelo de Rubinstein (1982), en el que el número de periodos es (potencialmente) infinito. En ambos modelos se llega a un acuerdo inmediatamente, no hay negociaciones prolongadas (como huelgas). En el modelo de Sobel y Takahashi (1983) de negociación secuencial con información asimétrica, en cambio, pueden ocurrir huelgas en el único equilibrio (bayesiano perfecto) con probabilidad positiva (véase la sección 4.3.B).

Los jugadores 1 y 2 negocian el reparto de una peseta. Hacen ofertas alternativamente: primero el jugador 1 hace una propuesta que el jugador 2 puede aceptar o rechazar; si 2 la rechaza, hace una propuesta que 1 puede aceptar o rechazar, y así sucesivamente. Una vez que una oferta ha sido rechazada, deja de ser vinculante y es irrelevante en las siguientes rondas del juego. Cada oferta corresponde a un periodo y los jugadores son impacientes: descuentan las ganancias obtenidas en periodos posteriores de acuerdo con el factor δ, donde $0 < \delta < 1.$[7]

---

[7] El factor de descuento δ refleja el valor temporal del dinero. Una peseta recibida al princípio de un periodo puede ingresarse en un banco y proporcionar intereses, digamos que a un tipo r por periodo y, por tanto, tendrá un valor de $1 + r$ pesetas al principio del periodo siguiente. De forma equivalente, una peseta que se reciba al principio del periodo siguiente tiene ahora un valor de sólo $1/(1 + r)$ pesetas. Sea $\delta = 1/(1 + r)$; entonces una ganancia π obtenida en el próximo periodo tiene ahora ahora un valor de sólo $\delta\pi$; una ganancia π obtenida dentro de dos periodos tiene ahora un valor de sólo $\delta^2\pi$, y asísucesivamente. El valor actual de una ganancia futura recibe el nombre de *valor futuro* de esa ganancia.

Una descripción más detallada de la secuencia temporal del juego de tres periodos es la siguiente:

(1a) Al principio del primer periodo el jugador 1 propone quedarse con una fracción s_1 de una peseta, dejando $1 - s_1$ para el jugador 2.

(1b) El jugador 2 puede aceptar la oferta (en cuyo caso el juego finaliza y los jugadores reciben las ganancias s_1 y $1 - s_1$ inmediatamente) o rechazarla (en cuyo caso el juego pasa al segundo periodo).

(2a) Al principio del segundo periodo el jugador 2 propone que el jugador 1 se quede con una fracción s_2 de una peseta, dejando $1 - s_2$ para el jugador 2. (Nótese la convención de que s_t corresponde siempre al jugador 1, sea quien sea quien hace la oferta.)

(2b) El jugador 1 puede aceptar la oferta (en cuyo caso el juego finaliza y los jugadores reciben las ganancias s_2 y $1 - s_2$ inmediatamente) o rechazarla (en cuyo caso el juego pasa al tercer periodo).

(3) Al principio del tercer periodo el jugador 1 recibe una fracción s de una peseta, dejando $1 - s$ para el jugador 2, donde $0 < s < 1$.

En este modelo de tres periodos, el acuerdo al que se llega en el tercer periodo $(s, 1 - s)$ está fijado exógenamente. En el modelo con horizonte infinito que consideraremos más tarde, la ganancia s del tercer periodo representa la ganancia del jugador 1 en lo que queda del juego si se llega al tercer periodo (esto es, si las dos primeras ofertas son rechazadas).

Para calcular el resultado por inducción hacia atrás de este juego de tres periodos, calculamos en primer lugar la oferta óptima por parte del jugador 2 si se llega al segundo periodo. El jugador 1 puede recibir s en el tercer periodo rechazando la oferta s_2 del jugador 2 en este periodo, pero el valor en este periodo de recibir s en el periodo siguiente es sólo δs. Por tanto, el jugador 1 aceptará s_2 si y sólo si $s_2 \geq \delta s$. (Suponemos que cada jugador aceptará una oferta si es indiferente entre aceptarla o rechazarla.) El problema de decisión del jugador 2 en el segundo periodo, por tanto, se concreta en escoger entre $1 - \delta s$ en este periodo (ofreciendo $s_2 = \delta s$ al jugador 1) o recibir $1 - s$ en el siguiente periodo (ofreciendo al jugador 1 cualquier $s_2 < \delta s$). El valor descontado de la última opción es $\delta(1 - s)$, que es menor que $1 - \delta s$ obtenible por medio de la primera opción, de forma que la oferta óptima del jugador 2 en el segundo periodo es $s_2^* = \delta s$. Por tanto, si el juego llega al segundo periodo, el jugador 2 ofrecerá s_2^* y el jugador 1 aceptará.

Dado que el jugador 1 puede resolver el problema del jugador 2 en el segundo periodo tan bien como el propio jugador 2, el jugador 1 sabe que el jugador 2 puede recibir $1 - s_2^*$ en el segundo periodo rechazando la oferta s_1 del jugador 1 en este periodo, pero el valor en este periodo de recibir $1 - s_2^*$ el periodo siguiente es sólo de $\delta(1 - s_2^*)$. Por tanto, el jugador 2 aceptará $1 - s_1$ si y sólo si $1 - s_1 \geq \delta(1 - s_2^*)$ o $s_1 \leq 1 - \delta(1 - s_2^*)$. El problema de la decisión del jugador 1 en el primer periodo, por tanto, se concreta en escoger entre recibir $1 - \delta(1 - s_2^*)$ en este periodo (ofreciendo $1 - s_1 = \delta(1 - s_2^*)$ al jugador 2) o recibir s_2^* en el próximo periodo (ofreciendo cualquier $1 - s_1 \leq \delta(1 - s_2^*)$ al jugador 2). El valor descontado de la última opción es $\delta s_2^* = \delta^2 s$, que es menor que $1 - \delta(1 - s_2^*) = 1 - \delta(1 - \delta s)$ obtenible por medio de la primera opción, de forma que la oferta óptima del jugador 1 en el primer periodo es $s_1^* = 1 - \delta(1 - s_2^*) = 1 - \delta(1 - \delta s)$. Por tanto, en el resultado por inducción hacia atrás de este juego de tres periodos, el jugador 1 ofrece el reparto $(s_1^*, 1 - s_1^*)$ al jugador 2, quien acepta.

Consideremos ahora el caso en que el horizonte es infinito. El desarrollo temporal es el mismo que hemos descrito anteriormente, excepto que el acuerdo exógeno del paso (3) es reemplazado por una sucesión infinita de pasos (3a), (3b), (4a), (4b) y así sucesivamente. El jugador 1 hace la oferta en los periodos impares, el jugador 2 en los pares; la negociación continúa hasta que uno de los dos jugadores acepta una oferta. Nos gustaría hallar el resultado por inducción hacia atrás de este juego de horizonte infinito moviéndonos hacia atrás, tal como lo hemos hecho en los casos analizados hasta ahora. Sin embargo, como el juego podría continuar hasta el infinito, no existe un último momento a partir del cual iniciar tal análisis. Afortunadamente, la siguiente idea (aplicada originalmente por Shaked y Sutton [1984]) nos permite truncar el juego de horizonte infinito y aplicar la lógica del caso en el que el horizonte es finito: el juego que empieza en el tercer periodo (si se alcanza) es idéntico al juego completo (empezando desde el primer periodo): en ambos casos el jugador 1 hace la primera oferta, los jugadores se alternan haciendo las siguientes ofertas y la negociación continúa hasta que un jugador acepta una oferta.

Dado que no hemos definido formalmente el resultado por inducción hacia atrás de este juego de negociación con horizonte infinito, nuestros argumentos serán informales (pero pueden formalizarse). Supongamos que existe un resultado por inducción hacia atrás del juego completo en el que los jugadores 1 y 2 reciben las ganancias s y $1 - s$ respectivamente. Podemos utilizar estas ganancias en el juego que empieza en el tercer periodo, si se alcanza, y proceder entonces hacia atrás hasta el primer periodo (como en el juego de tres periodos) para calcular un nuevo resultado por inducción hacia atrás del juego completo. En este nuevo resultado por inducción hacia atrás, el jugador 1 ofrecerá el acuerdo $(f(s), 1 - f(s))$ en el primer periodo y el jugador 2 aceptará, donde $f(s) = 1 - \delta(1 - \delta s)$ es la fracción del jugador 1 en el primer periodo del juego anterior de tres periodos cuando el acuerdo $(s, 1 - s)$ se imponía exógenamente en el tercer periodo.

Sea s_A la ganancia más alta que el jugador 1 puede recibir en cualquier resultado por inducción hacia atrás del juego completo. Consideremos el uso de s_A como la ganancia del jugador 1 en el tercer periodo, tal como lo hemos descrito anteriormente; esto producirá un nuevo resultado por inducción hacia atrás en el que la ganancia en el primer periodo del jugador 1 es $f(s_A)$. Dado que $f(s) = 1 - \delta + \delta^2 s$ es creciente en s, $f(s_A)$ es la ganancia en el primer periodo más alta posible, ya que s_A es la ganancia más alta posible en el tercer periodo. Pero s_A es también la ganancia más alta posible en el primer periodo, de forma que $f(s_A) = s_A$. Argumentos similares demuestran que $f(s_B) = s_B$, donde s_B es la ganancia más baja posible que el jugador 1 puede obtener en cualquier resultado por inducción hacia atrás del juego completo. El único valor de s que satisface $f(s) = s$ es $1/(1 + \delta)$, que denotaremos con s^*. Por tanto, $s_A = s_B = s^*$ de forma que existe un único resultado por inducción hacia atrás del juego completo: en el primer periodo el jugador 1 ofrece un acuerdo $(s^* = 1/(1 + \delta), 1 - s^* = \delta/(1 + \delta))$ al jugador 2, quien acepta.

2.2 Juegos en dos etapas con información completa pero imperfecta

2.2.A Teoría: Perfección en subjuegos

Enriquezcamos ahora la clase de juegos analizada en la sección anterior. Como en los juegos dinámicos con información completa y perfecta, continuamos suponiendo que el juego sigue una sucesión de etapas, habiendo los jugadores observado las decisiones formadas en las etapas previas antes del comienzo de una nueva etapa. Sin embargo, a diferencia de los juegos analizados en la sección anterior, permitimos que haya decisiones simultáneas en cada etapa. Como explicaremos en la sección 2.4, esta simultaneidad de decisiones significa que los juegos analizados en esta sección tienen información imperfecta. No obstante, estos juegos comparten características importantes con los juegos con información perfecta considerados en la sección anterior.

Analizaremos el siguiente juego sencillo, al cual (sin mucha inspiración) llamaremos juego en dos etapas con información perfecta pero incompleta:

1. Los jugadores 1 y 2 escogen simultáneamente las acciones a_1 y a_2 de los conjuntos factibles A_1 y A_2 respectivamente.
2. Los jugadores 3 y 4 observan el resultado de la primera etapa, (a_1,a_2), y escogen entonces simultáneamente las acciones a_3 y a_4 de los conjuntos factibles A_3 y A_4 respectivamente.
3. Las ganancias son $u_i(a_1,a_2,a_3,a_4)$ para $i = 1,2,3,4$.

Muchos problemas económicos se ajustan a esta descripción.[8] Tres ejemplos (que discutiremos más adelante con mayor detalle) son los pánicos bancarios, los aranceles y la competencia internacional imperfecta y los torneos (por ejemplo, la lucha entre varios vicepresidentes de una empresa por ser el próximo presidente). Otros problemas económicos pueden modelarse si permitimos una mayor complejidad, ya sea añadiendo más jugadores o permitiendo que los jugadores jueguen en más de una etapa. Podría incluso haber menos jugadores: en algunas aplicaciones los jugadores 3 y 4 son los jugadores 1 y 2; en otras bien el jugador 2 o el 4 no aparece.

Resolvemos un juego de esta clase utilizando un enfoque parecido al de la inducción hacia atrás, pero esta vez, el primer paso que damos cuando nos movemos hacia atrás desde el final del juego exige la resolución de un juego real (el juego simultáneo entre los jugadores 3 y 4 en la segunda etapa, dado el resultado de la primera etapa) en vez de resolver un problema de optimización para un único individuo como en la sección anterior. Para no complicar las cosas, supondremos en esta sección que para cada resultado factible de la primera etapa, (a_1,a_2), el juego que queda pendiente en la segunda etapa entre los jugadores 3 y 4 tiene un único equilibrio de Nash que denominamos $(a_3^*(a_1,a_2),a_4^*(a_1,a_2))$. En la sección 2.3.A (sobre juegos repetidos) consideramos las consecuencias de prescindir de este supuesto.

Si los jugadores 1 y 2 prevén que el comportamiento en la segunda etapa de los jugadores 3 y 4 vendrá dado por $(a_3^*(a_1,a_2),a_4^*(a_1,a_2))$, la interacción entre los jugadores 1 y 2 en la primera etapa se concreta en el siguiente juego de decisiones simultáneas:

---

[8] Como en la sección anterior, los conjuntos de acciones factibles de los jugadores 3 y 4 en la segunda etapa, A_3 y A_4, podrían depender del resultado de la primera etapa (a_1,a_2). En particular, podrían existir valores (a_1,a_2) que finalizaran el juego.

1. Los jugadores 1 y 2 escogen simultáneamente las acciones a_1 y a_2 de los conjuntos factibles A_1 y A_2 respectivamente.
2. Las ganancias son $u_i(a_1,a_2,a_3^*(a_1,a_2),a_4^*(a_1,a_2))$ para $i = 1,2$.

Supongamos que (a_1^*,a_2^*) es el único equilibrio de Nash de este juego de decisiones simultáneas. Llamaremos a $(a_1^*,a_2^*,a_3^*(a_1^*, a_2^*),a_4^*(a_1^*,a_2^*))$ *resultado perfecto en subjuegos* de este juego en dos etapas. Este resultado es el análogo natural del resultado por inducción hacia atrás en los juegos con información completa y perfecta, y esta analogía se refiere tanto a sus características atractivas como a las que no lo son tanto. Los jugadores 1 y 2 no deberían creer ninguna amenaza por parte de los jugadores 3 y 4 que correspondiera a acciones que no fueran el equilibro de Nash del juego que queda en la segunda etapa, ya que cuando el juego llegue realmente a la segunda etapa, al menos uno de los jugadores 3 o 4 no querrá cumplir su amenaza (precisamente porque no es un equilibrio de Nash del juego que queda en la segunda etapa). Por otra parte, supongamos que el jugador 1 es también el jugador 3, y que el jugador 1 no juega a_1^* en la primera etapa: el jugador 4 puede querer entonces reconsiderar el supuesto de que el jugador 3 (es decir, el jugador 1) jugará $a_3^*(a_1,a_2)$ en la segunda etapa.

2.2.B Pánico bancario

Dos inversores han depositado cada uno de ellos una cantidad D en un banco. El banco ha invertido estos depósitos en un proyecto a largo plazo. Si el banco se ve obligado a liquidar su inversión antes de que el proyecto venza, puede recuperar un total de $2r$, donde $D > r > D/2$. Sin embargo, si el banco deja que la inversión llegue a su vencimiento, el proyecto rendirá un total de $2R$, donde $R > D$.

Existen dos fechas en las cuales los inversores pueden sacar dinero del banco: la fecha 1 es anterior al vencimiento de la inversión del banco, la fecha 2 es posterior. Para simplificar, supondremos que no hay descuento. Si ambos inversores sacan dinero en la fecha 1, cada uno recibe r y el juego se acaba. Si sólo un inversor saca dinero en la fecha 1, ese inversor recibe D, el otro recibe $2r - D$ y el juego se acaba. Finalmente, si ninguno de los inversores saca dinero en la fecha 1, el proyecto llega a su vencimiento y los inversores deciden si sacar el dinero o no en la fecha 2. Si los dos inversores sacan el dinero en la fecha 2, cada uno de ellos recibe R y el juego se acaba. Si sólo un inversor saca el dinero en la fecha 2, ese inversor recibe $2R - D$, el otro recibe D y el juego se acaba. Finalmente, si ninguno de los inversores saca el dinero en la fecha 2, el banco devuelve R a cada inversor y el juego se acaba.

En la sección 2.4 discutiremos cómo representar formalmente este juego. Sin embargo, por ahora procederemos de modo informal. Representemos las ganancias de los dos inversores en las fechas 1 y 2 (en función de sus decisiones sobre sacar dinero en esas fechas) con el siguiente par de juegos en forma normal. Nótese que el juego en forma normal correspondiente a la fecha 1 no es típico: si ambos inversores escogen no sacar dinero en la fecha 1, no se especifica ninguna ganancia, sino que los inversores pasan al juego en forma normal correspondiente a la fecha 2.

	Sacar	No sacar
Sacar	r,r	$D,2r-D$
No Sacar	$2r-D,D$	siguiente etapa

Fecha 1

	Sacar	No sacar
Sacar	R,R	$2R-D,D$
No Sacar	$D,2R-D,$	R,R

Fecha 2

Para analizar este juego procedemos hacia atrás. Considérese el juego en forma normal correspondiente a la fecha 2. Como $R > D$ (y por tanto $2R - D > R$), "sacar" domina estrictamente a "no sacar", de forma que existe un único equilibrio de Nash de este juego: ambos inversores sacan el dinero, lo que conduce a unas ganancias de (R,R). Como no hay descuento, podemos simplemente sustituir estas ganancias en el juego en forma normal correspondiente a la fecha 1, tal como indica la figura 2.2.1. Dado que $r < D$ (y por tanto $2r - D < r$), esta versión de un periodo del juego de dos periodos tiene dos equilibrios de Nash en estrategias puras: (1) ambos inversores sacan el dinero, lo que conduce a unas ganancias de (r,r); (2) ninguno de los dos inversores saca el dinero, lo que lleva a unas ganancias de (R,R). Por tanto, el juego original del pánico bancario de dos periodos tiene dos resultados perfectos en subjuegos (y, por tanto, no se ajusta totalmente a la clase de juegos definida en la sección 2.2.A): (1) ambos inversores sacan el dinero en la fecha 1, lo que conduce a unas ganancias de (r,r); (2) ninguno de los inversores saca el dinero en la fecha 1 pero lo hacen en la fecha 2, lo que conduce a unas ganancias de (R,R) en la fecha 2.

	Sacar	No sacar
Sacar	r,r	$D,2r-D$
No Sacar	$2r-D,D$	R,R

Figura 2.2.1

El primero de estos resultados puede interpretarse como el de un pánico bancario. Si el inversor 1 cree que el inversor 2 sacará su dinero en la fecha 1, su mejor respuesta es sacar también el dinero, aun cuando a ambos les iría mejor si esperasen a la fecha 2 para sacar el dinero. Este juego del pánico bancario difiere del dilema de los presos discutido en el capítulo 1 en un aspecto importante: ambos juegos poseen un equilibrio de Nash que conduce a unas ganancias socialmente ineficientes; en el dilema de los presos éste es el único equilibrio (y lo es en estrategias dominantes), mientras que en este juego existe también un segundo equilibrio que es eficiente. Por tanto, este modelo no predice cuándo va a ocurrir un pánico bancario, pero muestra que es un fenómeno que puede ocurrir en equilibrio. Véase un modelo más rico en Diamond y Dybvig (1983).

2.2.C Aranceles y competencia internacional imperfecta

Nos ocupamos ahora de una aplicación de economía internacional. Consideremos dos países idénticos, que denominamos con $i = 1,2$. Cada país tiene un gobierno que escoge un arancel, una empresa que produce tanto para el consumo interno como para la exportación y unos consumidores que compran en el mercado interno, ya sea de la empresa nacional o de la extranjera. Si la cantidad total en el mercado del país i es Q_i, el precio de equilibrio del mercado es $P_i(Q_i) = a - Q_i$. La empresa del país i (que en adelante llamaremos empresa i) produce h_i para el consumo interior y e_i para la exportación. Por tanto, $Q_i = h_i + e_j$. Las empresas tienen un coste marginal constante c y no tienen costes fijos. Por tanto, el coste total de producción de la empresa i es $C_i(h_i,e_i) = c(h_i + e_i)$. Las empresas también incurren en un coste arancelario sobre las exportaciones: si la empresa i exporta e_i al país j cuando el gobierno j ha establecido una tasa arancelaria de t_j, la empresa i debe pagar $t_j e_i$ al gobierno j.

El desarrollo temporal del juego es el siguiente: Primero, ambos gobiernos escogen simultáneamente las tasas arancelarias t_1 y t_2. En segundo lugar, las empresas observan las tasas arancelarias y escogen simultáneamente las cantidades para el consumo interno y para la exportación, (h_1, e_1) y (h_2, e_2). En tercer lugar, las ganancias son los beneficios de la empresa i y el bienestar total del gobierno i, donde el bienestar total del país i es la suma de los excedentes de los consumidores[9] del país i, los beneficios recibidos por la empresa i y el ingreso arancelario que el gobierno i recauda de la empresa j:

$$\pi_i(t_i, t_j, h_i, e_i, h_j, e_j) = [a - (h_i + e_j)]h_i + [a - (e_i + h_j)]e_i$$
$$- c(h_i + e_i) - t_j e_i,$$

$$W_i(t_i, t_j, h_i, e_i, h_j, e_j) = \frac{1}{2}Q_i^2 + \pi_i(t_i, t_j, h_i, e_i, h_j, e_j) + t_i e_j.$$

Supongamos que los gobiernos han escogido los aranceles t_1 y t_2. Si $(h_1^*, e_1^*, h_2^*, e_2^*)$ es un equilibrio de Nash del juego (de dos mercados) restante entre las empresas 1 y 2 entonces, para cada i, (h_i^*, e_i^*) debe solucionar

$$\max_{h_i, e_i \geq 0} \pi_i(t_i, t_j, h_i, e_i, h_j, e_j).$$

Como $\pi_i(t_i, t_j, h_i, e_i, h_j^*, e_j^*)$ puede escribirse como la suma de los beneficios de la empresa i en el mercado i (los cuales son función de h_i y e_j^* únicamente) y los beneficios de la empresa i en el mercado j (los cuales son función de e_i, h_j^* y t_j únicamente), el problema de optimización en los dos mercados para la empresa i se simplifica al separarse en dos problemas, uno para cada mercado: h_i^* debe solucionar

$$\max_{h_i \geq 0} h_i[a - (h_i + e_j^*) - c],$$

y e_i^* debe solucionar

$$\max_{e_i \geq 0} e_i[a - (e_i + h_j^*) - c] - t_j e_i.$$

---

[9] Si un consumidor compra un bien a un precio p cuando habría estado dispuesto a pagar un valor v, se beneficia de un excedente de $v - p$. Dada la curva de demanda inversa $P_i(Q_i) = a - Q_i$, si la cantidad vendida en el mercado i es Q_i, puede demostrarse que el excedente agregado del consumidor es $(1/2)Q_i^2$.

Suponiendo que $e_j^* \leq a - c$, tenemos que

$$h_i^* = \frac{1}{2}(a - e_j^* - c),\qquad(2.2.1)$$

y suponiendo que $h_j^* \leq a - c - t_j$, tenemos que

$$e_i^* = \frac{1}{2}(a - h_j^* - c - t_j).\qquad(2.2.2)$$

(Los resultados que derivamos son coherentes con ambos supuestos.) Las dos funciones de mejor respuesta (2.2.1) y (2.2.2) deben cumplirse para cada $i = 1,2$. Por tanto, tenemos cuatro ecuaciones con cuatro incógnitas $(h_1^*, e_1^*, h_2^*, e_2^*)$. Afortunadamente, este sistema de ecuaciones puede simplificarse dividiéndose en dos grupos de dos ecuaciones con dos incógnitas. Las soluciones son

$$h_i^* = \frac{a - c + t_i}{3} \quad y \quad e_i^* = \frac{a - c - 2t_j}{3}.\qquad(2.2.3)$$

Recordemos (en la sección 1.2.A) que la cantidad de equilibrio escogida por las dos empresas en el juego de Cournot es $(a - c)/3$, pero que este resultado se obtuvo bajo el supuesto de costes marginales simétricos. En el equilibrio descrito en (2.2.3), por el contrario, las decisiones arancelarias de los gobiernos hacen que los costes marginales sean asimétricos (como en el ejercicio 1.6). En el mercado i, por ejemplo, el coste marginal de la empresa i es c, pero el de la empresa j es $c + t_i$. Como el coste de la empresa j es más alto, ésta quiere producir menos. Pero si la empresa j va a producir menos, el precio de equilibrio será más alto, de forma que la empresa i querrá producir más, en cuyo caso la empresa j querrá producir menos todavía. Por tanto, en equilibrio, h_i^* crece con t_i y e_j^* decrece (a un ritmo más rápido) con t_i, como indica (2.2.3).

Una vez resuelto el juego entre las dos empresas que queda en la segunda etapa, cuando los gobiernos han escogido las tasas arancelarias, podemos ahora representar la interacción entre los dos gobiernos en la primera etapa con el siguiente juego de decisiones simultáneas. Primero, los gobiernos escogen las tasas arancelarias t_1 y t_2 simultáneamente. En segundo lugar, las ganancias son $W_i(t_i, t_j, h_1^*, e_1^*, h_2^*, e_2^*)$ para el gobierno $i = 1,2$, donde h_i^* y e_i^* son funciones de t_i y t_j, tal como se indica en (2.2.3). Hallamos ahora el equilibrio de Nash de este juego entre los gobiernos.

Para simplificar la notación, suprimiremos la dependencia de h_i^* de t_i y de e_i^* de t_j: con $W_i^*(t_i, t_j)$ denotamos a $W_i(t_i, t_j, h_1^*, e_1^*, h_2^*, e_2^*)$, la ganancia del gobierno i cuando escoge la tasa arancelaria t_i, el gobierno j escoge t_j

y las empresas i y j se comportan según el equilibrio de Nash dado por (2.2.3). Si (t_1^*, t_2^*) es un equilibrio de Nash de este juego entre los gobiernos, entonces, para cada i, t_i^* debe solucionar

$$\max_{t_i \geq 0} W_i^*(t_i, t_j^*).$$

Pero $W_i^*(t_i, t_j^*)$ es igual a

$$\frac{(2(a-c) - t_i)^2}{18} + \frac{(a-c+t_i)^2}{9} + \frac{(a - c - 2t_j^*)^2}{9} + \frac{t_i(a - c - 2t_i)}{3},$$

por tanto

$$t_i^* = \frac{a - c}{3}$$

para cada i, independientemente de t_j^*. En consecuencia, en este modelo escoger una tasa arancelaria de $(a - c)/3$ es una estrategia dominante de cada gobierno. (En otros modelos, por ejemplo cuando los costes marginales son crecientes, las estrategias de equilibrio de los gobiernos no son dominantes.) Sustituyendo $t_i^* = t_j^* = (a - c)/3$ en (2.2.3) obtenemos

$$h_i^* = \frac{4(a - c)}{9} \quad \text{y} \quad e_i^* = \frac{a - c}{9}$$

como las cantidades escogidas por las empresas en la segunda etapa. Por tanto, el resultado perfecto en subjuegos de este juego de aranceles es $(t_1^* = t_2^* = (a - c)/3, h_1^* = h_2^* = 4(a - c)/9, e_1^* = e_2^* = (a - c)/9)$.

En el resultado perfecto en subjuegos, la cantidad agregada en cada mercado es $5(a - c)/9$. Sin embargo, si los gobiernos hubieran escogido unas tasas arancelarias iguales a cero, la cantidad agregada en cada mercado habría sido $2(a - c)/3$, exactamente igual que en el modelo de Cournot. Por tanto, el excedente de los consumidores en el mercado i (el cual, como hemos visto anteriormente, es simplemente la mitad del cuadrado de la cantidad agregada en el mercado i) es menor, cuando los gobiernos escogen las tasas arancelarias que son estrategias dominantes, de lo que sería si eligieran unos aranceles iguales a cero. De hecho, unos aranceles iguales a cero son socialmente óptimos en el sentido de

$$\max_{t_1, t_2 \geq 0} W_1^*(t_1, t_2) + W_2^*(t_2, t_1),$$

de forma que existe un incentivo para que los gobiernos firmen un acuerdo en el que se comprometan a eliminar los aranceles (es decir, en favor del libre comercio). (Si es factible tener aranceles negativos, es decir, subsidios, el óptimo social consiste en que los gobiernos escojan $t_1 = t_2 = -(a - c)$, lo que hace que la empresa nacional no produzca nada para el consumo interior y exporte la cantidad de competencia perfecta al otro país.) Por lo tanto, dado que las empresas i y j se comportan según el equilibrio de Nash caracterizado en (2.2.3) en la segunda etapa, la interacción entre los gobiernos en la primera etapa es un dilema de los presos: el único equilibrio de Nash lo es en estrategias dominantes, y es socialmente ineficiente.

2.2.D Torneos

Consideremos a dos trabajadores y su capataz. El producto del trabajador i ($i = 1$ o 2) es $y_i = e_i + \epsilon_i$, donde e_i es esfuerzo y ϵ_i es ruido. El proceso de producción es el siguiente: Primero, los trabajadores escogen simultáneamente sus niveles no negativos de esfuerzo: $e_i \geq 0$. En segundo lugar, los valores de ruido ϵ_1 y ϵ_2 se obtienen independientemente, de acuerdo con una función de densidad $f(\epsilon)$ con media cero. En tercer lugar, el producto de los trabajadores es observado pero no su esfuerzo. Los salarios de los trabajadores, por tanto, pueden depender de lo que han producido, pero no (directamente) de su esfuerzo.

Supongamos que el capataz decide inducir a los trabajadores a esforzarse más y para ello les hace competir en un torneo, tal y como originalmente analizaron Lazear y Rosen (1981).[10] El salario recibido por el vencedor del torneo (es decir, el trabajador que más produzca) es w_A; el salario recibido por el perdedor es w_B. La ganancia de un trabajador que reciba un salario w y realice un esfuerzo e es $u(w,e) = w - g(e)$, donde la desutilidad del esfuerzo, $g(e)$, es creciente y convexa (es decir, $g'(e) > 0$ y $g''(e) > 0$). La ganancia del capataz es $y_1 + y_2 - w_A - w_B$.

Transcribimos ahora esta aplicación a los términos de la clase de juegos discutida en la sección 2.2.A. El capataz es el jugador 1, cuya acción a_1 es escoger los salarios w_A y w_B que se pagarán en el torneo. No hay jugador 2. Los trabajadores son los jugadores 3 y 4, quienes observan los salarios escogidos en la primera etapa y deciden entonces simultáneamente sus acciones a_3 y a_4, es decir los esfuerzos e_1 y e_2. (Consideraremos más ade-

---

[10] Para no complicar la exposición de esta aplicación, ignoramos varios detalles técnicos, tales como las condiciones bajo las cuales la condición de primer orden del trabajador es suficiente. No obstante, el análisis exige un mayor cálculo de probabilidades que en los casos anteriores. Esta aplicación puede saltarse sin pérdida de continuidad.

lante la posibilidad de que, dados los salarios elegidos por el capataz, los trabajadores prefieran no participar en el torneo y acepten en cambio una oferta de empleo alternativo.) Finalmente, las ganancias de los jugadores son las establecidas anteriormente. Dado que lo que se produce (y por tanto también los salarios) es función no sólo de las decisiones de los jugadores sino también de los términos de ruido ϵ_1 y ϵ_2, operaremos con las ganancias esperadas de los jugadores.

Supongamos que el capataz ha elegido los salarios w_A y w_B. Si el par de esfuerzos (e_1^*, e_2^*) es un equilibrio de Nash del juego restante entre los trabajadores, para cada i, e_i^* ha de maximizar el salario esperado del trabajador i menos la desutilidad del esfuerzo: e_i^* debe ser una solución de[11]

$$\max_{e_i \geq 0} w_A \operatorname{Prob}\{y_i(e_i) > y_j(e_j^*)\} + w_B \operatorname{Prob}\{y_i(e_i) \leq y_j(e_j^*)\} - g(e_i)$$
$$= (w_A - w_B) \operatorname{Prob}\{y_i(e_i) > y_j(e_j^*)\} + w_B - g(e_i), \tag{2.2.4}$$

donde $y_i(e_i) = e_i + \epsilon_i$. La condición de primer orden de (2.2.4) es

$$(w_A - w_B)\frac{\partial \operatorname{Prob}\{y_i(e_i) > y_j(e_j^*)\}}{\partial e_i} = g'(e_i). \tag{2.2.5}$$

Es decir, el trabajador i escoge e_i de forma que la desutilidad marginal de un esfuerzo extra, $g'(e_i)$, sea igual al beneficio marginal de ese esfuerzo adicional, que es el producto de lo que se gana en salario por vencer en el torneo, $w_A - w_B$, y el aumento marginal de la probabilidad de ganar.

Por la regla de Bayes,[12]

---

[11] Al escribir (2.2.4), supusimos que la función de densidad del ruido $f(\epsilon)$ es tal que el suceso en el que los trabajadores producen exactamente lo mismo ocurre con probabilidad cero y, por tanto, no es necesario considerarlo en la función de utilidad esperada del trabajador i. (Más formalmente, suponemos que la función de densidad $f(\epsilon)$ es no atómica.) En una descripción completa del torneo, sería natural (pero innecesario) especificar que el ganador se determina a cara o cruz, o (lo que en este modelo resulta equivalente) que ambos trabajadores reciben $(w_A + w_B)/2$.

[12] La regla de Bayes proporciona una fórmula para $P(A|B)$, la probabilidad (condicional) de que un suceso A ocurra dado que el suceso B ha ocurrido. Sean $P(A)$, $P(B)$ y $P(A,B)$ las probabilidades (a priori) (es decir, las probabilidades antes de que tanto A como B hayan tenido la oportunidad de ocurrir) de que A ocurra, B ocurra y de que ambos A y B ocurran respectivamente. La regla de Bayes establece que $P(A|B) = P(A,B)/P(B)$. Esto es, la probabilidad condicional de A dado B es igual a la probabilidad de que ambos A y B ocurran dividida por la probabilidad a priori de que B ocurra.

$$\text{Prob}\{y_i(e_i) > y_j(e_j^*)\} = \text{Prob}\{\epsilon_i > e_j^* + \epsilon_j - e_i\}$$

$$= \int_{\epsilon_j} \text{Prob}\{\epsilon_i > e_j^* + \epsilon_j - e_i | \epsilon_j\} f(\epsilon_j) d\epsilon_j$$

$$= \int_{\epsilon_j} [1 - F(e_j^* - e_i + \epsilon_j)] f(\epsilon_j) d\epsilon_j,$$

de forma que la condición de primer orden de (2.2.5) se convierte en

$$(w_A - w_B) \int_{\epsilon_j} f(e_j^* - e_i + \epsilon_j) f(\epsilon_j) d\epsilon_j = g'(e_i).$$

En un equilibrio de Nash simétrico (es decir, $e_1^* = e_2^* = e^*$) tenemos que

$$(w_A - w_B) \int_{\epsilon_j} f(\epsilon_j)^2 d\epsilon_j = g'(e^*). \tag{2.2.6}$$

Como $g(e)$ es convexa, un premio mayor por ganar (es decir, un valor mayor de $w_A - w_B$) induce a un mayor esfuerzo, cosa harto intuitiva. Por otra parte, con un mismo premio, no vale tanto la pena esforzarse cuando el ruido es muy fuerte, porque es probable que el resultado del torneo se determine aleatoriamente, y no de acuerdo con el esfuerzo. Por ejemplo, si ϵ se distribuye normalmente con varianza σ^2, entonces

$$\int_{\epsilon_j} f(\epsilon_j)^2 d\epsilon_j = \frac{1}{2\sigma\sqrt{\pi}},$$

que decrece en σ, de forma que ϵ^* efectivamente decrece en σ.

Procedemos ahora hacia atrás, hasta la primera etapa del juego. Supongamos que si los trabajadores acuerdan participar en el torneo (en vez de aceptar un empleo alternativo) responderán a los salarios w_A y w_B jugando el equilibrio de Nash simétrico caracterizado por (2.2.6). (Ignoramos, por tanto, la posibilidad de equilibrios asimétricos y de un equilibrio en el que la elección de los esfuerzos por parte de los trabajadores venga dada por la solución de esquina $e_1 = e_2 = 0$, en vez de por la condición de primer orden (2.2.5).) Supongamos también que la oportunidad de empleo alternativo proporcionaría una utilidad U_a. Como en el equilibrio de Nash simétrico cada jugador gana el torneo con probabilidad un medio (es decir, $\text{Prob}\{y_i(e^*) > y_j(e^*)\} = 1/2$), si el capataz quiere inducir a los trabajadores a participar en el torneo deberá escoger salarios que satisfagan

$$\frac{1}{2}w_A + \frac{1}{2}w_B - g(e^*) \geq U_a. \tag{2.2.7}$$

Suponiendo que U_a sea lo suficientemente pequeña como para que el capataz quiera inducir a los trabajadores a participar en el torneo, éste escogerá los salarios que maximicen el beneficio esperado, $2e^* - w_A - w_B$, sujeto a (2.2.7). En el óptimo, (2.2.7) se satisface con igualdad:

$$w_B = 2U_a + 2g(e^*) - w_A. \tag{2.2.8}$$

El beneficio esperado es entonces $2e^* - 2U_a - 2g(e^*)$, de forma que el capataz quiere escoger unos salarios tales que el esfuerzo inducido, e^*, maximice $e^* - g(e^*)$. El esfuerzo inducido óptimo, por tanto, satisface la condición de primer orden $g'(e^*) = 1$. Sustituyendo esto en (2.2.6) se obtiene que el premio óptimo, $w_A - w_B$, es una solución de

$$(w_A - w_B)\int_{\epsilon_j} f(\epsilon_j)^2 d\epsilon_j = 1,$$

y (2.2.8) determina entonces w_A y w_B.

2.3 Juegos repetidos

En esta sección analizamos si las amenazas y promesas sobre el comportamiento futuro pueden influir en el comportamiento presente en situaciones que se repiten en el tiempo. Buena parte de lo que hay que entender en estas situaciones se ha visto ya en el caso de dos periodos; pocas ideas nuevas se requieren para entender los juegos con un horizonte infinito. Hemos definido también el equilibrio de Nash perfecto en subjuegos. Esta definición tiene una expresión más sencilla para el caso especial de los juegos repetidos que en el general de los juegos dinámicos con información completa que consideramos en la sección 2.4.B. La introducimos aquí para facilitar la exposición posterior.

2.3.A Teoría: Juegos repetidos en dos etapas

Consideremos el dilema de los presos dado en forma normal de la figura 2.3.1. Supongamos que hay dos participantes en este juego que deciden simultáneamente en dos ocasiones, habiendo observado el resultado de la primera decisión antes de decidir por segunda vez, y supongamos que las ganancias del juego completo son simplemente la suma de las ganancias de cada etapa (es decir, no hay descuento).

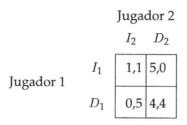

Jugador 2

I_2 $\quad$ D_2

	I_2	D_2
I_1	1,1	5,0
D_1	0,5	4,4

Jugador 1

Figura 2.3.1

Jugador 2

I_2 $\quad$ D_2

	I_2	D_2
I_1	2,2	6,1
D_1	1,6	5,5

Jugador 1

Figura 2.3.2

Llamaremos a este juego repetido el dilema de los presos en dos etapas. Este juego pertenece a la clase de los juegos analizada en la sección 2.2.A. Aquí los jugadores 3 y 4 son idénticos a los jugadores 1 y 2, los espacios de acciones A_3 y A_4 son idénticos a A_1 y A_2 y las ganancias $u_i(a_1,a_2,a_3,a_4)$ son simplemente la suma de las ganancias en la primera etapa (a_1,a_2) y en la segunda etapa (a_3,a_4). Además, el dilema de los presos en dos etapas satisface el supuesto que hicimos en la sección 2.2.A: para cada resultado factible de la primera etapa del juego, (a_1,a_2), el juego restante en la segunda etapa entre los jugadores 3 y 4 tiene un único equilibrio de Nash, que denotamos por $(a_3^*(a_1,a_2),a_4^*(a_1,a_2))$. De hecho, el dilema de los presos en dos etapas satisface este supuesto de forma clara, como seguidamente indicamos. En la sección 2.2.A permitimos la posibilidad de que el equilibrio de Nash del juego restante en la segunda etapa dependa del resultado de la primera etapa —de aquí la notación $(a_3^*(a_1,a_2),a_4^*(a_1,a_2))$ en vez de simplemente (a_3^*,a_4^*). (En el juego de los aranceles, por ejemplo, las cantidades de equilibrio escogidas por las empresas en la segunda etapa dependían de los aranceles escogidos por los gobiernos en la primera etapa.) Sin embargo, en el dilema de los presos en dos etapas, el único equilibrio del juego de la segunda etapa es (I_1,I_2), independientemente del resultado de la primera etapa.

Siguiendo el procedimiento descrito en la sección 2.2.A para calcular el resultado perfecto en subjuegos de tal juego, analizamos la primera etapa del dilema de los presos en dos etapas teniendo en cuenta que el resultado del juego restante en la segunda etapa será el equilibrio de Nash de ese juego, es decir, (I_1,I_2) con ganancias de $(1,1)$. Por tanto, la interacción en la primera etapa entre los jugadores en el dilema de los presos en dos etapas se concreta en el juego de una jugada de la figura 2.3.2, en el que las ganancias $(1,1)$ de la segunda etapa se han sumado a cada par de ganancias de la primera etapa. El juego de la figura 2.3.2 tiene también un único equilibrio de Nash: (I_1,I_2). Por tanto, el único resultado perfecto en subjuegos del dilema de los presos en dos etapas es (I_1,I_2) en la primera etapa, seguido de (I_1,I_2) en la segunda etapa. No se puede conseguir cooperación, es decir, (D_1,D_2) en ninguna etapa del resultado perfecto en subjuegos.

Este argumento continúa siendo válido en situaciones más generales. (Aquí nos apartamos momentáneamente del caso de dos periodos para permitir cualquier número finito de repeticiones, T.) Denotemos con $G = \{A_1, \ldots, A_n; u_1, \ldots, u_n\}$ un juego estático con información completa en el que los jugadores 1 a n escogen simultáneamente las acciones a_1 a a_n de los espacios de acciones A_1 a A_n respectivamente, siendo las ganancias $u_1(a_1, \ldots, a_n)$ a $u_n(a_1, \ldots, a_n)$. Llamaremos al juego G, *juego de etapa* del juego repetido.

Definición. *Dado un juego de etapa G, $G(T)$ denota el **juego repetido finitamente** en el que G se juega T veces, habiendo los jugadores observado los resultados de todas las jugadas anteriores antes de que empiece la siguiente. Las ganancias de $G(T)$ son simplemente la suma de las ganancias de los T juegos de etapa.*

Proposición. *Si el juego de etapa G tiene un único equilibrio de Nash, entonces, para cualquier T finito, el juego repetido $G(T)$ tiene un único resultado perfecto en subjuegos: en cada etapa se juega el equilibrio de Nash de G.*[13]

---

[13] Se obtienen resultados análogos si el juego de etapa G es un juego dinámico con información completa. Supongamos que G es un juego dinámico con información completa y perfecta de la clase definida en la sección 2.1.A. Si G tiene un único resultado por inducción hacia atrás, $G(T)$ tiene un único resultado perfecto en subjuegos: en cada etapa se juega el resultado por inducción hacia atrás de G. Similarmente, supongamos que G es un juego en

Volvemos ahora al caso de dos periodos, pero consideramos la posibilidad de que el juego de etapa G tenga múltiples equilibrios de Nash, como en la figura 2.3.3. Las estrategias denominadas I_i y C_i imitan al dilema de los presos de la figura 2.3.1, pero las estrategias denominadas D_i han sido añadidas al juego de forma que ahora existen dos equilibrios de Nash en estrategias puras: (I_1,I_2) como en el dilema de los presos, y ahora además (D_1,D_2). Naturalmente, es artificial añadir un equilibrio al dilema de los presos de esta manera, pero nuestro interés en este juego es más expositivo que sustantivo. En la próxima sección veremos que los juegos repetidos infinitamente comparten este espíritu de equilibrios múltiples, incluso si los juegos de etapa que se repiten infinitamente tienen un único equilibrio de Nash, como en el dilema de los presos. Por tanto, en esta sección analizamos un juego de etapa artificial en el contexto simple de dos periodos, y nos preparamos con ello para el análisis posterior de un juego de etapa con interés económico, en un contexto con horizonte infinito.

	I_2	C_2	D_2
I_1	1,1	5,0	0,0
C_1	0,5	4,4	0,0
D_1	0,0	0,0	3,3

Figura 2.3.3

Supongamos que el juego de etapa de la figura 2.3.3 se juega dos veces, habiendo los jugadores observado el resultado de la primera etapa antes de que empiece la segunda. Demostraremos que existe un único resultado perfecto en subjuegos de este juego, en el que el par de estrategias (C_1,C_2) se juega en la primera etapa.[14] Como en la sección 2.2.A, supongamos que

dos etapas de la clase definida en la sección 2.2.A. Si G tiene un único resultado perfecto en subjuegos, entonces $G(T)$ tiene un único resultado perfecto en subjuegos: en cada etapa se juega el resultado perfecto en subjuegos de G.

[14]Estrictamente hablando, hemos definido la noción de resultado perfecto en subjuegos sólo para la clase de juegos definida en la sección 2.2.A. El dilema de los presos en dos etapas pertenece a esta clase, porque para cada resultado factible del juego de la primera etapa existe un único equilibrio de Nash en el juego que queda en la segunda etapa. Sin embargo, el juego en dos etapas repetido, basado en el juego de etapa de la figura 2.3.3 no pertenece a esta clase, porque el juego de etapa tiene múltiples equilibrios de Nash. No vamos a extender formalmente la definición del resultado perfecto en subjuegos de forma que sea aplicable a

en la primera etapa los jugadores prevén que el resultado de la segunda etapa será un equilibrio de Nash del juego de etapa. Puesto que este juego de etapa tiene más de un equilibrio de Nash, ahora es posible que los jugadores prevean que a resultados diferentes en la primera etapa les siguen equilibrios diferentes del juego de etapa en la segunda etapa. Supongamos, por ejemplo, que los jugadores prevén que (D_1, D_2) será el resultado de la segunda etapa si el de la primera etapa es (C_1, C_2), pero que (I_1, I_2) será el resultado de la segunda etapa si el resultado de la primera etapa es cualquiera de los ocho restantes. La interacción entre los jugadores en la primera etapa se concreta entonces en el juego de una etapa de la figura 2.3.4, donde (3,3) se ha sumado a la casilla (C_1, C_2) y (1,1) se ha sumado a las otras ocho casillas.

$$I_2 \quad C_2 \quad D_2$$

	I_2	C_2	D_2
I_1	2,2	6,1	1,1
C_1	1,6	7,7	1,1
D_1	1,1	1,1	4,4

Figura 2.3.4

Existen tres equilibrios de Nash con estrategias puras en el juego de la figura 2.3.4: (I_1, I_2), (C_1, C_2) y (D_1, D_2). Como en la figura 2.3.2, los equilibrios de Nash de este juego de una etapa corresponden a los resultados perfectos en subjuegos del juego repetido original. Denotemos con $((w,x),(y,z))$ un resultado del juego repetido: (w,x) en la primera etapa y (y,z) en la segunda. El equilibrio de Nash (I_1, I_2) de la figura 2.3.4 corresponde al resultado perfecto en subjuegos $((I_1,I_2),(I_1,I_2))$ del juego repetido, puesto que el resultado previsto en la segunda etapa es (I_1,I_2) como consecuencia de cualquier resultado en la primera etapa excepto de (C_1,C_2). De la misma forma, el equilibrio de Nash (D_1, D_2) de la figura 2.3.4 corresponde al resultado perfecto en subjuegos $((D_1,D_2),(I_1,I_2))$ del juego repetido. Estos dos resultados perfectos en subjuegos del juego repetido simplemente enlazan los resultados de los equilibrios de Nash de los juegos de etapa, pero el tercer equilibrio de Nash de la figura 2.3.4 genera un resultado cualitativamente diferente: (C_1,C_2) de la figura

---

todo juego en dos etapas repetido, en primer lugar porque el cambio en las definiciones es minúsculo y, en segundo lugar, porque en las secciones 2.3.B y 2.4.B aparecen definiciones incluso más generales.

2.3.4 corresponde al resultado perfecto en subjuegos $((C_1,C_2),(D_1,D_2))$ del juego repetido, puesto que el resultado previsto en la segunda etapa es (D_1,D_2) como consecuencia de (C_1,C_2). Por lo tanto, como hemos afirmado anteriormente, se puede alcanzar la cooperación en la primera etapa de un resultado perfecto en subjuegos del juego repetido. Esto es un ejemplo de un resultado más general: si $G = \{A_1,\ldots,A_n;u_1,\ldots,u_n\}$ es un juego estático con información completa que tiene múltiples equilibrios, pueden existir resultados perfectos en subjuegos del juego repetido $G(T)$ en los que, para cualquier $t < T$, el resultado de la etapa t no es un equilibrio de Nash de G. Volveremos sobre esta idea en el análisis de un juego con horizonte infinito en la próxima sección.

La conclusión principal que debemos sacar de este ejemplo es que las amenazas o las promesas creíbles sobre el comportamiento futuro pueden influir en el comportamiento presente. Sin embargo, desde otra perspectiva, puede que quizás el concepto de perfección en subjuegos no utilice una definición de credibilidad lo suficientemente fuerte. Al derivar el resultado perfecto en subjuegos $((C_1,C_2),(D_1,D_2))$, por ejemplo, hemos supuesto que los jugadores prevén que (D_1,D_2) será el resultado de la segunda ronda si el resultado en la primera etapa es (C_1,C_2), y que (I_1,I_2) será el resultado en la segunda etapa si el de la primera ronda es cualquiera de los ocho restantes. Pero jugar (I_1,I_2) en la segunda etapa, con unas ganancias de $(1, 1)$, puede parecer poco atractivo cuando (D_1,D_2), con una ganancia de $(3, 3)$, está también disponible como equilibrio de Nash del juego de etapa que queda. Dicho en términos poco precisos, parecería natural que los jugadores renegociaran.[15] Si (C_1,C_2) no es el resultado de la primera etapa del juego, es decir si se supone que se jugará (I_1,I_2) en la segunda etapa, cada jugador puede pensar que lo pasado, pasado está, y que se debe jugar el equilibrio del juego de etapa (D_1,D_2) unánimemente preferido. Pero si (D_1,D_2) va a ser el resultado de la segunda etapa independientemente de cuál sea el resultado en la primera ronda, el incentivo para jugar (C_1,C_2) en la primera etapa desaparece: la interacción entre los dos jugadores en la primera etapa se reduce al juego de una etapa en el que la ganancia $(3, 3)$ se ha sumado a cada casilla del juego de etapa de la figura 2.3.3, de forma que I_i es la mejor respuesta a C_j del jugador i.

[15] Decimos que es impreciso porque "renegociar" sugiere que hay comunicación (o incluso negociación) entre la primera y la segunda etapa. Si esto fuera posible, debería añadirse a la descripción y análisis del juego. Aquí suponemos que no es así, de forma que lo que entendemos por "renegociar" no es otra cosa que un ejercicio de introspección.

	I_2	C_2	D_2	P_2	Q_2
I_1	1,1	5,0	0,0	0,0	0,0
C_1	0,5	4,4	0,0	0,0	0,0
D_1	0,0	0,0	3,3	0,0	0,0
P_1	0,0	0,0	0,0	$4,\frac{1}{2}$	0,0
Q_1	0,0	0,0	0,0	0,0	$\frac{1}{2},4$

Figura 2.3.5

Para acercarnos a la solución de este problema de renegociación, consideremos el juego de la figura 2.3.5, que es aún más artificial que el juego de la figura 2.3.3. Una vez más, nuestro interés en este juego es más expositivo que económico. Las ideas que estamos desarrollando para tratar el tema de la renegociación en este juego artificial se pueden aplicar también a la renegociación en juegos infinitamente repetidos; véase Farrell y Maskin (1989), por ejemplo.

En este juego de etapa se añaden las estrategias P_i y Q_i al juego de etapa de la figura 2.3.3. Existen cuatro equilibrios de Nash con estrategias puras del juego de etapa: (I_1,I_2), (D_1,D_2) y ahora también (P_1,P_2) y (Q_1,Q_2). Como antes, los jugadores prefieren unánimemente (D_1,D_2) a (I_1,I_2). Más importante aún, no hay ningún equilibrio de Nash (x,y) en la figura 2.3.5 tal que los jugadores prefieran unánimemente (x,y) a (P_1,P_2), (Q_1,Q_2) o (D_1,D_2). Decimos entonces que (D_1,D_2) *domina en el sentido de Pareto* a (I_1,I_2), y que (P_1,P_2), (Q_1,Q_2) y (D_1,D_2) están en la *frontera de Pareto* de las ganancias de los equilibrios de Nash del juego de etapa de la figura 2.3.5.

Supongamos que el juego de etapa de la figura 2.3.5 se juega dos veces, habiendo los jugadores observado el resultado de la primera ronda antes de que empiece la segunda. Supongamos adicionalmente que los jugadores prevén que el resultado de la segunda etapa será el siguiente: (D_1,D_2) si el resultado de la primera etapa es (C_1,C_2); (P_1,P_2) si el resultado de la primera etapa es (C_1,w), donde w puede ser cualquier cosa menos C_2; (Q_1,Q_2) si el resultado de la primera etapa es (x,C_2), donde x puede ser cualquier cosa menos C_1 y (D_1,D_2) si el resultado de la primera etapa es (y,z), donde y puede ser cualquier cosa menos C_1 y z puede ser cualquier cosa menos C_2. Entonces $((C_1,C_2),(D_1,D_2))$ es un resultado perfecto en subjuegos del juego repetido porque cada jugador obtiene 4+3 al jugar C_i

seguido de D_i pero sólo $5 + 1/2$ al jugar I_i en la primera etapa (e incluso menos con otras decisiones). Más importante aún, el problema del ejemplo anterior no aparece aquí. En el juego repetido en dos etapas basado en la figura 2.3.3, la única forma de castigar a un jugador por desviarse en la primera etapa era jugar un equilibrio dominado en el sentido de Pareto en la segunda etapa, castigando también con ello al jugador que castiga. Aquí, en cambio, existen tres equilibrios en la frontera de Pareto —uno para recompensar el buen comportamiento de ambos jugadores en la primera etapa y los otros dos para ser utilizados no sólo para castigar al jugador que se desvía en la primera etapa, sino también para recompensar al jugador que castiga. Por tanto, si se requiere una penalización en la segunda ronda, no existe otro equilibrio del juego de etapa preferido por el jugador que castiga, de forma que no se puede persuadir al jugador que castiga de que renegocie la penalización.

2.3.B Teoría: Juegos repetidos infinitamente

Pasamos ahora a los juegos repetidos infinitamente. Como en el caso de un horizonte finito, el tema principal es el de que las amenazas o las promesas creíbles sobre el comportamiento futuro pueden influir en el comportamiento presente. En el caso de un horizonte finito vimos que si existen equilibrios de Nash múltiples del juego de etapa G, pueden existir resultados perfectos en subjuegos del juego repetido $G(T)$ en los que, para cualquier $t < T$, el resultado de la etapa t no es un equilibrio de Nash de G. Un resultado más poderoso se da en los juegos repetidos infinitamente: incluso si el juego de etapa tiene un único equilibrio de Nash, pueden existir muchos resultados perfectos en subjuegos en los que ninguno de los resultados en cada etapa sea un equilibrio de Nash de G.

Empezamos con el estudio del dilema de los presos repetido infinitamente. Consideramos a continuación la clase de juegos repetidos infinitamente análoga a la clase de juegos repetidos finitamente definida en la sección anterior: un juego estático con información completa, G, se repite infinitamente, habiendo los jugadores observado los resultados de todas las rondas anteriores antes de que empiece la etapa siguiente. Para esta clase de juegos repetidos finita e infinitamente, definimos los conceptos de estrategia de un jugador, de subjuego y de equilibrio de Nash perfecto en subjuegos. (En la sección 2.4.B definimos estos conceptos para juegos dinámicos con información completa en general, no sólo para esta clase de juegos repetidos.) Utilizamos después estas definiciones para enunciar y demostrar el teorema de Friedman (1971) (también llamado teorema de tradición oral o teorema folk).[16]

Jugador 2

	I_2	D_2
I_1	1,1	5,0
D_1	0,5	4,4

Jugador 1

Figura 2.3.6

Supongamos que el dilema de los presos de la figura 2.3.6 se repite infinitamente y que, para cada t, los resultados de las $t-1$ jugadas anteriores del juego de etapa se han observado antes de que la t-ésima etapa empiece. Sumar simplemente las ganancias de esta sucesión infinita de juegos de etapa no proporciona una medida útil de la ganancia de un jugador en el juego repetido infinitamente. Recibir una ganancia de 4 en cada periodo es mejor que recibir una ganancia de 1 en cada periodo, por ejemplo, pero la suma de ganancias es infinita en ambos casos. Recordemos (en el modelo de negociación de Rubinstein de la sección 2.1.D) que el factor de descuento $\delta = 1/(1 + r)$ es el valor actual de una peseta que se vaya a recibir en el periodo siguiente, donde r es el tipo de interés por periodo. Dados un factor de descuento y las ganancias de un jugador obtenidos de una sucesión infinita de juegos de etapa, podemos calcular

---

[16] El teorema de tradición oral original se refería a las ganancias en todos los equilibrios de Nash de un juego repetido infinitamente. A este resultado se le llamó teorema de tradición oral por ser ampliamente conocido entre los teóricos de juegos de los años cincuenta, aun sin que nadie lo hubiera publicado. El teorema de Friedman (1971) se refiere a las ganancias en ciertos equilibrios de Nash perfectos en subjuegos de un juego repetido infinitamente y, por tanto, refuerza el teorema de tradición oral original al utilizar un criterio de solución más fuerte, el equilibrio de Nash perfecto en subjuegos en vez del equilibrio de Nash. Sin embargo, el antiguo nombre ha prevalecido: al teorema de Friedman (y a otros resultados posteriores) se les llama a veces teoremas de tradición oral, aun cuando no hayan sido ampliamente conocidos entre los teóricos de juegos antes de ser publicados.

el *valor presente* de las ganancias, es decir, la ganancia total que podría ingresarse en un banco ahora de forma que produjera el mismo saldo al final de la sucesión.

Definición. *Dado un factor de descuento δ, el **valor presente** de la sucesión infinita de pagos* $\pi_1, \pi_2, \pi_3, \ldots$ *es*

$$\pi_i + \delta\pi_2 + \delta^2\pi_3 + \ldots = \sum_{t=1}^{\infty} \delta^{t-1}\pi_t.$$

También podemos utilizar δ para reinterpretar lo que llamamos un juego repetido infinitamente como un juego repetido que se acaba después de un número aleatorio de repeticiones. Supongamos que al finalizar cada etapa se lanza una moneda (trucada) para determinar si el juego se acaba o no. Si la probabilidad de que el juego se acabe inmediatamente es p y, por tanto, $1 - p$ es la probabilidad de que el juego continúe al menos una etapa más, una ganancia de π a recibir en la siguiente etapa (si se juega) tiene un valor de sólo $(1-p)\pi/(1+r)$ antes de efectuar el lanzamiento de la moneda correspondiente a esta etapa. Del mismo modo, una ganancia de π a recibir dentro en dos etapas (si ambas etapas se juegan) tiene un valor de sólo $(1-p)^2\pi/(1+r)^2$ antes de efectuar el lanzamiento de la moneda correspondiente a esta etapa. Sea $\delta = (1-p)/(1+r)$. Entonces el valor presente $\pi_1 + \delta\pi_2 + \delta^2\pi_3 + \ldots$ refleja tanto el valor temporal del dinero como la posibilidad de que el juego se acabe.

Consideremos el dilema de los presos repetido infinitamente en el que el factor de descuento de cada jugador es δ, y la ganancia de cada jugador en el juego repetido es el valor presente de las ganancias del jugador en los juegos de etapa. Demostraremos que la cooperación, es decir, (D_1, D_2), puede ocurrir en cada etapa de un resultado perfecto en subjuegos del juego repetido infinitamente, aun cuando el único equilibrio de Nash del juego de etapa es la no cooperación, es decir, (I_1, I_2). El argumento es del mismo estilo que nuestro análisis del juego repetido en dos etapas basado en la figura 2.3.3 (el juego de etapa en el que añadimos un segundo equilibrio de Nash al dilema de los presos): si los jugadores cooperan hoy entonces juegan un equilibrio con ganancias altas mañana; en caso contrario juegan un equilibrio con ganancias bajas mañana. La diferencia entre el juego repetido en dos etapas y el juego repetido infinitamente es que aquí el equilibrio con ganancias altas que podría jugarse mañana no se ha añadido artificialmente, sino que representa continuar cooperando a partir de mañana y en lo sucesivo.

Supongamos que el jugador i empieza el juego repetido infinitamente cooperando y sigue cooperando en cada juego de etapa siguiente si y sólo si ambos jugadores han cooperado en cada ronda previa. Formalmente, la estrategia del jugador i es:

Jugar D_i en la primera etapa. En la t-ésima etapa, si el resultado de todas las $t-1$ etapas anteriores ha sido (D_1,D_2) entonces jugar D_i; en caso contrario, jugar I_i.

Esta estrategia es un ejemplo de la *estrategia del disparador (trigger strategy)*, llamada así porque el jugador i coopera hasta que alguien deja de cooperar, lo que desencadena la decisión de no volver a cooperar nunca más. Si ambos jugadores adoptan la estrategia del disparador, el resultado del juego repetido infinitamente será (D_1,D_2) en cada etapa. Veremos primero que si δ está lo suficientemente cerca de uno, el hecho de que los dos jugadores adopten esta estrategia constituye un equilibrio de Nash del juego repetido infinitamente. Veremos a continuación que este equilibrio de Nash es perfecto en subjuegos, en un sentido que se precisará más adelante.

Para demostrar que la adopción de la estrategia del disparador por parte de los dos jugadores es un equilibrio de Nash del juego repetido infinitamente, supondremos que el jugador i ha adoptado la estrategia del disparador y demostraremos a continuación, siempre que δ esté lo suficientemente cerca de uno, que adoptar esta estrategia es también la mejor respuesta del jugador j. Dado que el jugador i jugará I_i para siempre cuando el resultado de alguna ronda difiera de (D_1,D_2), la mejor respuesta del jugador j es efectivamente jugar I_j para siempre cuando el resultado de alguna etapa difiera de (D_1,D_2). Queda por determinar la mejor respuesta del jugador i en la primera etapa y en cualquier etapa tal que los resultados anteriores hayan sido (D_1,D_2). Jugar I_j proporcionaría una ganancia de 5 en esta etapa, pero desencadenaría la no cooperación del jugador i (y, por tanto, también del jugador j) en lo sucesivo, de forma que la ganancia en cada etapa futura sería 1. Como $1+\delta+\delta^2+\ldots = 1/(1-\delta)$, el valor presente de esta sucesión de ganancias es

$$5 + \delta \cdot 1 + \delta^2 \cdot 1 + \ldots = 5 + \frac{\delta}{1-\delta}.$$

Alternativamente, jugar D_j proporcionaría una ganancia de 4 en esta etapa y conduciría a exactamente la misma elección entre I_j y D_j en la siguiente etapa. Llamemos V al valor presente de la sucesión infinita de ganancias que el jugador j recibe por realizar esta elección de forma óptima (ahora y cada vez que aparezca). Si jugar D_j es óptimo entonces

$$V = 4 + \delta V,$$

o $V = 4/(1-\delta)$, ya que jugar D_j conduce a la misma decisión en la siguiente etapa. Si jugar I_j es óptimo entonces

$$V = 5 + \frac{\delta}{1-\delta},$$

como obtuvimos antes. Por tanto, jugar D_j es óptimo si y sólo si

$$\frac{4}{1-\delta} \geq 5 + \frac{\delta}{1-\delta}, \tag{2.3.1}$$

o $\delta \geq 1/4$. Por tanto, en la primera etapa, y en cualquier ronda tal que todos los resultados anteriores hayan sido (D_1, D_2), la decisión óptima del jugador j (dado que el jugador i ha adoptado la estrategia del disparador) es D_j si y sólo si $\delta \geq 1/4$. Combinando esta observación con el hecho de que la mejor respuesta de j es jugar siempre I_j cuando el resultado de alguna etapa difiera de (D_1, D_2), tenemos que el que los dos jugadores jueguen la estrategia del disparador es un equilibrio de Nash si y sólo si $\delta \geq 1/4$.

Vamos a ver ahora que este equilibrio de Nash es perfecto en subjuegos. Para hacerlo, definimos el concepto de estrategia en un juego repetido, de subjuego en un juego repetido y de equilibrio de Nash perfecto en subjuegos en un juego repetido. Para ilustrar estos conceptos con ejemplos sencillos de las secciones anteriores, los definiremos para juegos repetidos tanto finita como infinitamente. En la sección anterior definimos el juego repetido finitamente $G(T)$ basado en un juego de etapa $G = \{A_1, \ldots, A_n; u_1, \ldots, u_n\}$, un juego estático con información completa en el que los jugadores 1 a n eligen simultáneamente las acciones a_1 a a_n de los espacios de acciones A_1 a A_n respectivamente, y las ganancias son $u_1(a_1, \ldots, a_n)$ a $u_n(a_1, \ldots, a_n)$. Definimos ahora el juego análogo repetido infinitamente.[17]

Definición. *Dado un juego de etapa G, denominamos $G(\infty, \delta)$ al **juego repetido infinitamente** en el que G se repite por siempre y los jugadores tienen el mismo*

---

[17] Naturalmente se puede definir también un juego repetido basado en un juego de etapa dinámico. En esta sección limitamos nuestra atención a juegos de etapa estáticos para poder presentar las ideas principales de forma sencilla. Las aplicaciones en las secciones 2.3.D y 2.3.E son juegos repetidos basados en juegos de etapa dinámicos.

factor de descuento δ. Para cada t, los resultados de las $t-1$ jugadas anteriores del juego de etapa son conocidos antes de que empiece la t-ésima etapa. La ganancia de cada jugador en $G(\infty,\delta)$ es el valor presente de las ganancias que el jugador obtiene en la sucesión infinita de juegos de etapa.

En cualquier juego (repetido o no), la estrategia de un jugador es un plan completo de acción, es decir, especifica una acción factible del jugador en cada contingencia en la que le pudiera corresponder actuar. Dicho de forma algo más frívola, si un jugador dejara una estrategia a su abogado antes de que el juego empezase, el abogado podría sustituir al jugador en el juego, sin necesitar en ningún caso de instrucciones adicionales sobre cómo jugar. En un juego estático con información completa, por ejemplo, una estrategia es simplemente una acción. (Por esto describimos tal juego como $G = \{S_1,\ldots,S_n; u_1,\ldots,u_n\}$ en el capítulo 1, pero aquí puede describirse también como $G = \{A_1,\ldots,A_n; u_1,\ldots,u_n\}$: en un juego estático con información completa el espacio de estrategias del jugador i, S_i, es simplemente el espacio de acciones A_i.) Sin embargo, en un juego dinámico, una estrategia es más complicada.

Consideremos el dilema de los presos en dos etapas analizado en la sección anterior. Cada jugador actúa dos veces, de forma que podría pensarse que una estrategia es simplemente un par de instrucciones (b,c), donde b es la decisión en la primera etapa y c es la decisión en la segunda etapa. Pero existen cuatro resultados posibles de la primera etapa, (I_1,I_2), (I_1,D_2), (D_1,I_2) y (D_1,D_2), que representan cuatro contingencias diferentes en las que al jugador le podría corresponder actuar. Por tanto, la estrategia de cada jugador consta de cinco instrucciones, que indicamos mediante (v,w,x,y,z), donde v es la decisión en la primera etapa y w,x,y y z son las decisiones en la segunda etapa correspondientes a (I_1,I_2), (I_1,D_2), (D_1,I_2) y (D_1,D_2) respectivamente. Usando esta notación, las instrucciones "jugar b en la primera etapa y jugar c en la segunda pase lo que pase en la primera" se describen como (b,c,c,c,c), pero esta notación también puede expresar estrategias en las que la decisión de la segunda etapa es contingente del resultado de la primera etapa, tal como (b,c,c,c,b), que significa "jugar b en la primera etapa y jugar c en la segunda ronda a menos que el resultado de la primera sea (D_1,D_2), en cuyo caso jugar b". Del mismo modo, en el juego repetido en dos etapas basado en la figura 2.3.3, la estrategia de cada jugador consta de diez instrucciones, una decisión en la primera etapa y nueve decisiones contingentes en la segunda etapa, una para cada resultado posible de la primera etapa. Recordemos que al analizar el juego repetido en dos etapas consideramos una estrategia en la que la decisión del jugador i en la segunda etapa era contingente del resultado de la primera etapa: jugar C_i en la primera etapa y jugar I_i en la segunda a menos que el resultado de la primera sea (C_1,C_2), en cuyo caso jugar D_i en la segunda etapa.

En el juego repetido finitamente $G(T)$ o en el repetido infinitamente $G(\infty,\delta)$, la *historia del juego hasta la etapa* t es el registro de las decisiones de los jugadores desde la etapa 1 hasta la t. Los jugadores podrían haber escogido $(a_{11},\ldots,a_{n1})$ en la etapa 1, $(a_{12},\ldots,a_{n2})$ en la etapa 2,..., y $(a_{1t},\ldots,a_{nt})$ en la etapa t, por ejemplo, donde para cada jugador i y etapa s la acción a_{is} pertenece al espacio de acciones A_i.

Definición. *En el juego repetido finitamente $G(T)$ o en el juego repetido infinitamente $G(\infty,\delta)$, la **estrategia** de un jugador determina la acción que el jugador realizará en cada etapa para cada posible historia del juego hasta la etapa anterior.*

Pasemos ahora a los subjuegos. Un subjuego es una parte de un juego, la parte que queda por jugar empezando en cualquier momento en el que la historia completa del juego hasta entonces sea información del dominio público entre los jugadores. (Más adelante en esta sección damos una definición precisa en el caso de los juegos repetidos $G(T)$ y $G(\infty,\delta)$; en la sección 2.4.B damos una definición precisa para juegos dinámicos con información completa en general.) En el dilema de los presos en dos etapas, por ejemplo, hay cuatro subjuegos que corresponden a los juegos de la segunda etapa que siguen a los cuatro resultados posibles de la primera etapa. Del mismo modo, en el juego repetido en dos etapas basado en la figura 2.3.3, hay nueve subjuegos que corresponden a los nueve resultados posibles en el juego de la primera etapa. En el juego repetido finitamente $G(T)$ y en el juego repetido infinitamente $G(\infty,\delta)$ la definición de estrategia está íntimamente ligada a la definición de subjuego: la estrategia de un jugador determina las acciones que el jugador realizará en la primera etapa del juego repetido y en la primera etapa de cada uno de sus subjuegos.

Definición. *En el juego repetido finitamente $G(T)$, un **subjuego** que empieza en la etapa $t+1$ es el juego repetido en el que G se juega $T-t$ veces y que designamos por $G(T-t)$. Existen muchos subjuegos que empiezan en la etapa $t+1$, uno para cada una de las posibles historias del juego hasta la etapa t. En el juego repetido infinitamente $G(\infty,\delta)$, cada **subjuego** que empieza en la etapa $t+1$ es idéntico* *al juego original $G(\infty,\delta)$. Como en el caso con horizonte finito, existen tantos subjuegos que empiezan en la etapa $t + 1$ de $G(\infty,\delta)$ como posibles historias del juego hasta la etapa t.*

Obsérvese que la t-ésima etapa de un juego repetido *no* es por sí misma un subjuego del juego repetido (suponiendo que $t < T$ en el caso finito). Un subjuego es una parte del juego original que no sólo empieza en un momento en que la historia del juego hasta entonces es información del domino público entre todos los jugadores, sino que también incluye todas las decisiones posteriores a ese momento en el juego original. Analizar la t-ésima etapa aisladamente sería equivalente a considerar la t-ésima etapa como la etapa final del juego repetido. Tal análisis podría llevarse a cabo pero no sería relevante para el juego repetido original.

Estamos ahora preparados para la definición de equilibrio de Nash perfecto en subjuegos, la cual depende a su vez de la definición de equilibrio de Nash. Esta última no ha cambiado desde el capítulo 1, pero ahora apreciamos la complejidad potencial de la estrategia de un jugador en un juego dinámico: en cualquier juego, un equilibrio de Nash es una colección de estrategias, una para cada jugador, tal que la estrategia de cada jugador es la mejor respuesta a las estrategias de los demás jugadores.

Definición. (Selten 1965): *Un equilibrio de Nash es **perfecto en subjuegos** si las estrategias de los jugadores constituyen un equilibrio de Nash en cada subjuego.*

El equilibrio de Nash perfecto en subjuegos es un *refinamiento* del equilibrio de Nash. Es decir, para ser perfecto en subjuegos, las estrategias de los jugadores deben ser primero un equilibrio de Nash y pasar luego una prueba adicional.

Para demostrar que el equilibrio de Nash en las estrategias del disparador del dilema de los presos repetido infinitamente es perfecto en subjuegos, debemos demostrar que las estrategias del disparador constituyen un equilibrio de Nash en cada subjuego de este juego repetido infinitamente. Recordemos que cada subjuego de un juego repetido infinitamente es idéntico al juego completo. En el equilibrio de Nash en las estrategias del disparador del dilema de los presos repetido infinitamente, estos subjuegos pueden agruparse en dos clases: (i) subjuegos en los que todos los resultados de las etapas anteriores han sido (D_1,D_2), y (ii) subjuegos en los que el resultado de al menos una etapa anterior difiere de

(D_1,D_2). Si el jugador adopta la estrategia del disparador para el juego completo, entonces (i) las estrategias del jugador en un subjuego de la primera clase son de nuevo la estrategia del disparador, que ya hemos demostrado que es un equilibrio de Nash del juego completo, y (ii) las estrategias del jugador en un juego de la segunda clase son simplemente repetir en lo sucesivo el equilibrio del juego de etapa (I_1,I_2), que es también un equilibrio de Nash del juego completo. Por tanto, un equilibrio de Nash en las estrategias del disparador del dilema de los presos repetido infinitamente es perfecto en subjuegos.

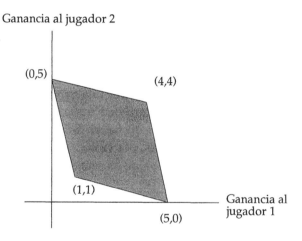

Figura 2.3.7

Aplicamos seguidamente argumentos análogos al juego repetido infinitamente $G(\infty,\delta)$. Estos argumentos conducen al teorema de Friedman (1971) para juegos repetidos infinitamente. Para enunciar el teorema, necesitamos dos últimas definiciones. Primero, llamamos *factibles* a las ganancias $(x_1,\ldots,x_n)$ en el juego de etapa G si son una combinación convexa (es decir, una media ponderada donde las ponderaciones son no-negativas y suman uno) de las ganancias a las estrategias puras de G. El conjunto de ganancias factibles en el dilema de los presos de la figura 2.3.6 es la región sombreada de la figura 2.3.7. Las ganancias a las estrategias puras $(1, 1)$, $(0, 5)$, $(4, 4)$ y $(5, 0)$ son factibles. Otros pagos factibles incluyen los pares (x,x) para $1 < x < 4$, que resultan de las medias ponderadas de $(1, 1)$ y $(4, 4)$, y los pares (y,z) para $y + z = 5$ y $0 < y < 5$, que resultan de las medias ponderadas de $(0, 5)$ y $(5, 0)$. Los otros pares en (el interior de) la región sombreada de la figura 2.3.7 son medias ponderadas de las ganancias de más de dos estrategias puras. Para conseguir una media ponderada de las ganancias de estrategias puras, los jugadores podrían utilizar un mecanismo aleatorio público: jugando (I_1,D_2) o (D_1,I_2) dependiendo del lanzamiento de una moneda (no trucada), por ejemplo, consiguen ganancias esperadas de $(2,5, 2,5)$.

La segunda definición que necesitamos para poder enunciar el teorema de Friedman es un reajuste de las ganancias a los jugadores. Continuamos definiendo las ganancias de cada jugador en el juego repetido infinitamente $G(\infty,\delta)$ como el valor presente de la sucesión infinita de ganancias del jugador en el juego de etapa, pero es más conveniente expresar este valor en términos de la *ganancia media* de la misma sucesión infinita de juegos de etapa, la ganancia que se tendría que recibir en cada etapa de forma que resultara en el mismo valor presente. Sea δ el factor de descuento. Supongamos que la sucesión infinita de ganancias $\pi_1,\pi_2,\pi_3,\ldots$ tiene un valor presente de V. Si se recibiese una ganancia π en cada etapa, el valor presente sería $\pi/(1 - \delta)$. Para que π sea la ganancia media de la sucesión infinita $\pi_1,\pi_2,\pi_3,\ldots$ con un factor de descuento δ, estos dos valores presentes han de ser iguales, por tanto $\pi = V(1 - \delta)$. Es decir, la ganancia media es $(1 - \delta)$ veces el valor presente.

Definición. *Dado el factor de descuento δ, la* **ganancia media** *de la sucesión infinita de ganancias $\pi_1,\pi_2,\pi_3,\ldots$ es*

$$(1 - \delta) \sum_{t=1}^{\infty} \delta^{t-1}\pi_t.$$

La ventaja de la ganancia media con respecto del valor presente es que el primero es directamente comparable con las ganancias del juego de etapa. En el dilema de los presos de la figura 2.3.6, por ejemplo, ambos jugadores podrían recibir una ganancia de 4 en cada periodo. Tal sucesión infinita de ganancias tiene una ganancia media de 4 pero un valor presente de $4/(1 - \delta)$. Sin embargo, como la ganancia media no es más que un reajuste del valor presente, maximizar la ganancia media es equivalente a maximizar el valor presente.

Estamos finalmente preparados para enunciar el resultado principal en nuestra discusión sobre juegos repetidos infinitamente.

Teorema. (Friedman 1971): *Sea G un juego finito, estático y con información completa. Denominemos $(e_1,\ldots,e_n)$ a las ganancias en un equilibrio de Nash de G, y $(x_1,\ldots,x_n)$ a otras ganancias factibles cualesquiera de G. Si $x_i > e_i$ para* *cada jugador i y si δ está lo suficientemente cerca de uno, existe un equilibrio de Nash perfecto en subjuegos del juego repetido infinitamente G(∞,δ) que alcanza (x₁, . . . ,xₙ) como ganancia media.*

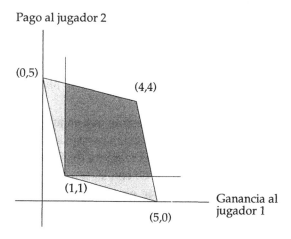

Pago al jugador 2

(0,5)

(4,4)

(1,1)

(5,0)

Ganancia al
jugador 1

Figura 2.3.8

La demostración de este teorema repite los argumentos ya dados para el dilema de los presos repetido infinitamente, de forma que la relegamos al apéndice. Es conceptualmente inmediato pero algo complicado de notación extender el teorema a los juegos de etapa de buen comportamiento que no sean ni finitos ni estáticos (veremos algunos ejemplos en las aplicaciones de las tres próximas secciones). En el contexto del dilema de los presos de la figura 2.3.6, el teorema de Friedman garantiza que puede alcanzarse cualquier punto en la región más oscura de la figura 2.3.8 como ganancia media en un equilibrio de Nash perfecto en subjuegos del juego repetido, siempre y cuando el factor de descuento esté lo suficientemente cerca de uno.

Concluimos esta sección esbozando dos derivaciones adicionales de la teoría de juegos repetidos infinitamente, que se complican al añadírseles la siguiente característica especial del dilema de los presos. En el dilema de los presos (de una etapa) de la figura 2.3.6, el jugador i puede estar seguro de recibir como mínimo la ganancia de 1 del equilibrio de Nash, jugando I_i. En un juego de duopolio de Cournot de una etapa (como el descrito en la sección 1.2.A), por el contrario, una empresa no puede estar segura de obtener los beneficios del equilibrio de Nash produciendo la cantidad del equilibrio de Nash; más bien, el único beneficio que una empresa puede estar segura de recibir es cero, produciendo cero. Dado un juego de etapa arbitario G, denotamos con r_i la *ganancia de reserva* del jugador i —la ganancia más alta que el jugador i puede estar seguro de recibir, hagan lo que hagan el resto de los jugadores. Debe ser el caso que $r_i \leq e_i$ (donde e_i es la ganancia del jugador i en el equilibrio de Nash utilizado en el teorema de Friedman), ya que si r_i fuera mayor que e_i, no sería la mejor respuesta del jugador i jugar su estrategia del equilibrio de Nash. En el dilema de los presos, $r_i = e_i$, pero en el juego del duopolio de Cournot (y típicamente), $r_i < e_i$.

Fudenberg y Maskin (1986) demuestran que en juegos con dos jugadores, las ganancias de reserva (r_1, r_2) pueden reemplazar a las ganancias de equilibrio (e_1, e_2) en el enunciado del teorema de Friedman. Es decir, si (x_1, x_2) es una ganancia factible de G, con $x_i > r_i$ para cada i, para δ lo suficientemente cerca de uno, existe un equilibrio de Nash perfecto en subjuegos de $G(\infty, \delta)$ que alcanza (x_1, x_2) como ganancia media, incluso si $x_i < e_i$ para alguno de los jugadores. En juegos con más de dos jugadores, Fudenberg y Maskin ofrecen una condición débil bajo la cual las ganancias de reserva $(r_1, \ldots, r_n)$ pueden reemplazar a las ganancias de equilibrio en el enunciado del teorema.

También tiene interés la siguiente pregunta complementaria: ¿qué ganancias medias pueden alcanzarse con un equilibrio de Nash perfecto en subjuegos cuando el factor de descuento no está lo "suficientemente cerca de uno"? Una manera de abordar esta cuestión es considerar un valor fijo de δ y determinar las ganancias medias que pueden alcanzarse si los jugadores usan las estrategias del disparador que se desplazan para siempre al equilibrio de Nash del juego de etapa después de cualquier desviación. Valores menores de δ hacen que una penalización que empiece en el próximo periodo sea menos efectiva para evitar una desviación en este periodo. No obstante, los jugadores pueden típicamemte hacer algo mejor que simplemente jugar un equilibrio de Nash del juego de etapa. Un segundo enfoque, iniciado por Abreu (1988), se basa en la idea de que la forma más efectiva de evitar que un jugador se desvíe de una estrategia propuesta es amenazarlo con administrar la penalización creíble más dura en el caso que se desvíe (es decir, amenazar con responder a una desviación jugando el equilibrio de Nash perfecto en subjuegos del juego repetido infinitamente que proporciona la ganancia menor entre todos esos equilibrios al jugador que se desvía). En la mayoría de juegos, desplazarse para siempre al equilibrio de Nash del juego de etapa no es la penalización creíble más fuerte; por tanto, utilizando el enfoque de Abreu pueden alcanzarse ganancias medias que no podrían alcanzarse utilizando el enfoque de la estrategia del disparador. En el dilema de los presos, sin embargo, el equilibrio de Nash del juego de etapa genera unas ganancias de reserva (esto es, $e_i = r_i$) tales que los dos enfoques son equivalentes. En la próxima sección damos ejemplos de los dos enfoques.

Apéndice

En este apéndice demostramos el teorema de Friedman. Sea $(a_{e1}, \ldots, a_{en})$ el equilibrio de Nash de G que proporciona las ganancias de equilibrio $(e_1, \ldots, e_n)$. Del mismo modo, sea $(a_{x1}, \ldots, a_{xn})$ la colección de acciones que proporciona las ganancias factibles $(x_1, \ldots, x_n)$. (La última notación es sólo indicativa porque ignora el mecanismo aleatorio público típicamente necesario para alcanzar cualquier ganancia factible.) Consideremos la siguiente estrategia del disparador en el caso del jugador i:

> Jugar a_{xi} en la primera etapa. En la t-ésima etapa, si el resultado de todas las $t - 1$ etapas anteriores ha sido $(a_{x1}, \ldots, a_{xn})$ jugar a_{xi}; en caso contrario jugar a_{ei}.

Si ambos jugadores adoptan esta estrategia, el resultado en cada etapa del juego repetido infinitamente será $(a_{x1}, \ldots, a_{xn})$. Argumentamos primero que si δ está lo suficientemente cerca de uno, el que los jugadores adopten esta estrategia constituye un equilibrio de Nash del juego repetido. Argumentamos a continuación que esta estrategia es un equilibrio de Nash perfecto en subjuegos.

Supongamos que todos los jugadores excepto el jugador i han adoptado la estrategia del disparador. Dado que los demás jugarán siempre $(a_{e1}, \ldots, a_{e,i-1}, a_{e,i+1}, \ldots, a_{en})$ siempre si el resultado de alguna etapa difiere de $(a_{x1}, \ldots, a_{xn})$, la mejor respuesta del jugador i es jugar siempre a_{ei} si el resultado en alguna ronda difiere de $(a_{x1}, \ldots, a_{xn})$. Queda por determinar la mejor respuesta del jugador i en la primera ronda y en cualquier etapa en la que todos los resultados anteriores hayan sido $(a_{x1}, \ldots, a_{xn})$. Sea a_{di} la mejor desviación de $(a_{x1}, \ldots, a_{xn})$ que puede adoptar el jugador i. Esto es, a_{di} es una solución de

$$\max_{a_i \in A_i} u_i(a_{x1}, \ldots, a_{x,i-1}, a_i, a_{x,i+1}, \ldots, a_{xn}).$$

Sea d_i la ganancia a i con esta desviación: $d_i = u_i(a_{x1}, \ldots, a_{x,i-1}, a_{di}, a_{x,i+1}$

$, \ldots, a_{xn})$. (Ignoramos de nuevo el papel del mecanismo aleatorio: la mejor desviación y su ganancia pueden depender de qué estrategia pura haya seleccionado el mecanismo aleatorio.) Tenemos que $d_i \geq x_i = u_i(a_{x1}, \ldots, a_{x,i-1}, a_{xi}, a_{x,i+1}, \ldots, a_{xn}) > e_i = u_i(a_{e1}, \ldots, a_{en})$.

Jugar a_{di} proporcionará una ganancia de d_i en esta etapa pero desencadena $(a_{e1}, \ldots, a_{e,i-1}, a_{e,i+1}, \ldots, a_{en})$ en lo sucesivo por parte de los demás jugadores, ante lo cual la mejor respuesta del jugador i es a_{ei}, de forma que la ganancia en cada etapa futura será e_i. El valor presente de esta sucesión de ganancias es

$$d_i + \delta \cdot e_i + \delta^2 \cdot e_i + \ldots = d_i + \frac{\delta}{1-\delta} e_i.$$

(Dado que cualquier desviación desencadena la misma respuesta de los demás jugadores, la única desviación que necesitamos considerar es la más ventajosa.) Alternativamente, jugar a_{xi} proporcionará una ganancia de x_i en esta etapa y conducirá a exactamente la misma elección entre a_{di} y a_{xi} en la siguiente ronda. Llamemos con V_i al valor presente de las ganancias del juego de etapa que el jugador i recibe por elegir óptimamente (ahora y cada vez que tenga que hacerlo en lo sucesivo). Si jugar a_{xi} es óptimo, entonces

$$V_i = x_i + \delta V_i,$$

o $V_i = x_i/(1-\delta)$. Si jugar a_{di} es óptimo, entonces

$$V_i = d_i + \frac{\delta}{1-\delta} e_i,$$

como obtuvimos previamente. (Supongamos que el mecanismo aleatorio no está correlacionado serialmente. Es suficiente entonces que d_i sea la ganancia mayor a la mejor desviación del jugador i entre las diferentes combinaciones de estrategias puras seleccionadas por el mecanismo aleatorio.) En consecuencia, jugar a_{xi} es óptimo si y sólo si

$$\frac{x_i}{1-\delta} \geq d_i + \frac{\delta}{1-\delta} e_i,$$

o

$$\delta \geq \frac{d_i - x_i}{d_i - e_i}.$$

Por tanto, en la primera etapa, y en cualquier etapa tal que todos los resultados anteriores hayan sido $(a_{x1}, \ldots, a_{xn})$, la decisión óptima del jugador i

(dado que los demás jugadores han adoptado la estrategia del disparador) es a_{xi} si y sólo si $\delta \geq (d_i - x_i)/(d_i - e_i)$.

Combinando esta observación con el hecho de que la mejor respuesta de i es jugar a_{ei} para siempre si el resultado de alguna etapa difiere de $(a_{x1}, \ldots, a_{xn})$, concluimos que jugar la estrategia del disparador por parte de todos los jugadores es un equilibrio de Nash si y sólo si

$$\delta \geq \max_i \frac{d_i - x_i}{d_i - e_i}.$$

Como $d_i \geq x_i > e_i$, debe ocurrir que $(d_i - x_i)/(d_i - e_i) < 1$ para cada i, de forma que el valor máximo de esta fracción para cualquier jugador sea también estrictamente menor que 1.

Queda por demostrar que este equilibrio de Nash es perfecto en subjuegos. Es decir, que las estrategias del disparador deben constituir un equilibrio de Nash en cada subjuego de $G(\infty,\delta)$. Recordemos que cada subjuego de $G(\infty,\delta)$ es idéntico al propio $G(\infty,\delta)$. En el equilibrio de Nash con estrategias del disparador estos subjuegos pueden agruparse en dos clases: (i) subjuegos en los que los resultados de las etapas anteriores han sido $(a_{x1}, \ldots, a_{xn})$, y (ii) subjuegos en los que el resultado de al menos una etapa difiere de $(a_{x1}, \ldots, a_{xn})$. Si los jugadores adoptan la estrategia del disparador en el juego completo, (i) las estrategias de los jugadores en un subjuego de la primera etapa son de nuevo las estrategias del disparador que, tal como acabamos de demostrar, constituyen un equilibrio de Nash del juego completo, y (ii) las estrategias de los jugadores en un subjuego de la segunda clase consisten simplemente en repetir el equilibrio del juego de etapa $(a_{e1}, \ldots, a_{en})$, lo que también es un equilibrio de Nash del juego completo. Por tanto, el equilibrio de Nash con estrategias del disparador del juego repetido infinitamente es perfecto en subjuegos.

2.3.C Colusión entre duopolistas de Cournot

Friedman (1971) fue el primero en demostrar que podría alcanzarse la cooperación en un juego repetido infinitamente utilizando estrategias que consistieran en elegir para siempre el equilibrio de Nash del juego de etapa después de cualquier desviación. Originalmente se aplicó a los casos de colusión en un oligopolio de Cournot, del siguiente modo:

Recordemos el juego de Cournot estático de la sección 1.2.A: Si la cantidad agregada es $Q = q_1 + q_2$, el precio de equilibrio es $P(Q) = a - Q$, suponiendo que $Q < a$. Cada empresa tiene un coste marginal c y no tiene costes fijos. Las empresas escogen sus cantidades simultáneamente. En el único equilibrio de Nash, cada empresa produce una cantidad $(a - c)/3$, a la que llamaremos la cantidad de Cournot y denotaremos por q_c. Dado que en equilibrio la cantidad agregada, $2(a - c)/3$ es mayor que la cantidad de monopolio, $q_m \equiv (a - c)/2$, ambas empresas estarían mejor si cada una produjera la mitad de la cantidad de monopolio, $q_i = q_m/2$.

Consideremos el juego repetido infinitamente basado en este juego de etapa de Cournot, cuando las dos empresas tienen el mismo factor de descuento δ. Calculemos ahora los valores de δ para los que, cuando las dos empresas juegan la siguiente estrategia, llegamos a un equilibrio de Nash perfecto en subjuegos de este juego repetido infinitamente:

> Producir la mitad de la cantidad de monopolio, $q_m/2$, en el primer periodo. En el t-ésimo periodo, producir $q_m/2$ si ambas empresas han producido $q_m/2$ en cada uno de los $t - 1$ periodos anteriores; en caso contrario, producir la cantidad de Cournot, q_c.

Puesto que el argumento es paralelo al dado para el dilema de los presos de la sección anterior, seremos breves en la discusión.

El beneficio que obtiene una empresa cuando ambas producen $q_m/2$ es $(a-c)^2/8$, que denotaremos por $\pi_m/2$. El beneficio de una empresa cuando ambas producen q_c es $(a - c)^2/9$, que denotaremos por π_c. Finalmente, si la empresa i va a producir $q_m/2$ en este periodo, la cantidad que maximiza los beneficios de la empresa j en este periodo es una solución de

$$\max_{q_j} \left(a - q_j - \frac{1}{2}q_m - c \right) q_j$$

La solución es $q_j = 3(a - c)/8$, con un beneficio de $9(a - c)^2/64$, que denotamos mediante π_d ("d" por desviación). Por tanto, que las dos empresas jueguen la estrategia del disparador expuesta anteriormente es un equilibrio de Nash siempre que

$$\frac{1}{1 - \delta} \cdot \frac{1}{2}\pi_m \geq \pi_d + \frac{\delta}{1 - \delta} \cdot \pi_C, \qquad (2.3.2)$$

análoga a (2.3.1) en el análisis del dilema de los presos. Sustituyendo los valores de π_m, π_d y π_c en (2.3.2) obtenemos que $\delta \geq 9/17$. Por las mismas razones que en la sección anterior, este equilibrio de Nash es perfecto en subjuegos.

También podemos preguntarnos qué pueden conseguir las empresas si $\delta < 9/17$. Exploraremos los dos enfoques descritos en la sección anterior. Determinamos en primer lugar, para un valor dado de δ, la cantidad más rentable que las empresas pueden producir si ambas siguen una estrategia del disparador que transforman para siempre en la cantidad de Cournot después de cualquier desviación. Sabemos que estas estrategias no pueden seguirse con una cantidad tan baja como la mitad de la cantidad de monopolio, mientras que para cualquier valor de δ, repetir la cantidad de Cournot para siempre es un equilibrio de Nash perfecto en subjuegos. Por tanto, la cantidad más rentable que puede darse con las estrategias del disparador está entre $q_m/2$ y q_c. Para calcular esta cantidad, consideramos la estrategia del disparador siguiente:

> Producir q^* en el primer periodo. En el t-ésimo periodo, producir q^* si ambas empresas han producido q^* en cada uno de los $t - 1$ periodos anteriores; en caso contrario, producir la cantidad de Cournot, q_c.

El beneficio de una empresa si ambas juegan q^* es $(a - 2q^* - c)q^*$, que denotaremos mediante π^*. Si la empresa i va a producir q^* en este periodo, la cantidad que maximiza los beneficios de la empresa j en este periodo es una solución de

$$\max_{q_j} (a - q_j - q^* - c)q_j.$$

La solución es $q_j = (a - q^* - c)/2$, con un beneficio de $(a - q^* - c)^2/4$, que de nuevo denotamos por π_d. Que las dos empresas jueguen las estrategias del disparador dadas anteriormente es un equilibrio de Nash siempre que

$$\frac{1}{1-\delta} \cdot \pi^* \geq \pi_d + \frac{\delta}{1-\delta} \cdot \pi_C.$$

Despejando q^* en la ecuación de segundo grado resultante se obtiene que el valor menor de q^* para el que las estrategias del disparador dadas anteriormente son un equilibrio de Nash perfecto en subjuegos es

$$q^* = \frac{9 - 5\delta}{3(9 - \delta)}(a - c),$$

que decrece monótonamente con δ, tiende a $q_m/2$ cuando δ tiende a 9/17 y tiende a q_c cuando δ tiende a cero.

Exploramos ahora el segundo enfoque, que incluye la amenaza de hacer efectiva la penalización más fuerte creíble. Abreu (1986) aplica esta idea a unos modelos de Cournot más generales que el nuestro, utilizando un factor de descuento arbitrario; nosotros simplemente demostramos que el enfoque de Abreu permite que en nuestro modelo se obtenga el resultado de monopolio cuando $\delta = 1/2$ (que es menor que 9/17). Consideremos la siguiente estrategia del "palo y la zanahoria":

> Producir la mitad de la cantidad de monopolio, $q_m/2$, en el primer periodo. En el t-ésimo periodo, producir $q_m/2$ si ambas empresas produjeron $q_m/2$ en el periodo $t - 1$, $q_m/2$ si ambas empresas produjeron x en el periodo $t - 1$, y x en cualquier otro caso.

Esta estrategia incluye una fase de penalización (de un periodo) en la que la empresa produce x y una fase de colusión (potencialmente infinita) en la que la empresa produce $q_m/2$. Si cualquiera de las dos empresas se desvía de la fase de colusión, empieza la fase de penalización. Si cualquiera de las dos empresas se desvía de la fase de penalización, ésta vuelve a empezar. Si ninguna empresa se desvía de la fase de penalización, empieza de nuevo la fase de colusión.

El beneficio de una empresa si ambas producen x es $(a - 2x - c)x$, que denotaremos mediante $\pi(x)$. Sea $V(x)$ el valor presente de recibir $\pi(x)$ en este periodo y la mitad del beneficio de monopolio en lo sucesivo:

$$V(x) = \pi(x) + \frac{\delta}{1 - \delta} \cdot \frac{1}{2}\pi_m.$$

Si la empresa i va a producir x en este periodo, la cantidad que maximiza el beneficio de la empresa j este periodo es la solución de

$$\max_{q_j} (a - q_j - x - c)q_j.$$

Esta solución es $q_j = (a - x - c)/2$, con un beneficio de $(a - x - c)^2/4$, que denotamos por $\pi_{dp}(x)$, donde dp significa desviarse de la penalización.

Si ambas empresas juegan esta estrategia, los subjuegos del juego repetido infinitamente pueden agruparse en dos clases: (i) subjuegos de colusión, en los que el resultado del periodo anterior fue $(q_m/2, q_m/2)$ o (x, x), y (ii) subjuegos de penalización, en los que el resultado del periodo anterior no fue ni $(q_m/2, q_m/2)$ ni (x, x). Para que el que las dos empresas jueguen la estrategia del palo y la zanahoria sea un equilibrio de Nash perfecto en subjuegos, esta estrategia debe ser un equilibrio de Nash en cada clase de subjuegos. En los subjuegos de colusión, cada empresa debe preferir recibir la mitad del beneficio de monopolio en lo sucesivo a recibir π_d este periodo y el valor presente por penalización en el periodo siguiente:

$$\frac{1}{1-\delta} \cdot \frac{1}{2}\pi_m \geq \pi_d + \delta V(x). \qquad (2.3.3)$$

En los subjuegos de penalización, cada empresa debe preferir administrar el castigo a recibir π_{dp} este periodo y empezar de nuevo la penalización en el siguiente periodo:

$$V(x) \geq \pi_{dp}(x) + \delta V(x). \qquad (2.3.4)$$

Sustituyendo $V(x)$ en (2.3.3) obtenemos

$$\delta\left(\frac{1}{2}\pi_m - \pi(x)\right) \geq \pi_d - \frac{1}{2}\pi_m.$$

Es decir, lo que se gana en este periodo por desviarse no debe ser mayor que el valor descontado de la pérdida en el periodo siguiente debida a la penalización. (Siempre y cuando ninguna de las empresas se desvíe de la fase de penalización, no hay ninguna pérdida a partir del siguiente periodo, ya que la fase de penalización termina y las empresas vuelven al resultado de monopolio, como si no hubiera habido desviación.) Del mismo modo, (2.3.4) puede reescribirse como

$$\delta\left(\frac{1}{2}\pi_m - \pi(x)\right) \geq \pi_d p - \pi(x),$$

con una interpretación análoga. Para $\delta = 1/2$, (2.3.3) se cumple siempre y cuando $x/(a-c)$ no esté entre $1/8$ y $3/8$, y (2.3.4) se cumple si $x/(a-c)$ está entre $3/10$ y $1/2$. Por tanto, para $\delta = 1/2$, la estrategia del palo y la zanahoria consigue que el resultado de monopolio sea un equilibrio de Nash perfecto en subjuegos, siempre y cuando $3/8 \leq x/(a-c) \leq 1/2$.

Existen otros muchos modelos de oligopolio dinámico que enriquecen el modelo simple desarrollado aquí. Concluimos esta sección discutiendo brevemente dos clases de estos modelos: los modelos con variables de estado y los modelos con supervisión imperfecta. Las dos clases de modelos tienen muchas aplicaciones que trascienden el ámbito del oligopolio; por ejemplo, el modelo de salarios de eficiencia de la próxima sección es un caso de supervisión imperfecta.

Rotemberg y Saloner (1986 y ejercicio 2.14) estudian la colusión en el ciclo económico, permitiendo que la intersección con el eje de abcisas de la función de demanda fluctúe aleatoriamente de un periodo al otro. En cada periodo, todas las empresas observan la intersección con el eje de abcisas de la función de demanda en ese periodo antes de tomar decisiones; en otras aplicaciones, los jugadores observan otras variables de estado al principio de cada periodo. El incentivo a desviarse de una estrategia pactada depende tanto del valor de la demanda en este periodo como de los posibles valores de la demanda en periodos futuros. (Rotemberg y Saloner suponen que la demanda no está correlacionada serialmente, de forma que esta última consideración es independiente del valor presente de la demanda, pero otros autores posteriormente han relajado este supuesto.)

Green y Porter (1984) estudian la colusión cuando las desviaciones no se pueden detectar perfectamente: en vez de observar las cantidades escogidas por la otra empresa, cada empresa observa tan sólo el precio de equilibrio del mercado, que cada periodo recibe sacudidas debidas a una perturbación aleatoria inobservable. En este contexto, las empresas no pueden distinguir cuándo un precio de equilibrio bajo se debe a que una o más empresas se han desviado de la estrategia pactada o a que ocurrió una perturbación adversa. Green y Porter examinan los equilibrios con estrategias del disparador tales que cualquier precio por debajo de un nivel crítico dispara un periodo de penalización durante el cual las empresas juegan sus cantidades de Cournot. En equilibrio, ninguna empresa se desvía. No obstante, una perturbación especialmente mala puede hacer que el precio caiga por debajo del nivel crítico, desencadenando un periodo de penalización. Como algunas penalizaciones ocurren accidentalmente, las penalizaciones infinitas del tipo considerado en el análisis de las estrategias del disparador no son óptimas. Estrategias de dos fases del tipo analizado por Abreu podrían parecer prometedoras; efectivamente, Abreu, Pearce y Stacchetti (1986) demuestran que pueden ser óptimas.

2.3.D Salarios de eficiencia

En los modelos de salarios de eficiencia, lo que producen los trabajadores de una empresa depende del salario que la empresa paga. En el contexto de los países en vías de desarrollo, esto se explicaría porque unos salarios más altos podrían conducir a una mejor nutrición; en los países desarrollados, unos salarios más altos podrían inducir a que los trabajadores mejor preparados solicitasen empleo en la empresa que los ofreciera, o podrían inducir a los trabajadores ya empleados a trabajar más intensamente.

Shapiro y Stiglitz (1984) desarrollan un modelo dinámico en el que las empresas inducen a los trabajadores a trabajar más pagando salarios altos y amenazando con despedir a los que sean descubiertos trabajando poco. Como consecuencia de estos salarios altos, las empresas reducen su demanda de trabajo, de forma que algunos trabajadores tendrán empleo con salarios altos mientras que otros estarán (involuntariamente) parados. Cuanto mayor sea el número de trabajadores parados, más tiempo le llevará a un trabajador que haya sido despedido encontrar un nuevo empleo, de forma que la amenaza de despido resulta más efectiva. En el equilibrio competitivo, el salario w y la tasa de paro u inducen a los trabajadores a esforzarse, de tal forma que la demanda de trabajo de las empresas al salario w hace que la tasa de desempleo sea exactamente u. Vamos a estudiar los aspectos de este modelo que tienen que ver con los juegos repetidos (pero ignoraremos los relacionados con el equilibrio competitivo) analizando el caso de una empresa y un trabajador.

Consideremos el siguiente juego de etapa. En primer lugar, la empresa ofrece al trabajador un salario, w. En segundo lugar, el trabajador acepta o rechaza la oferta de la empresa. Si el trabajador rechaza w, se convierte en un trabajador independiente con un salario w_0. Si el trabajador acepta w, escoge entre realizar un esfuerzo (lo que le produce una desutilidad e) o no (lo que no le produce desutilidad). La decisión tomada por el trabajador sobre su esfuerzo no es observada por la empresa, pero lo que el trabajador produce es observado tanto por la empresa como por el trabajador. La producción puede ser alta o baja; para simplificar, suponemos que el nivel bajo de producción es cero y escribimos el nivel alto como $y > 0$. Supongamos que si el trabajador realiza un esfuerzo, la producción es alta con probabilidad 1, pero que si el trabajador no se esfuerza, la producción es alta con probabilidad p y baja con probabilidad $1 - p$. Por tanto, en este modelo, un nivel bajo de producción es signo inequívoco de falta de esfuerzo.

Si la empresa emplea al trabajador con un salario w, las ganancias a los jugadores si el trabajador realiza un esfuerzo y la producción es alta son $y - w$ para la empresa y $w - e$ para el trabajador. Si el trabajador no se esfuerza, e es cero; si la producción es baja, y es cero. Suponemos que $y - e > w_0 > py$, de forma que al trabajador le resulta eficiente estar empleado en la empresa y realizar un esfuerzo, aunque también le resulta mejor ponerse de independiente a estar empleado en la empresa y no esforzarse.

El resultado perfecto en subjuegos de este juego de etapa es más bien poco prometedor: dado que la empresa paga w por adelantado, el trabajador no tiene ningún incentivo para esforzarse, de forma que la empresa ofrece $w = 0$ (o cualquier $w \leq w_0$) y el trabajador escoge trabajar como independiente. Sin embargo, en el juego repetido infinitamente, la empresa puede inducir un esfuerzo pagando un salario w superior a w_0 y amenazando con despedir al trabajador en cuanto la producción sea baja. Demostramos que para algunos valores de los parámetros, la empresa encuentra que vale la pena inducir un esfuerzo pagando ese salario.

Uno podría preguntarse por qué la empresa y el trabajador no pueden firmar un contrato compensatorio que dependa de la producción, de forma que induzca al esfuerzo. Una razón por la que estos contratos podrían no ser viables es que a un tribunal le resulta muy difícil hacer que se cumplan, quizás porque una medida adecuada de la producción incluye la calidad, las dificultades inesperadas en las condiciones de producción, etc. De una forma más general, es probable que los contratos contingentes a determinados volúmenes de producción sean imperfectos (más que completamente inviables), aunque los incentivos todavía pueden jugar un papel en el juego repetido estudiado aquí.

Consideremos las siguientes estrategias en el juego repetido infinitamente, que incluyen el salario $w^* > w_0$ que se determinará más adelante. Diremos que la historia del juego es de *salario alto y producción alta* si todas las ofertas anteriores han sido w^*, todas las ofertas anteriores han sido aceptadas y todos los niveles de producción anteriores han sido altos. La estrategia de la empresa es ofrecer $w = w^*$ en el primer periodo, y ofrecer $w = w^*$ en cada periodo siguiente siempre y cuando la historia del juego sea de salario alto, producción alta, pero ofrecer $w = 0$ en caso contrario. La estrategia del trabajador es aceptar la oferta de la empresa si $w \geq w_0$ (decidiendo trabajar como independiente en caso contrario) y realizar un esfuerzo si la historia del juego, incluyendo la oferta presente, es de salario alto y producción alta (no esforzándose en caso contrario).

La estrategia de la empresa es análoga a las estrategias del disparador analizadas en las dos secciones anteriores: jugar cooperativamente siempre y cuando todas las jugadas anteriores hayan sido cooperativas, pero escoger en lo sucesivo el resultado perfecto en subjuegos del juego de etapa si alguna vez se rompe la cooperación. La estrategia del jugador es también análoga a estas estrategias del disparador, pero es ligeramente más sutil ya que el trabajador decide en segundo lugar en el juego de etapa de decisión sucesiva. En un juego repetido basado en un juego de etapa de decisión simultánea, las desviaciones se detectan sólo al final de la ronda; sin embargo, cuando el juego de etapa es de decisión sucesiva, una desviación del primer jugador se detecta (y debería ser contestada) durante la misma ronda. La estrategia del trabajador es jugar cooperativamente siempre y cuando todas las jugadas anteriores hayan sido cooperativas, pero responder de forma óptima a cualquier desviación de la empresa, sabiendo que el resultado perfecto en subjuegos del juego de etapa se jugará en todas las etapas futuras. En particular, si $w \neq w^*$ pero $w \geq w_0$, el trabajador acepta la oferta de la empresa pero no se esfuerza.

Derivamos ahora las condiciones bajo las cuales estas estrategias son un equilibrio de Nash perfecto en subjuegos. Como en las dos secciones anteriores, el argumento consta de dos partes: (i) la derivación de las condiciones bajo las cuales estas estrategias son un equilibrio de Nash, y (ii) la demostración de que es perfecto en subjuegos.

Supongamos que la empresa ofrece w^* en el primer periodo. Dada la estrategia de la empresa, es óptimo para el trabajador aceptar. Si el trabajador realiza un esfuerzo, está seguro que producirá al nivel alto, de forma que la empresa volverá a ofrecer w^* y el trabajador volverá a enfrentarse en el periodo siguiente a la misma decisión sobre el esfuerzo a realizar. Por tanto, si la decisión óptima del trabajador es esforzarse, el valor presente de las ganancias del trabajador es

$$V_e = (w^* - e) + \delta V_e,$$

o $V_\epsilon = (w^* - e)/(1 - \delta)$. Sin embargo, si el trabajador no se esfuerza, producirá al nivel alto con probabilidad p, en cuyo caso la misma decisión con respecto al esfuerzo se dará en el próximo periodo, pero el trabajador producirá el nivel bajo con probabilidad $1 - p$, en cuyo caso la empresa ofrecerá $w = 0$ en lo sucesivo, de forma que en adelante el trabajador será independiente. Por tanto, si no esforzarse es la decisión óptima del trabajador, el valor presente (esperado) de las ganancias del trabajador es

$$V_s = w^* + \delta \left\{ p V_s + (1 - p) \frac{w_0}{1 - \delta} \right\},$$

o $V_s = [(1 - \delta)w^* + \delta(1 - p)w_0]/(1 - \delta p)(1 - \delta)$. Realizar un esfuerzo es óptimo para el trabajador si $V_e \geq V_s$, o

$$w^* \geq w_0 + \frac{1 - p\delta}{\delta(1-p)}e = w_0 + \left(1 + \frac{1-\delta}{\delta(1-p)}e\right) \qquad (2.3.5)$$

Por tanto, para inducir un esfuerzo, la empresa debe pagar no sólo $w_0 + e$ para compensar al trabajador por renunciar a la oportunidad de trabajar como independiente y por la desutilidad del esfuerzo, sino también por la prima salarial $(1 - \delta)e/\delta(1 - p)$. Naturalmente, si p está cerca de uno (es decir, si no esforzarse es difícilmente detectable), la prima salarial debe ser extremadamente alta para inducir un esfuerzo. Si $p = 0$, por otra parte, esforzarse es la decisión óptima del trabajador si

$$\frac{1}{1-\delta}(w^* - e) \geq w^* + \frac{\delta}{1-\delta}w_0, \qquad (2.3.6)$$

análogamente a (2.3.1) y (2.3.2) en los casos con supervisión perfecta de las dos secciones anteriores, (2.3.6) es equivalente a

$$w^* \geq w_0 + \left(1 + \frac{1-\delta}{\delta}\right)e,$$

que efectivamente es (2.3.5) con $p = 0$.

Incluso si (2.3.5) se cumple, de forma que la estrategia del trabajador sea la mejor respuesta a la estrategia de la empresa, a la empresa tiene también que merecerle la pena pagar w^*. Dada la estrategia del trabajador, el problema de la empresa en el primer periodo se concreta en escoger entre: (1) pagar $w = w^*$, induciendo con ello al esfuerzo y amenazando con despedir al trabajador si en algún momento la producción es baja, y recibiendo por tanto la ganancia $y - w^*$ en cada periodo; y (2) pagar $w = 0$, induciendo con ello al trabajador a escoger trabajar como independiente, y recibiendo de esta forma una ganancia igual a cero en cada periodo. Por tanto, la estrategia de la empresa es una mejor respuesta a la del trabajador si

$$y - w^* \geq 0. \qquad (2.3.7)$$

Recordemos que supusimos que $y - e > w_0$ (es decir, que para el trabajador es eficiente estar empleado por la empresa y esforzarse). Necesitamos una condición más fuerte si estas estrategias han de formar un equilibrio de Nash perfecto en subjuegos: (2.3.5) y (2.3.7) implican

$$y - e \geq w_0 + \frac{1-\delta}{\delta(1-p)}e,$$

que puede interpretarse como la restricción familiar de que δ debe ser lo suficientemente alta para lograr una cooperación sostenida.

Hemos demostrado hasta ahora que si (2.3.5) y (2.3.7) se cumplen, las estrategias que estamos considerando son un equilibrio de Nash. Para demostrar que estas estrategias son perfectas en subjuegos, definimos primero los subjuegos del juego repetido. Recordemos que cuando el juego de etapa obliga a decisiones simultáneas, los subjuegos del juego repetido empiezan entre las etapas del juego repetido. Para el juego de etapa de decisiones sucesivas considerado aquí, los subjuegos empiezan no sólo entre etapas sino también dentro de cada etapa, después de que el trabajador observa el salario que la empresa ofrece. Dadas las estrategias de los jugadores, podemos agrupar los subjuegos en dos clases: los que empiezan después de una historia de salario alto y producción alta, y los que empiezan después de todas las demás historias. Hemos demostrado ya que las estrategias de los jugadores son un equilibrio de Nash dada una historia de la primera clase. Queda por hacer lo mismo con una historia del segundo tipo: como el trabajador no se esforzará nunca, es una decisión óptima de la empresa inducir al trabajador a trabajar como independiente; dado que la empresa ofrecerá $w = 0$ en la siguiente etapa y en lo sucesivo, el trabajador no debería esforzarse en esta etapa y debería aceptar la oferta presente sólo si $w \geq 0$.

En este equilibrio, trabajar como independiente es permanente: si se descubre al trabajador no esforzándose, la empresa ofrece $w = 0$ en lo sucesivo; si la empresa se desvía alguna vez de ofrecer $w = w^*$, el trabajador nunca volverá a esforzarse, de forma que la empresa no puede permitirse emplear al trabajador. Hay varias razonas para preguntarse si es razonable que el trabajo como independiente sea permanente. En nuestro modelo de una empresa y un trabajador, ambos jugadores preferirían volver al equilibrio de salario alto y producción alta del juego repetido infinitamente, antes que jugar para siempre el resultado perfecto en subjuegos del juego de etapa. Éste es el problema de la renegociación presentado en la sección 2.3.A. Recordemos que si los jugadores saben que no se podrán hacer cumplir las penalizaciones, la cooperación inducida por la amenaza de estas penalizaciones ya no es un equilibrio.

En el contexto del mercado de trabajo, la empresa puede preferir no renegociar si emplea muchos trabajadores, ya que renegociar con un trabajador puede estropear el equilibrio de salario alto y producción alta que se está todavía jugando (o aún se ha de empezar a jugar) con los otros trabajadores. Si hay muchas empresas, la cuestión es si la empresa j contratará a trabajadores empleados anteriormente en la empresa i. Pudiera ser que la empresa j no lo hiciera, por miedo a estropear el equilibrio de salario alto y producción alta logrado con sus trabajadores, como en el caso de una única empresa. Algo así puede explicar la falta de movilidad de los administrativos jóvenes y varones entre las grandes empresas en Japón.

Alternativamente, si los trabajadores despedidos pueden siempre encontrar nuevos empleos que sean preferibles a trabajar como independientes, el salario en esos nuevos empleos (neto de cualquier desutilidad del esfuerzo) es el que aquí juega el papel del salario en el trabajo por libre w_0. En el caso extremo en el que un trabajador despedido no sufra ninguna pérdida, no existirán penalizaciones por no esforzarse en el juego repetido infinitamente y, por consiguiente, no existirá ningún equilibrio de Nash perfecto en subjuegos en el que el trabajador se esfuerce. Existe una aplicación elegante de estas ideas en el contexto de la deuda pública externa en Bulow y Rogoff (1989): si un país endeudado puede conseguir el importe de los créditos a largo plazo que recibe de los países acreedores mediante transacciones a corto plazo por adelantado en el mercado internacional de capitales, no hay posibilidad de penalizar el incumplimiento de los términos de la deuda en el juego repetido infinitamente entre países deudores y acreedores.

2.3.E Política monetaria estable en el tiempo

Consideremos un juego de decisiones sucesivas en el que empresarios y trabajadores renegocian los salarios nominales, después de lo cual la autoridad monetaria escoge la oferta monetaria que, a su vez, determina la tasa de inflación. Si los contratos salariales no pueden ser automáticamente actualizables, empresarios y trabajadores tratarán de prever la inflación antes de fijar los salarios. Sin embargo, una vez se ha fijado el salario nominal, un nivel real de inflación superior al previsto erosionará el salario real, haciendo que los empresarios aumenten el empleo y la producción. La autoridad monetaria, por tanto, se enfrenta a un dilema al tener que escoger entre los costes de la inflación y las ventajas de reducir el paro y aumentar la producción ante una evolución imprevista del nivel de inflación.

Como en Barro y Gordon (1983), analizamos una versión en forma reducida de este modelo en el siguiente juego de etapa. Primero, los empresarios forman sus expectativas de inflación, π^e. En segundo lugar, la autoridad monetaria observa esta expectativa y escoge el nivel real de inflación, π. La ganancia de los empresarios es $-(\pi - \pi^e)^2$. Es decir, los empresarios quieren simplemente prever correctamente el nivel de inflación; alcanzan su ganancia máxima (que es cero) cuando $\pi = \pi^e$. A la autoridad monetaria, por su parte, le gustaría que la inflación fuera cero pero que la producción estuviera en su nivel de eficiencia (y^*). Escribimos la ganancia de la autoridad monetaria como

$$U(\pi,y) = -c\pi^2 - (y - y^*)^2,$$

donde el parámetro $c > 0$ refleja el dilema de la autoridad monetaria entre sus dos objetivos. Supongamos que el verdadero nivel de producción es la siguiente función del nivel de producción deseado y de la inflación imprevista:

$$y = by^* + d(\pi - \pi^e),$$

donde $b < 1$ refleja la presencia de un poder de monopolio en los mercados de productos (de forma que si no hubiera inflación imprevista, se produciría a un nivel por debajo del de eficiencia) y $d > 0$ mide el efecto de la inflación imprevista sobre la producción a través de los salarios reales, tal y como se describió en el párrafo anterior. Podemos entonces reescribir la ganancia de la autoridad monetaria como

$$W(\pi,\pi^e) = -c\pi^2 - [(b - 1)y^* + d(\pi - \pi^e)]^2.$$

Para hallar el resultado perfecto en subjuegos de este juego de etapa, calculamos primero la elección óptima de π por parte de la autoridad monetaria, dadas las expectativas de los empresarios π^e. Maximizando $W(\pi,\pi^e)$ obtenemos

$$\pi^*(\pi^e) = \frac{d}{c + d^2}[(1 - b)y^* + d\pi^e]. \qquad (2.3.8)$$

Dado que los empresarios prevén que la autoridad monetaria escogerá $\pi^*(\pi^e)$, los empresarios escogerán la π^e que maximice $-[\pi^*(\pi^e) - \pi^e]^2$, lo que da $\pi^*(\pi^e) = \pi^e$, o

$$\pi^e = \frac{d(1 - b)}{c}y^* = \pi_s,$$

donde el subíndice s denota "juego de etapa". De forma similar, podría decirse que la *expectativa racional* que los empresarios deben mantener es la que será confirmada en lo sucesivo por la autoridad monetaria, de forma que $\pi^*(\pi^e) = \pi^e$, y por tanto $\pi^e = \pi_s$. Cuando los empresarios mantienen esta expectativa $\pi^e = \pi_s$, el coste marginal en que incurre la autoridad monetaria al fijar π ligeramente por encima de π_s compensa exactamente el beneficio marginal de la inflación imprevista. En este resultado perfecto en subjuegos, se espera que la autoridad monetaria cree inflación y así lo hace, pero estaría mejor si pudiera comprometerse a no crear inflación. Efectivamente, si los empresarios tuvieran expectativas racionales (es decir, $\pi = \pi^e$), una inflación cero maximiza la ganancia de la autoridad monetaria (es decir, $W(\pi,\pi_e) = -c\pi^2 - (b-1)^2 y^{*2}$ cuando $\pi = \pi^e$, de forma que $\pi = 0$ es óptimo).

Consideremos ahora el juego repetido infinitamente en el que ambos jugadores tienen el mismo factor de descuento δ. Derivaremos condiciones bajo las cuales $\pi = \pi^e = 0$ en cada periodo de un equilibrio de Nash perfecto en subjuegos que incluya las siguientes estrategias. En el primer periodo, los empresarios mantienen la expectativa $\pi^e = 0$. En periodos sucesivos mantienen la expectativa $\pi^e = 0$ siempre y cuando todas las expectativas anteriores hayan sido $\pi^e = 0$ y todos los niveles de inflación anteriores hayan sido efectivamente $\pi = 0$; en caso contrario, los empresarios mantienen la expectativa $\pi^e = \pi_s$ (la expectativa racional en el juego de etapa). De forma similar, la autoridad monetaria fija $\pi = 0$ siempre y cuando la expectativa presente sea $\pi^e = 0$, todas las expectativas anteriores hayan sido $\pi^e = 0$ y todos los niveles de inflación anteriores hayan sido efectivamente $\pi = 0$; en caso contrario, la autoridad monetaria fija $\pi = \pi^*(\pi^e)$ (su mejor respuesta a las expectativas de los empresarios, tal como se indica en (2.3.8)).

Supongamos que los empresarios mantienen la expectativa $\pi^e = 0$ en el primer periodo. Dada la estrategia de los empresarios (es decir, la forma en que los empresarios actualizan sus expectativas después de observar el nivel verdadero de inflación), la autoridad monetaria puede restringir su atención a dos decisiones: (1) $\pi = 0$, lo que conducirá a $\pi^e = 0$ el periodo siguiente y, por tanto, a la misma decisión por parte de la autoridad monetaria en el siguiente periodo; y (2) $\pi = \pi^*(0)$ utilizando (2.3.8), lo que conducirá a $\pi^e = \pi_s$ en lo sucesivo, en cuyo caso la autoridad monetaria encontrará que es óptimo en lo sucesivo escoger $\pi = \pi_s$. En consecuencia, fijar $\pi = 0$ en este periodo resulta en la ganancia $W(0,0)$ por periodo, mientras que fijar $\pi = \pi^*(0)$ en este periodo resulta en la ganancia $W(\pi^*(0),0)$ en este periodo, pero $W(\pi_s,\pi_s)$ en lo sucesivo. Por lo tanto, la estrategia de la autoridad monetaria es la mejor respuesta

$$\frac{1}{1-\delta}W(0,0) \geq W\left(\pi^*(0),0\right) + \frac{\delta}{1-\delta}W(\pi_s,\pi_s), \qquad (2.3.9)$$

que es análoga a (2.3.6).

Simplificando (2.3.9) obtenemos $\delta \geq c/(2c + d^2)$. Cada uno de los parámetros c y d tiene dos efectos. Un aumento en d, por ejemplo, hace que la inflación imprevista sea más efectiva de cara al aumento de la producción, y resulta por tanto más tentador para la autoridad monetaria ser indulgente con la inflación imprevista, aunque por la misma razón, un aumento en d también aumenta el resultado del juego de etapa π_s, lo que hace que la penalización sea más dolorosa para la autoridad monetaria. Del mismo modo, un aumento de c hace que la inflación sea más dolorosa, por lo que la inflación imprevista resulta menos tentadora, pero también hace que π_s disminuya. En ambos casos, el último efecto pesa más que el primero, de forma que el valor crítico del factor de descuento necesario para mantener este equilibrio, $c/(2c + d^2)$, decrece con d y crece con c.

Hasta ahora hemos demostrado que la estrategia de la autoridad monetaria es una mejor respuesta a la estrategia de los empresarios si (2.3.9) se cumple. Para demostrar que estas estrategias son un equilibrio de Nash, queda por demostrar que la última es una mejor respuesta a la primera, lo cual se deriva de la observación de que los empresarios obtienen su mejor ganancia posible (que es cero) en cada periodo. Demostrar que estas estrategias son perfectas en subjuegos requiere argumentos análogos a los de la sección anterior.

2.4 Juegos dinámicos con información completa pero imperfecta

2.4.A Representación de los juegos en forma extensiva

En el capítulo 1 estudiamos juegos estáticos representándolos en forma normal. Analizamos ahora juegos dinámicos representándolos en forma extensiva.[19] Este enfoque expositivo puede hacer que parezca que los juegos estáticos tienen que representarse en forma normal y los juegos dinámicos en forma extensiva, pero esto no es así. Cualquier juego puede representarse tanto en forma normal como extensiva, aunque para algu-

---

[19] Damos una descripción informal de la forma extensiva; para un tratamiento preciso consúltese Kreps y Wilson (1982).

nos juegos una de las dos formas es más apropiada que la otra. Vamos a ver cómo los juegos estáticos pueden representarse utilizando la forma extensiva y cómo los juegos dinámicos pueden ser representados utilizando la forma normal.

Recordemos de la sección 1.1.A que la representación en forma normal de un juego requiere precisar: (1) los jugadores, (2) las estrategias posibles de cada jugador y (3) las ganancias recibidas por cada jugador para cada combinación de estrategias posibles.

Definición. *La representación en forma extensiva de un juego exige precisar: (1) los jugadores, (2a) cuándo tiene que jugar cada jugador, (2b) lo que cada jugador puede hacer cada vez que tiene la oportunidad de jugar, (2c) lo que cada jugador sabe cada vez que tiene la oportunidad de jugar y (3) la ganancia recibida por cada jugador para cada combinación posible de jugadas.*

Aunque no lo dijimos en su momento, en las secciones 2.1 a 2.3 hemos analizado varios juegos representados en forma extensiva. La contribución de esta sección consiste en describir estos juegos en forma de árbol en vez de utilizar palabras, porque el uso de árboles a menudo facilita tanto la explicación como el análisis.

Como ejemplo de un juego en forma extensiva, consideremos el siguiente representante de la clase de juegos en dos etapas con información completa y perfecta presentada en la sección 2.1.A:

1. El jugador 1 escoge una acción a_1 del conjunto factible $A_1 = \{I,D\}$.
2. El jugador 2 observa a_1 y escoge entonces una acción a_2 del conjunto $A_2 = \{I',D'\}$.
3. Las ganancias son $u_1(a_1,a_2)$ y $u_2(a_1,a_2)$, como se indica en el árbol de la figura 2.4.1.

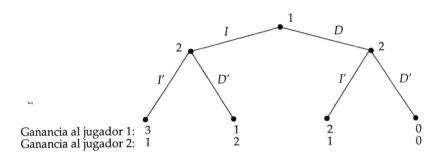

| Ganancia al jugador 1: | 3 | 1 | 2 | 0 |
| Ganancia al jugador 2: | 1 | 2 | 1 | 0 |

Figura 2.4.1

Este árbol empieza con un *nodo de decisión* correspondiente al jugador 1, donde 1 escoge entre I y D. Si el jugador 1 escoge I, se llega a un nodo de decisión del jugador 2, donde 2 escoge entre I' y D'. Del mismo modo, si el jugador 1 escoge D, se llega a otro nodo de decisión del jugador 2, donde 2 escoge entre I' y D'. Después de cada una de las decisiones de 2 se llega a un *nodo terminal* (es decir, el juego termina) y se reciben las ganancias indicadas.

Es inmediato extender el árbol de la figura 2.4.1 para representar cualquier juego dinámico con información completa y perfecta, es decir, cualquier juego en el que los jugadores toman sus decisiones uno después del otro, todas las decisiones previas son información del dominio público antes de realizar el siguiente movimiento y las ganancias a los jugadores con cada combinación factible de decisiones son información del dominio público. (Los espacios de acciones continuos, como en el modelo de Stackelberg, o los horizontes infinitos, como en el modelo de Rubinstein, presentan dificultades gráficas pero no conceptuales.) Derivamos seguidamente la representación en forma normal del juego de la figura 2.4.1. Concluimos por último esta sección demostrando que los juegos estáticos pueden representarse en forma extensiva y describiendo cómo representar en forma extensiva los juegos dinámicos con información completa pero imperfecta.

Tal como parecen indicar las convenciones sobre numeración en las definiciones de las formas normal y extensiva, existe una íntima relación entre las estrategias factibles de un jugador (apartado 2) dadas en la forma normal y la descripción de cuándo decide un jugador, qué puede hacer y qué sabe (apartados 2a, 2b, 2c) en la forma extensiva. Para representar un juego dinámico en forma normal, necesitamos traducir la información en forma extensiva en términos de la descripción del espacio de estrategias de cada jugador en la forma normal. Para hacer esto, recordemos la definición de estrategia dada (formalmente) en la sección 2.3.B:

Definición. *Una **estrategia** de un jugador es un plan de acción completo, es decir, especifica una acción factible del jugador en cada contingencia en la que al jugador le pudiera corresponder actuar.*

Puede parecer innecesario exigir que la estrategia de un jugador especifique una acción factible para cada contingencia en la que al jugador pudiera corresponderle decidir. Resulta claro, sin embargo, que no podríamos aplicar la noción de equilibrio de Nash a los juegos dinámicos con información completa si permitiéramos que las estrategias de un jugador dejaran sin especificar sus acciones en algunas contingencias. Para que el jugador j calcule una mejor respuesta a la estrategia del jugador i, puede que j necesite considerar cómo actuaría i en todas y cada una de las contingencias, no sólo en las contingencias que i o j creen que es posible que se den.

En el juego de la figura 2.4.1, el jugador 2 puede tomar dos acciones, pero posee cuatro estrategias, puesto que hay dos contingencias diferentes (concretamente, después de observar que el jugador 1 escoge I y después de observar que el jugador 1 escoge D) en las que podría corresponder actuar al jugador 2.

Estrategia 1: Si el jugador 1 juega I, entonces jugar I'; si el jugador 1 juega D, entonces jugar I', lo que denotamos por (I',I').

Estrategia 2: Si el jugador 1 juega I, entonces jugar I'; si el jugador 1 juega D, entonces jugar D', lo que denotamos por (I',D').

Estrategia 3: Si el jugador 1 juega I, entonces jugar D'; si el jugador 1 juega D, entonces jugar I', lo que denotamos por (D',I').

Estrategia 4: Si el jugador 1 juega I, entonces jugar D'; si el jugador 1 juega D, entonces jugar D', lo que denotamos por (D',D').

El jugador 1, sin embargo, tiene dos acciones pero sólo dos estrategias: jugar I y jugar D. La razón por la cual el jugador 1 sólo tiene dos estrategias es que sólo hay una contingencia en la que pudiera corresponder jugar al jugador 1 (concretamente, la primera jugada, que corresponde al jugador 1), de forma que el espacio de estrategias del jugador 1 es equivalente al espacio de acciones $A_1 = \{I,D\}$.

Jugador 2

		(I',I')	(I',D')	(D',I')	(D',D')
	I	3,1	3,1	1,2	1,2
Jugador 1					
	D	2,1	0,0	2,1	0,0

Figura 2.4.2

Dados estos espacios de estrategias de los dos jugadores, es inmediato derivar la representación en forma normal del juego a partir de su representación en forma extensiva. Denominemos las filas de la forma normal de acuerdo con las estrategias factibles del jugador 1 y las columnas de acuerdo con las estrategias factibles del jugador 2, y calculemos las ganancias a los jugadores en cada combinación posible de estrategias, como se indica en la figura 2.4.2.

Una vez mostrado que un juego dinámico puede representarse en forma normal, pasemos seguidamente a demostrar cómo un juego estático (es decir, de decisiones simultáneas) puede representarse en forma extensiva. Para ello, nos basamos en la observación hecha en la sección 1.1.A (en conexión con el dilema de los presos) de que no es necesario que los jugadores actúen simultáneamente: es suficiente con que cada uno escoja una estrategia sin conocer la decisión del otro, como sería el caso en el dilema de los presos si los presos tomaran sus decisiones en celdas separadas. Por tanto, podemos representar un juego de (digamos) decisiones simultáneas entre los jugadores 1 y 2 como sigue:

1. El jugador 1 escoge una acción a_1 del conjunto factible A_1.
2. El jugador 2 no observa la decisión del jugador 1, pero escoge una acción a_2 del conjunto factible A_2.
3. Las ganancias son $u_1(a_1,a_2)$ y $u_2(a_1,a_2)$.

Alternativamente, el jugador 2 podría jugar primero y el jugador 1 podría decidir sin obervar la acción de 2. Recordemos que en la sección 2.1.B demostramos que un juego consiste en escoger cantidades con esta forma temporal y estructura informativa difiere significativamente del juego de Stackelberg, que tiene la misma forma temporal pero una estructura informativa tal que la empresa 2 observa la decisión de la empresa 1. Hemos visto que el juego de decisiones sucesivas y acción del contrario no observada tiene el mismo equilibrio de Nash que el juego de Cournot de decisión simultánea.

Para representar este tipo de ignorancia sobre los movimientos anteriores en un juego en forma extensiva, introducimos la noción de *conjunto de información* de un jugador.

Definición. *Un **conjunto de información** de un jugador es una colección de nodos de decisión que satisface:*

(i) al jugador le corresponde jugar en cada nodo del conjunto de información y

(ii) cuando en el transcurso del juego se llega a un nodo del conjunto de infor-

mación, el jugador al que le corresponde decidir no sabe a qué nodo dentro del conjunto de información se ha (o no se ha) llegado.

La parte (ii) de esta definición significa que, en un conjunto de información, el jugador debe tener el mismo conjunto de acciones factibles en cada nodo de decisión; en caso contrario el jugador sería capaz de inferir a partir del conjunto de acciones disponibles si ha llegado o no ha llegado a cierto(s) nodo(s).

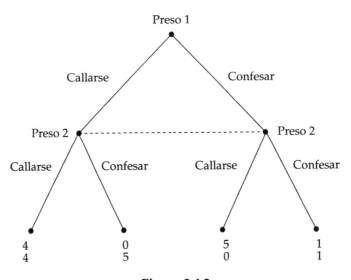

Figura 2.4.3

En un juego en forma extensiva, indicaremos que una colección de nodos de decisión constituye un conjunto de información con una línea discontinua, como en la representación en forma extensiva del dilema de los presos de la figura 2.4.3. Indicaremos a veces a qué jugador le corresponde mover en los nodos del conjunto de información por medio de una leyenda, como en la figura 2.4.3; alternativamente, podemos simplemente dar nombre a la línea discontinua que une esos nodos, como en la figura 2.4.4. La interpretación del conjunto de información del preso 2 en la figura 2.4.3 es que cuando al preso 2 le corresponde decidir, todo lo que sabe es que se ha llegado al conjunto de información (es decir, que el preso 1 ha decidido), pero no a qué nodo se ha llegado (es decir, lo que ha hecho). Veremos en el capítulo 4 que el preso 2 puede tener una opinión de lo que el preso 1 ha hecho, incluso sin haberlo observado, pero ignoraremos esta cuestión hasta entonces.

Como segundo ejemplo del uso de un conjunto de información para representar la ignorancia de las jugadas anteriores, consideremos el siguiente juego dinámico con información completa pero imperfecta:

1. El jugador 1 escoge una acción a_1 del conjunto factible $A_1 = \{I,D\}$.

2. El jugador 2 observa a_1 y escoge a continuación una acción a_2 del conjunto factible $A_2 = \{I',D'\}$.

3. El jugador 3 observa si $(a_1,a_2) = \{D,D'\}$ o no y escoge a continuación una acción a_3 del conjunto factible $A_3 = \{I'',D''\}$.

La representación en forma extensiva de este juego (ignoramos las ganancias para simplificar) aparece en la figura 2.4.4. En esta forma extensiva, el jugador 3 tiene dos conjuntos de información: uno con un único elemento que sigue a D por parte del jugador 1 y D' por parte del jugador 2 y otro con más de un elemento que incluye los demás nodos en los que le corresponde decidir al jugador 3. Por tanto, todo lo que el jugador 3 observa es si $(a_1,a_2) = \{D,D'\}$ o no.

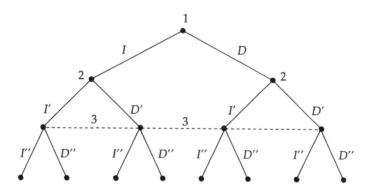

Figura 2.4.4

Ahora que hemos definido la noción de conjunto de información, podemos ofrecer una definición alternativa de la distinción entre información perfecta e imperfecta. Definimos previamente la información perfecta diciendo que en cada jugada, el jugador al que le corresponde jugar conoce toda la historia del juego hasta ese momento. Una definición equivalente es que cada conjunto de información contiene un único elemento. Por el contrario, la información imperfecta significa que existe al menos un conjunto de información con más de un elemento.[19] Por tanto, la representación en forma extensiva de un juego de decisiones simultáneas (como el dilema de los presos) es un juego con información imperfecta. De forma similar, los juegos en dos etapas estudiados en la sección 2.2.A poseen información imperfecta porque las decisiones de los jugadores 1 y 2 son simultáneas, como también lo son las decisiones de los jugadores 3 y 4. De forma más general, un juego dinámico con información completa pero imperfecta puede representarse en forma extensiva utilizando conjuntos de información con más de un elemento para indicar lo que cada jugador sabe (y no sabe) cuando le corresponde jugar, tal como hemos hecho en la figura 2.4.4.

2.4.B Equilibrio de Nash perfecto en subjuegos

En la sección 2.3.B dimos la definición general del equilibrio de Nash perfecto en subjuegos. Sin embargo, aplicamos la definición sólo a juegos repetidos porque definimos los conceptos de estrategia y subjuego sólo para los juegos repetidos. En la sección 2.4.A dimos la definición general de estrategia. Presentamos ahora la definición general de subjuego, después de lo cual podremos aplicar la definición de equilibrio de Nash perfecto en subjuegos a los juegos dinámicos con información completa en general.

Recordemos que en la sección 2.3.B definimos informalmente un subjuego como la parte del juego que queda por jugar empezando en cualquier momento en el que la historia completa del juego hasta entonces sea información del dominio público entre todos los jugadores, y dimos una definición formal en el caso de los juegos repetidos que entonces estábamos considerando. Ofrecemos ahora una definición formal para juegos dinámicos con información completa en general, en términos de la representación en forma extensiva del juego.

Definición. *Un **subjuego** en un juego en forma extensiva*

---

[19]Esta caracterización de la información perfecta e imperfecta en términos de conjuntos de información con uno o más elementos está restringida a los juegos con información completa porque, como veremos en el capítulo 4, la representación en forma extensiva de un juego con información perfecta pero incompleta tiene un conjunto de información con más de un elemento. En este capítulo, sin embargo, restringimos nuestra atención a la información completa.

(a) *empieza en un nodo de decisión n que sea un conjunto de información con un único elemento (pero que no sea el primer nodo de decisión del juego),*

(b) *incluye todos los nodos de decisión y terminales que siguen a n en el árbol (pero no los nodos que no siguen a n) y*

(c) *no intersecta a ningún conjunto de información (es decir, si un nodo de decisión n' sigue a n en el árbol, todos los otros nodos en el conjunto de información que contiene a n' deben también seguir a n y, por tanto, deben incluirse en el subjuego).*

Debido al comentario entre paréntesis de la parte (a), no contamos el juego completo como un subjuego, pero esto es sólo una cuestión de estilo: eliminar ese comentario entre paréntesis de la definición no tendría ningún efecto.

Podemos utilizar el juego de la figura 2.4.1 y el dilema de los presos de la figura 2.4.3 para ilustrar las partes (a) y (b) de esta definición. En la figura 2.4.1 hay dos subjuegos, que empiezan en cada uno de los nodos de decisión del jugador 2. En el dilema de los presos (o cualquier otro juego de decisión simultánea) no hay subjuegos. Para ilustrar la parte (c) de la definición, consideremos el juego de la figura 2.4.4. Sólo hay un subjuego, el que empieza en el nodo de decisión del jugador 3 que sigue a D por parte del jugador 1 y D' por parte del jugador 2. Debido a la parte (c), en este juego ningún subjuego empieza en ninguno de los nodos de decisión del jugador 2 , aun cuando estos dos nodos son conjuntos de información de un único elemento.

Una manera de motivar la parte (c) consiste en afirmar que queremos poder analizar un subjuego por sí mismo y que queremos que el análisis sea relevante para el juego completo. En la figura 2.4.4, si intentáramos definir un subjuego que empezara en el nodo de decisión del jugador 2 que sigue a la decisión I del jugador 1, estaríamos creando un subjuego en el que el jugador 3 ignora la decisión del jugador 2 pero conoce la decisión del jugador 1. Tal subjuego no sería relevante para el juego completo porque en este último el jugador 3 no conoce la jugada de 1, sino que tan sólo observa si $(a_1,a_2) = \{D,D'\}$ o no. Recordemos el argumento parecido por el que el t-ésimo juego de etapa de un juego repetido no es en sí mismo un subjuego del juego repetido, suponiendo en el caso finito que $t < T$.

Otra manera de motivar la parte (c) es dándonos cuenta de que la parte (a) sólo garantiza que el jugador al que le corresponde jugar en el nodo n conoce la historia completa del juego hasta ese momento, no que los demás jugadores también conozcan la historia. La parte (c) garantiza que la historia completa del juego hasta ese momento sea información del dominio público en el siguiente sentido: en cualquier nodo que sigue a n, digamos n', el jugador al que le corresponde decidir en n' sabe que el juego llegó al nodo n. Por tanto, incluso si n' pertenece a un conjunto de información con más de un elemento, todos los nodos en ese conjunto de información siguen a n, de forma que el jugador al que le corresponde decidir en ese conjunto de información sabe que el juego ha llegado a un nodo que sigue a n. (Si las dos últimas afirmaciones parecen difíciles es en parte porque la representación en forma extensiva de un juego especifica lo que el jugador i sabe en cada uno de sus nodos de decisión, pero no hace explícito lo que el jugador i sabe en los nodos de decisión de j.) Como se ha descrito anteriormente, la figura 2.4.4 ofrece un ejemplo de cómo podría no cumplirse la parte (c). Podemos ahora reinterpretar este ejemplo: si caracterizásemos (informalmente) lo que el jugador 3 sabe en el nodo de decisión del jugador 2 que sigue a la decisión I por parte del jugador 1, diríamos que 3 no conoce la historia del juego hasta ese momento, ya que 3 tiene otros nodos de decisión en los que 3 no sabe si 1 jugó I o D.

Dada la definición general de subjuego, podemos ahora aplicar la definición de equilibrio de Nash perfecto en subjuegos de la sección 2.3.B.

Definición. (Selten 1965):*Un equilibrio de Nash es **perfecto en subjuegos** si las estrategias de los jugadores constituyen un equilibrio de Nash en cada subjuego.*

Es inmediato demostrar que cualquier juego dinámico finito con información completa (es decir, cualquier juego dinámico en el que un número finito de jugadores tiene un conjunto de estrategias factibles finito) tiene un equilibrio de Nash perfecto en subjuegos, posiblemente con estrategias mixtas. El argumento procede por construcción, utilizando un procedimiento parecido a la inducción hacia atrás, y está basado en dos observaciones. Primero, aunque presentamos el teorema de Nash en el contexto de juegos estáticos con información completa, éste se extiende a todo juego finito en forma normal con información completa, y hemos visto que estos juegos pueden ser estáticos o dinámicos. En segundo lugar, un juego dinámico finito con información completa tiene un número finito de subjuegos, cada uno de los cuales cumple las hipótesis del teorema de Nash.[20]

[20] Para construir un equilibrio de Nash perfecto en subjuegos, identifiquemos primero todos los subjuegos menores que contienen nodos terminales en el árbol del juego original

Hemos encontrado ya dos ideas íntimamente ligadas al equilibrio de Nash perfecto en subjuegos: el resultado por inducción hacia atrás definido en la sección 2.1.A y el resultado perfecto en subjuegos definido en la sección 2.2.A. En términos informales, la diferencia es que un equilibrio es una colección de estrategias (y una estrategia es un plan completo de acción), mientras que un resultado describe lo que pasará sólo en las contingencias que se espera que se den, no en cada posible contingencia. Para ser más precisos sobre esta diferencia entre equilibrio y resultado, y para ilustrar la noción de equilibrio de Nash perfecto en subjuegos, reconsideramos ahora los juegos definidos en las secciones 2.1.A y 2.2.A.

Definición. *En el juego en dos etapas con información completa y perfecta definido en la sección 2.1.A, el resultado por inducción hacia atrás es $(a_1^*, R_2(a_1^*))$ pero el* **equilibrio de Nash perfecto en subjuegos** *es* $(a_1^*, R_2(a_1))$.

En este juego, la acción a_1^* es una estrategia del jugador 1 porque sólo hay una contingencia en la que le puede corresponder actuar, el principio del juego. Sin embargo, del jugador 2, $R_2(a_1^*)$ es una acción (concretamente la mejor respuesta de 2 a a_1^*) pero no una estrategia, porque una estrategia para el jugador 2 debe especificar la acción que 2 tomará después de cualquier posible decisión de 1 en la primera ronda. La función de mejor respuesta $R_2(a_1)$, por otro lado, es una estrategia del jugador 2. En este juego, los subjuegos empiezan (y terminan) con el movimiento del jugador 2 en la segunda etapa. Hay un subjuego para cada acción factible, a_1 en A_1, del jugador 1. Para demostrar que $(a_1^*, R_2(a_1))$ es un equilibrio de Nash perfecto en subjuegos, debemos por tanto demostrar que $(a_1^*, R_2(a_1))$ es un equilibrio de Nash y que las estrategias de los jugadores constituyen un equilibrio de Nash en cada uno de estos subjuegos. Como los subjuegos no son más que problemas de decisión unipersonales, se trata de exigir que la decisión del jugador 2 sea óptima en cada subjuego, que es exactamente el problema que la función de mejor respuesta, $R_2(a_1)$,

(donde un subjuego es un subjuego menor si no contiene más subjuegos). Sustituyamos entonces cada uno de estos subjuegos por las ganancias de uno de sus equilibrios de Nash. Pensemos ahora en los nodos iniciales de estos subjuegos como los nodos terminales en una versión truncada del juego original. Identifiquemos todos los subjuegos menores de este juego truncado que contengan estos nodos terminales y sustituyamos cada uno de estos subjuegos con las ganancias de uno de sus equilibrios de Nash. Procediendo de esta forma hacia atrás a lo largo del árbol, se obtiene un equilibrio de Nash perfecto en subjuegos, porque las estrategias de los jugadores constituyen un equilibrio de Nash (de hecho, un equilibrio de Nash perfecto en subjuegos) en cada subjuego.

soluciona. Finalmente, $(a_1^*, R_2(a_1))$ es un equilibrio de Nash porque las estrategias de los jugadores son mejor respuesta la una a la otra: a_1^* es una mejor respuesta a $R_2(a_1)$, es decir, a_1^* maximiza $u_1(a_1, R_2(a_1))$, y $R_2(a_1)$ es una mejor respuesta a a_1^*, es decir, $R_2(a_1^*)$ maximiza $u_2(a_1^*, a_2)$.

Los argumentos son análogos para los juegos considerados en la sección 2.2.A, de forma que nos ahorramos los detalles.

Definición. *En el juego en dos etapas con información completa pero imperfecta definido en la sección 2.2.A, el resultado perfecto en subjuegos es* $(a_1^*, a_2^*, a_3^*(a_1^*, a_2^*),$ $a_4^*(a_1^*, a_2^*))$, *pero el* **equilibrio de Nash perfecto en subjuegos** *es* $(a_1^*, a_2^*, a_3^*(a_1, a_2),$ $a_4^*(a_1, a_2))$.

En este juego, el par de acciones $(a_3^*(a_1^*, a_2^*), a_4^*(a_1^*, a_2^*))$ es el equilibrio de Nash del subjuego que juegan por separado los jugadores 3 y 4 (concretamente, el juego que queda después de que los jugadores 1 y 2 escogen (a_1^*, a_2^*)), mientras que $(a_3^*(a_1, a_2), a_4^*(a_1, a_2))$ es una estrategia del jugador 3 y una estrategia para el jugador 4, es decir unos planes de acción completos que describen una respuesta a cada par de movimientos factibles de los jugadores 1 y 2. En este juego, los subjuegos consisten en la interacción en la segunda etapa entre los jugadores 3 y 4, dadas las acciones tomadas por los jugadores 1 y 2 en la primera ronda. Tal y como exige el equilibrio de Nash perfecto en subjuegos, el par de estrategias $(a_3^*(a_1, a_2), a_4^*(a_1, a_2))$ especifica un equilibrio de Nash en cada uno de esto subjuegos.

Concluimos esta sección (y este capítulo) con un ejemplo que ilustra el tema principal del capítulo: la perfección en los subjuegos elimina los equilibrios de Nash que se basan en promesas o amenazas que no son creíbles. Recordemos el juego en forma extensiva de la figura 2.4.1. Si hubiéramos encontrado este juego en la sección 2.1.A, lo habríamos resuelto por inducción hacia atrás del siguiente modo: si el jugador 2 alcanza el nodo de decisión que sigue a la decisión I del jugador 1, la mejor respuesta de 2 es jugar D' (lo que proporciona una ganancia de 2) en vez de jugar I' (que proporciona una ganancia de 1). Si 2 alcanza el nodo de decisión que sigue a la decisión D del jugador 1, la mejor respuesta de 2 es jugar I' (lo que proporciona una ganancia de 1) en vez de jugar D' (que proporciona una ganancia de 0). Dado que el jugador 1 puede resolver el problema del jugador 2 tanto como el propio jugador 2, el problema de 1 en la primera ronda se concreta en escoger entre I (que conduce a una ganancia de 1 por parte del jugador 1 después de que 2 juege D')

y D (que conduce a una ganancia de 2 por parte del jugador 1 después de que 2 juegue I'). Por tanto, la mejor respuesta de 1 al comportamiento previsto del jugador 2 es jugar D en la primera etapa, de forma que el resultado por inducción hacia atrás del juego es (D,I'), como se indica con la trayectoria en negrita que empieza en el nodo de decisión del jugador 1 en la figura 2.4.5. Hay una trayectoria en negrita adicional que emana del nodo de decisión del jugador 2 que sigue a la decisión I del jugador 1. Esta trayectoria parcial a lo largo del árbol indica que el jugador 2 habría escogido D' si se hubiera llegado a ese nodo de decisión.

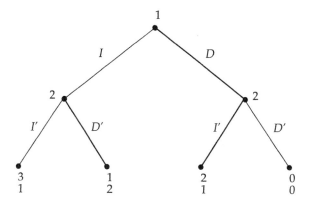

Figura 2.4.5

Recordemos que la representación en forma normal de este juego se dio en la figura 2.4.2. Si hubiéramos encontrado este juego en forma normal en la sección 1.1.C, habríamos hallado sus equilibrios de Nash (con estrategias puras). Éstos son $(D,(D',I'))$ e $(I,(D',D'))$. Podemos ahora comparar estos equilibrios de Nash en el juego en forma normal de la figura 2.4.2 con los resultados del procedimiento por inducción hacia atrás en el juego en forma extensiva de la figura 2.4.5: el equilibrio de Nash $(D,(D',I'))$ en la representación en forma normal corresponde a *todas* las trayectorias en negrita de la figura 2.4.5. En la sección 2.1.A llamamos a (D,I') el *resultado* por inducción hacia atrás del juego. Sería natural llamar a $(D,(D',I'))$ el *equilibrio* de Nash por inducción hacia atrás del juego, pero utilizaremos una terminología más general y lo llamaremos el equilibrio de Nash perfecto en subjuegos. La diferencia entre el resultado y el equilibrio es que el resultado sólo especifica la trayectoria en negrita que empieza en el primer nodo de decisión del juego y acaba en un nodo terminal, mientras que el equilibrio también especifica la trayectoria en negrita adicional que emana del nodo de decisión del jugador 2 que sigue a la decisión I del jugador 1. Es decir, el equilibrio especifica una estrategia completa del jugador 2.

Pero, ¿qué pasa con el otro equilibrio de Nash, $(I',(D',D'))$? En este equilibrio, la estrategia del jugador 2 es jugar D' no sólo si el jugador 1 escoge I (como también ocurría en el primer equilibrio) sino también si el jugador 1 escoge D. Dado que D' (si sigue a D) conduce a una ganancia de 0 del jugador 1, la mejor respuesta de 1 a esta estrategia por parte del jugador 2 es jugar I, consiguiendo con ello una ganancia de 1 (después de que el jugador 2 escoja D'), que es mejor que 0. Utilizando un lenguaje vago pero sugerente, podría decirse que el jugador 2 está amenazando con jugar D' si el jugador 1 juega D. (Estrictamente hablando, 2 no tiene la oportunidad de llevar a cabo esta amenaza antes de que 1 escoja una acción. Si la tuviera, estaría incluida en la forma extensiva.) Si esta amenaza funciona (es decir, si 1 escoge jugar I), 2 no tiene la oportunidad de llevar a cabo su amenaza. Sin embargo, la amenaza no debería funcionar, ya que no es creíble: si al jugador 2 se le diera la oportunidad de llevarla a cabo (es decir, si el jugador 1 jugara D), 2 decidiría jugar I' antes que D'. De un modo más formal, el equilibrio de Nash $(I,(D',D'))$ no es perfecto en subjuegos, porque las estrategias de los jugadores no constituyen un equilibrio de Nash en uno de los subjuegos. En particular, la elección de D' por parte del jugador 2 no es óptima en el subjuego que empieza (y acaba) en el nodo de decisión del jugador 2 que sigue a la decisión D del jugador 1.

En un juego con información completa y perfecta, la inducción hacia atrás elimina las amenazas que no son creíbles. Dado que cada conjunto de información contiene un único elemento, cada nodo de decisión del árbol representa una contingencia posible en la que podría corresponderle actuar a un jugador. El proceso de moverse hacia atrás a lo largo de la forma extensiva, nodo a nodo, se concreta por tanto en forzar a cada jugador a considerar llevar a cabo todas y cada una de las amenazas que el jugador pudiera hacer. En un juego con información imperfecta, sin embargo, las cosas no son tan sencillas, ya que tales juegos contienen al menos un conjunto de información con más de un elemento. Aquí se podría intentar el mismo enfoque: proceder hacia atrás a lo largo de la forma extensiva y alcanzar eventualmente un nodo de decisión contenido en un conjunto de información con más de un elemento. Pero forzar al jugador a considerar lo que haría si se llegase a ese nodo de decisión *no* es equivalente a forzar al jugador a considerar una posible contingencia en la que le correspondería jugar, ya que si en el transcurso del juego se llega a ese conjunto de información, el jugador no sabe si se ha llegado a ese nodo de decisión o no, precisamente porque el nodo de decisión está contenido en un conjunto de información con más de un elemento.

Una forma de tratar el problema de los conjuntos de información con más de un elemento cuando se utiliza inducción hacia atrás, es proceder hacia atrás a lo largo de la forma extensiva hasta que se encuentre un conjunto de información con más de un elemento, pero saltándoselo y siguiendo hacia arriba en el árbol hasta encontrar un conjunto de información con un único elemento. Llegados ahí habrá que considerar no sólo lo que el jugador al que le corresponde jugar en ese conjunto de información con un único elemento haría si se alcanzase ese nodo de decisión, sino también la acción que tomaría el jugador al que le corresponde jugar en cada uno de los conjuntos de información con más de un elemento que se han saltado. En términos poco formales, este procedimiento proporciona un equilibrio de Nash perfecto en subjuegos. Una segunda manera de tratar el problema es proceder hacia atrás a lo largo de la forma extensiva hasta encontrar un conjunto de información con más de un elemento. Forzar entonces al jugador al que le corresponde jugar en ese conjunto de información a considerar lo que haría de llegarse a ese conjunto de información. (Hacer esto requiere que el jugador tenga una valoración probabilística con respecto a qué nodo se ha llegado en el conjunto de información. Tal valoración dependerá naturalmente de las posibles decisiones de los jugadores que están por encima en el árbol, de forma que una pasada de abajo arriba a lo largo del árbol utilizando este método no puede proporcionar una solución.) En términos informales, este procedimiento proporciona un equilibrio bayesiano perfecto (véase capítulo 4).

2.5 Lecturas adicionales

Sección 2.1: Sobre los salarios y el empleo en empresas con fuerte implantación sindical, véase un modelo de negociación repetida en Espinosa y Rhee (1989; ejercicio 2.10) y un modelo de una única negociación en el que las empresas pueden escoger negociar sobre salarios y empleo o sólo sobre salarios, en Staiger (1991). Sobre la negociación sucesiva, véase un modelo al estilo de Rubinstein de negociación entre una empresa y un sindicato en

Fernández y Glazer (1991), con la característica nueva de que el sindicato debe decidir si convocar o no una huelga después de que el sindicato o la empresa rechacen una oferta. Existen múltiples equilibrios perfectos en subjuegos eficientes que incorporan, a su vez, equilibrios perfectos en subjuegos ineficientes (es decir, que incluyen huelgas), aun cuando haya información completa. El libro de Osborne y Rubinstein (1990) examina muchos modelos de negociación en teoría de juegos, los relaciona con el enfoque axiomático de Nash sobre la negociación y utiliza los modelos de negociación como base de la teoría del mercado.

Sección 2.2: Sobre los pánicos bancarios, véase Jacklin y Bhattacharya (1988). El libro de McMillan (1986) examina las primeras aplicaciones de teoría de juegos a la economía internacional; véase un trabajo más reciente sobre la deuda exterior en Bulow y Rogoff (1989). Sobre los torneos, consúltese un modelo en el que los trabajadores pueden tanto aumentar su producción como sabotear la de los demás, en Lazear (1989; ejercicio 2.8). Véase en Rosen (1986) el tema de los premios necesarios para mantener los incentivos en una sucesión de torneos en los que los perdedores en una etapa no pasan a la siguiente.

Sección 2.3: Benoit y Krishna (1985) analizan juegos repetidos finitos. Sobre la renegociación en los juegos repetidos finitos, consúltese Benoit y Krishna (1989), y en los juegos repetidos infinitos véase el artículo panorámico de Farrell y Maskin (1989). Tirole (1988, capítulo 6) examina modelos dinámicos de oligopolio. El libro de Akerlof y Yellen (1986) recoge algunos de los trabajos más importantes sobre salarios de eficiencia y ofrece una introducción integradora. Sobre política monetaria, véase en Ball (1990) un resumen de los hechos estilizados, una revisión de los modelos existentes y un modelo que explica la trayectoria temporal de la inflación.

Sección 2.4: Véase un tratamiento formal de los juegos en forma extensiva en Kreps y Wilson (1982), y un enfoque más verbal en Kreps (1990, capítulo 11).

2.6 Ejercicios

2.1 Supongamos que un padre y un hijo participan en el siguiente juego, analizado originalmente por Becker (1974). Primero el hijo toma una acción, A, que resulta en un ingreso para él, $I_H(A)$, y en un ingreso para el padre, $I_P(A)$. (Pensemos en $I_H(A)$ como el ingreso del hijo, neto de cualquier coste de la acción A.) En segundo lugar, el padre observa los ingresos I_A e I_P y escoge una herencia, B, que dejar al hijo. La ganancia del hijo es $U(I_H + B)$; la del padre es $V(I_P - B) + kU(I_H + B)$, donde $k > 0$ refleja la preocupación del padre por el bienestar del hijo. Supongamos que la acción es un número no negativo, $A \geq 0$, que las funciones de ingreso $I_H(A)$ e $I_P(A)$ son estrictamente cóncavas y tienen un máximo en $A_H > 0$ y $A_P > 0$ respectivamente, que la herencia B puede ser positiva o negativa y que las funciones de utilidad U y V son crecientes y estrictamente cóncavas. Demuéstrese el teorema del "niño mimado": en el resultado por inducción hacia atrás, el hijo escoge la acción que maximiza el ingreso agregado de la familia $I_H(A) + I_P(A)$, a pesar de que sólo la función de ganancias del padre es de alguna forma altruista.

2.2 Supongamos ahora que padre e hijo juegan un juego diferente, analizado originalmente por Buchanan (1975). Los ingresos I_H e I_P están fijados exógenamente. Primero, el hijo decide qué parte del ingreso I_H ahorrará (S) para el futuro, consumiendo el resto ($I_H - S$) hoy. En segundo lugar, el padre observa la elección de S por parte del hijo y escoge una herencia, B. La ganancia del hijo es la suma de las utilidades presente y futura: $U_1(I_H - S) + U_2(S + B)$. La ganancia del padre es $V(I_P - B) + k[U_1(I_H - S) + U_2(S + B)]$. Supongamos que las funciones de utilidad U_1, U_2, y V son crecientes y estrictamente cóncavas. Demuéstrese que hay un "dilema del samaritano": en el resultado por inducción hacia atrás, el hijo ahorra demasiado poco, para inducir al padre a dejarle una herencia mayor (es decir, tanto las ganancias del padre como las del hijo podrían aumentar si S fuera convenientemente más alto y B convenientemente más bajo).

2.3 Supongamos que los jugadores en el juego de la negociación con horizonte infinito de Rubinstein tienen factores de descuento diferentes: δ_1 corresponde al jugador 1 y δ_2 al jugador 2. Adóptese el argumento dado en el texto para demostrar que en el resultado por inducción hacia atrás, el jugador 1 ofrece el acuerdo

$$\left(\frac{1 - \delta_2}{1 - \delta_1 \delta_2}, \frac{\delta_2(1 - \delta_1)}{1 - \delta_1 \delta_2} \right)$$

al jugador 2, quien lo acepta.

2.4 A dos socios les gustaría completar un proyecto. Cada socio recibe la ganancia V una vez el proyecto ha sido completado, pero ninguno de ellos recibe ganancia alguna antes de que el proyecto se haya podido terminar. El coste que queda hasta que el proyecto se complete es R. Ninguno de los socios puede comprometerse a hacer aportaciones futuras de cara a completar el proyecto, de forma que deciden establecer el siguiente juego de dos periodos: En el periodo 1 el socio 1 escoge contribuir con c_1 de cara a completar el proyecto. Si esta contribución es suficiente para completar el proyecto, el juego se acaba y cada socio recibe V. Si esta contribución no es suficiente para completar el proyecto (es decir, $c_1 < R$), en el periodo 2 el socio 2 escoge contribuir con c_2 con el fin de completar el proyecto. Si la suma (sin descontar) de las dos contribuciones es suficiente para completar el proyecto, el juego acaba y cada socio recibe V. Si la suma es insuficiente para completar el juego, éste termina y ningún socio recibe nada.

Cada socio debe obtener el dinero con el que contribuye a financiar el proyecto de otras actividades lucrativas. La forma óptima de hacerlo es sacar primero dinero de las alternativas menos rentables. El coste (de oportunidad) que resulta de una contribución es, por tanto, convexo con respecto al tamaño de la contribución. Supongamos que el coste de una contribución c es c^2 para cada socio. Supongamos que el socio 1 descuenta los beneficios del segundo periodo de acuerdo con el factor de descuento δ. Calcúlese el único resultado por inducción hacia atrás de este juego de contribuciones de dos periodos para cada trío de parámetros (V,R,δ); véase el caso con horizonte infinito en Admati y Perry (1991).

2.5 Supongamos que una empresa quiere que un trabajador adquiera la preparación necesaria para desarrollar una determinada tarea, pero dicha tarea es tan inconcreta que ningún tribunal podría verificar si el trabajador ha adquirido o no la preparación necesaria. (Por ejemplo, la empresa podría pedir al trabajador que se familiarizase con "nuestra forma de hacer las cosas", o se hiciera un experto en "este nuevo mercado en el que podríamos entrar".) La empresa, por tanto, no puede firmar un contrato para reembolsar al trabajador el coste de esta preparación: incluso si el trabajador adquiere esta preparación, la empresa puede decir que el trabajador no lo ha hecho, y ningún tribunal podría decidir quién tiene razón. Del mismo modo, el trabajador no puede firmar un contrato para adquirir esta preparación si se le ha pagado por adelantado.

La empresa podría utilizar, como incentivo para que el trabajador adquiera la preparación, promesas (creíbles) de ascenso de la siguiente forma. Supongamos que hay dos trabajos en la empresa, uno fácil (E) y otro difícil (D), y que la preparación es útil en los dos empleos, pero más en el difícil: $y_{D0} < y_{E0} < y_{ES} < y_{DS}$, donde y_{ij} es lo que el trabajador produce en el trabajo i (= E o D) cuando el trabajador tiene un nivel de preparación de j (= 0 o S). Supongamos que la empresa puede comprometerse a pagar salarios diferentes en los dos empleos, w_E y w_D, pero ninguno de estos dos salarios puede ser menor que el salario alternativo del trabajador, que normalizamos a cero.

El desarrollo temporal del juego es el siguiente: En el momento 0 la empresa escoge w_E y w_D y el trabajador observa estos salarios. En el momento 1 el trabajador entra a formar parte de la empresa y puede adquirir el nivel de preparación S a un coste C. (Ignoramos la producción y los salarios en el primer periodo. Puesto que el trabajador no ha adquirido aún la preparación, lo eficiente es que se le asigne el trabajo E.) Supongamos que $y_{DS} - y_{E0} > C$, de forma que al trabajador le conviene adquirir la preparación. En el momento 2 la empresa observa si el trabajador ha adquirido o no la preparación y decide entonces si concederle el ascenso al trabajo D o no durante el segundo (y último) periodo de empleo del trabajador.

Los beneficios de la empresa en el segundo periodo son $y_{ij} - w_i$, donde el trabajador realiza el trabajo i y tiene un nivel de preparación j. La ganancia del trabajador por realizar el trabajo i en el segundo periodo es w_i o $w_i - C$, dependiendo de si el trabajador se ha preparado o no en el primer periodo. Hállese el resultado por inducción hacia atrás. Véase un modelo más complejo en Prendergast (1992).

2.6 Tres oligopolistas operan en un mercado con una demanda inversa dada por $P(Q) = a - Q$, donde $Q = q_1 + q_2 + q_3$ y q_j es la cantidad producida por la empresa j. Cada empresa tiene un coste marginal de producción constante, c, sin costes fijos. Las empresas escogen sus cantidades de la siguiente manera: (1) la empresa 1 escoge $q_1 \geq 0$; (2) las empresas 2 y 3 observan q_1 y escogen entonces simultáneamente q_2 y q_3 respectivamente. ¿Cuál es el resultado perfecto en subjuegos?

2.7 Supongamos que un sindicato representa en su totalidad a la fuerza de trabajo de todas las empresas de un oligopolio, como el Sindicato Unido de Trabajadores del Automóvil en el caso de la General Motors, Ford, Chrysler y otras. Sea la sucesión temporal de las jugadas análoga al modelo de la sección 2.1.C: (1) el sindicato realiza una demanda salarial, w, en *todas* las empresas; (2) las empresas observan (y aceptan) w y las ganancias del sindicato escogen simultáneamente los niveles de empleo, L_i de la empresa i; (3) las ganancias del sindicato son $(w - w_a)L$, donde w_a es el salario que los miembros del sindicato podrían ganar en un empleo alternativo, $L = L_1 + \ldots + L_n$ es el nivel total de empleo en las empresas, y los beneficios de la empresa i son $\pi(w, L_i)$. A continuación se describen los determinantes de los beneficios de dicha empresa: todas las empresas tienen la siguiente función de producción: el nivel de producción es igual al nivel de empleo; $q_i = L_i$. El precio de equilibrio es $P(Q) = a - Q$ cuando la cantidad agregada en el mercado es $Q = q_1 + \ldots + q_n$. Para no complicar las cosas, supongamos que las empresas no tienen más costes que los salariales. ¿Cuál es el resultado perfecto en subjuegos de este juego? ¿Cómo (y por qué) afecta el número de empresas a la utilidad del sindicato en el resultado perfecto en subjuegos?

2.8 Modifiquemos el modelo de torneos de la sección 2.2.D de forma que la producción del trabajador i sea $y_i = e_i - (1/2)s_j + \epsilon_i$, donde $s_j \geq 0$ representa el sabotaje por parte del jugador j, y la desutilidad del esfuerzo (productivo y destructivo) del jugador i es $g(e_i) + g(s_i)$, como en Lazear (1989). Demuéstrese que el premio óptimo $w_A - w_B$ es menor que cuando no hay posibilidad de sabotaje (como en el texto).

2.9 Consideremos dos países. En la fecha 1, ambos países tienen aranceles tan altos que no hay comercio entre ellos. Dentro de cada país, los salarios y el nivel de empleo se determinan como en el modelo de monopolio y sindicato de la sección 2.1.C. En la fecha 2, todos los aranceles desaparecen, ahora cada sindicato fija el salario en su país, pero cada empresa produce para los dos mercados.

Supongamos que en cada país la demanda inversa es $P(Q) = a - Q$, donde Q es la cantidad agregada en el mercado de ese país. Sea $q = L$ la función de producción de cada empresa, de forma que los salarios son el único coste de la empresa, y sea $U(w, L) = (w - w_0)L$ la función de utilidad del sindicato, donde w_0 es un salario alternativo para los trabajadores. Calcúlese el resultado por inducción hacia atrás en la fecha 1.

Considérese ahora el siguiente juego en la fecha 2. Primero, los dos sindicatos escogen simultáneamente los salarios, w_1 y w_2. Las empresas observan los salarios y escogen los niveles de producción para los mercados interior y exterior, que denotamos mediante h_i y e_i en el caso de la empresa del país i. Toda la producción de la empresa se realiza en su propio país, de forma que el coste total es $w_i(h_i + e_i)$. Calcúlese el resultado perfecto en subjuegos. Demuéstrese que los salarios, nivel de empleo y beneficios (y, por tanto, también la utilidad del sindicato y el excedente del consumidor) aumentan cuando los aranceles desaparecen. Véase otros ejemplos en la misma línea, en Huizinga (1989).

2.10 El juego de decisión simultánea que a continuación se describe se juega dos veces, habiéndose observado el resultado de la primera etapa antes de que empiece la segunda. No hay descuento. La variable x es mayor que 4, de forma que (4, 4) no es una ganancia de equilibrio del juego jugado una sola vez. ¿Para qué valores de x es la siguiente estrategia (jugada por ambos jugadores) un equilibrio de Nash perfecto en subjuegos?

Jugar Q_i en la primera etapa. Si el resultado de la primera etapa es (Q_1,Q_2), jugar P_i en la segunda etapa. Si el resultado de la primera etapa es (y,Q_2) donde $y \neq Q_1$, jugar R_i en la segunda etapa. Si el resultado de la primera etapa es (Q_1,z) donde $z \neq Q_2$, jugar S_i en la segunda etapa. Si el resultado de la primera etapa es (y,z) donde $y \neq Q_1$ y $z \neq Q_2$, jugar P_i en la segunda etapa.

	P_2	Q_2	R_2	S_2
P_1	2,2	x,0	-1,0	0,0
Q_1	0,x	4,4	-1,0	0,0
R_1	0,0	0,0	0,2	0,0
S_1	0,-1	0,-1	$-1,-1$	2,0

2.11 El juego de decisión simultánea que a continuación se describe se juega dos veces, habiéndose observado el resultado de la primera etapa antes de que empiece la segunda. No hay descuento. ¿Puede alcanzarse en la primera etapa la ganancia (4, 4) en un equilibrio de Nash perfecto en subjuegos con estrategias puras? En caso afirmativo, especifíquense las estrategias que lo permiten. En caso negativo, demuéstrese por qué no.

	I	C	D
A	3,1	0,0	5,0
M	2,1	1,2	3,1
B	1,2	0,1	4,4

2.12 ¿Qué es una estrategia en un juego repetido? ¿Qué es un subjuego en un juego repetido? ¿Qué es un equilibrio de Nash perfecto en subjuegos?

2.13 Recuérdese el modelo de duopolio de Bertrand estático (con productos homogéneos) del ejercicio 1.7: las empresas fijan los precios simultáneamente; la demanda del producto de la empresa i es $a - p_i$ si $p_i < p_j$, es 0 si $p_i > p_j$ y es $(a - p_i)/2$ si $p_i = p_j$; los costes marginales son $c < a$. Considérese el juego repetido infinitamente basado en este juego de etapa. Demuéstrese que las empresas pueden utilizar estrategias del disparador (que significan jugar para siempre el equilibrio de Nash del juego de etapa después de cualquier desviación) para mantener el nivel de precios de monopolio de un equilibrio de Nash perfecto en subjuegos si y sólo si $\delta \geq 1/2$.

2.14 Supongamos que la demanda fluctúa de forma aleatoria en el juego de Bertrand repetido infinitamente, descrito en el ejercicio 2.13: en cada periodo, el punto de interacción de la función de demanda con el eje de abcisas es a_A con probabilidad π y a_B ($< a_A$) con probabilidad $1 - \pi$; las demandas en los diferentes periodos son independientes. Supongamos que en cada periodo el nivel de demanda es revelado a ambas empresas antes de que éstas escojan los precios de ese periodo. ¿Cuáles son los niveles de precios de monopolio (p_A y p_B) para los dos niveles de demanda? Calcúlese δ^*, el menor valor de δ tal que las empresas pueden utilizar estrategias del disparador para mantener estos niveles de precios de monopolio (es decir, jugar p_i cuando la demanda es a_i, para $i = A, B$) en un equilibrio de Nash perfecto en subjuegos. Para cada valor de δ entre $1/2$ y δ^* hállese el precio máximo $p(\delta)$ tal que las empresas puedan utilizar estrategias del disparador para mantener el precio $p(\delta)$ cuando la demanda es alta y el precio p_B cuando la demanda es baja en un equilibrio de Nash perfecto en subjuegos. (Véase Rotemburg y Saloner 1986.)

2.15 Supongamos que hay n empresas en un oligopolio de Cournot. La demanda inversa viene dada por $P(Q) = a - Q$, donde $Q = q_1 + \ldots + q_n$. Consideremos el juego repetido infinitamente basado en este juego de etapa. ¿Cuál es el valor menor de δ tal que las empresas pueden utilizar estrategias del disparador para mantener el nivel de producción de monopolio en un equilibrio de Nash perfecto en subjuegos? ¿Cómo varía la respuesta al cambiar n? ¿Por qué? Si δ es demasiado pequeño para que las empresas utilicen estrategias del disparador para mantener el nivel de producción de monopolio, ¿cuál es el equilibrio de Nash perfecto en sub-juegos simétrico más rentable al que puede llegarse utilizando estrategias del disparador?

2.16 En el modelo de salarios y nivel de empleo analizado en la sección 2.1.C, el resultado por inducción hacia atrás no es socialmente eficiente. En la práctica, sin embargo, una empresa y un sindicato negocian hoy los términos de un contrato por tres años, renegocian al cabo de tres años los términos de un segundo contrato y así sucesivamente. Por tanto, esta relación se puede caracterizar con más o menos exactitud como un juego repetido, como en Espinosa y Rhee (1989).

En este problema se derivan condiciones bajo las cuales un equilibrio de Nash perfecto en subjuegos del juego repetido infinitamente es superior en el sentido de Pareto al resultado por inducción hacia atrás del juego jugado una sola vez. Denotemos por U^* y π^*, respectivamente, la utilidad del sindicato y los beneficios de la empresa en el resultado por inducción hacia atrás del juego jugado una sola vez. Consideremos un par utilidad-beneficio alternativo (U,π) asociado con un par salario-empleo alternativo (w,L). Supongamos que ambas partes tienen el mismo factor de descuento δ (para cada periodo de tres años). Derívense condiciones sobre (w,L) tales que: (1) (U,π) domine en el sentido de Pareto a (U^*,π^*) y (2) (U,π) sea el resultado de un equilibrio de Nash perfecto en subjuegos del juego repetido infinitamente, donde se juega (U^*,π^*) para siempre después de cualquier desviación.

2.17 Consideremos el siguiente juego con horizonte infinito entre una única empresa y una sucesión de trabajadores, cada uno de los cuales vive durante un periodo del juego. En cada periodo, el trabajador decide si esforzarse y producir por tanto a un nivel y con un coste por el esfuerzo de c, o no esforzarse, no producir nada y no incurrir en ningún coste. Lo que se produzca es propiedad de la empresa, pero ésta puede compartirlo con el trabajador pagándole un salario como se describe a continuación: supongamos que al principio del periodo el trabajador dispone de una oportunidad alternativa con un valor de cero (neto del coste por el esfuerzo) y que no se puede obligar al trabajador a aceptar un salario por debajo de cero. Supongamos también que $y > c$ de forma que esforzarse es eficiente.

Dentro de cada periodo, el desarrollo temporal es el siguiente: primero el trabajador escoge un nivel de esfuerzo, a continuación tanto la empresa como el trabajador observan el nivel de producción y finalmente la empresa escoge un salario para pagar al trabajador. Supongamos que no existe manera de hacer cumplir los contratos salariales: no hay ninguna restricción sobre la elección del salario por parte de la empresa. En el juego de un periodo, sin embargo, perfección en subjuegos implica que la empresa ofrecerá un salario de cero produzca lo que produzca el trabajador, de forma que el trabajador no se esforzará.

Consideremos ahora el problema con horizonte infinito. Recordemos que cada trabajador vive sólo por un periodo. Supongamos, sin embargo, que al principio del periodo t, la historia del juego hasta el periodo $t-1$ es conocida por el trabajador que trabajará en el periodo t. (Pensemos como si esta información se transmitiese de generación a generación entre los trabajadores.) Supongamos que la empresa descuenta el futuro de acuerdo con el factor de descuento δ por periodo. Descríbanse las estrategias de la empresa y de cada trabajador en un equilibrio perfecto en subjuegos del juego con horizonte infinito en las que en equilibrio cada trabajador se esfuerza y produce por tanto a un nivel y, siempre y cuando el factor de descuento sea lo suficientemente alto. Dése una condición necesaria y suficiente para que su equilibrio exista.

2.18 ¿Qué es una estrategia (en un juego arbitrario)? ¿Qué es un conjunto de información? ¿Qué es un subjuego (en un juego arbitrario)?

2.19 En la versión de tres periodos del modelo de la negociación de Rubinstein analizada en la sección 2.1.D, calculamos el resultado por inducción hacia atrás. ¿Cuál es el equilibrio de Nash perfecto en subjuegos?

2.20 Consideremos las siguientes estrategias en la versión de horizonte infinito del modelo de la negociación de Rubinstein. (Recordemos la convención notacional de que la oferta $(s, 1-s)$ significa que el jugador 1 obtendrá s y el jugador 2 obtendrá $1-s$, independientemente de quien haga la oferta.) Sea $s^* = 1/(1+\delta)$. El jugador 1 siempre ofrece $(s^*, 1-s^*)$ y acepta una oferta $(s, 1-s)$ sólo si $s \geq \delta s^*$. El jugador 2 siempre ofrece $(1 - s^*, s*)$ y acepta una oferta $(s, 1-s)$ sólo si $1 - s \geq \delta s^*$. Demuéstrese que estas estrategias son un equilibrio de Nash. Demuéstrese que este equilibrio es perfecto en subjuegos.

2.21 Proporciónense las representaciones en forma extensiva y normal del juego de la granada descrito en la sección 2.1. ¿Cuáles son los equilibrios de Nash en estrategias puras? ¿Cuál es el resultado por inducción hacia atrás? ¿Cuál es el equilibrio de Nash perfecto en subjuegos?

2.22 Proporciónense las representaciones en forma extensiva y normal del juego del pánico bancario discutido en la sección 2.2.B. ¿Cuáles son los equilibrios de Nash perfectos en subjuegos en estrategias puras?

2.23 Un comprador y un vendedor desearían realizar un intercambio. Antes de hacerlo, el comprador puede efectuar una inversión que aumenta el valor que asigna al objeto a intercambiar. Esta inversión no puede ser observada por el comprador y no afecta el valor que el vendedor asigna al objeto, que normalizamos a cero. (Como ejemplo, pensemos en una empresa que compra otra. En algún momento antes de la fusión, el comprador podría haber actuado en el sentido de cambiar los productos que su empresa planea introducir en el mercado de forma que se complementen después de la fusión con los productos de la empresa comprada. Si el desarrollo de un producto lleva tiempo y el ciclo vital del producto es corto, no hay tiempo suficiente para que el comprador lleve a cabo esta inversión después de la fusión.) Para el comprador el valor inicial del objeto es $v > 0$; una inversión de I aumenta este valor a $v + I$, pero cuesta I^2. El desarrollo temporal del juego es el siguiente: en primer lugar, el comprador escoge un nivel de inversión I e incurre en el coste I^2. En segundo lugar, el comprador no observa I pero ofrece vender el objeto por un precio p. En tercer lugar, el comprador acepta o rechaza la oferta del vendedor: si el comprador acepta, la ganancia del comprador es $v + I - p - I^2$ y la del vendedor es p; si el comprador rechaza, estas ganancias son $-I^2$ y cero respectivamente. Demuéstrese que no existe ningún equilibrio de Nash perfecto en subjuegos con estrategias puras en este juego. Calcúlese el equilibrio de Nash perfecto en subjuegos con estrategias mixtas en el que la estrategia mixta del comprador sólo asigna probabilidad positiva a dos niveles de inversión y la estrategia mixta del vendedor sólo asigna probabilidad positiva a dos precios.

2.7 Referencias

ABREU, D. 1986. "Extremal Equilibria of Oligopolistic Supergames." *Journal of Economic Theory* 39:191-225.

—. 1988. "On the Theory of Infinitely Repeated Games with Discounting." *Econometrica* 56:383-96.

Abreu, D., D. Pearce, y E. Stacchetti. 1986. "Optimal Cartel Equilibria with Imperfect Monitoring." *Journal of Economic Theory* 39:251-69.

Admati, A., y M. Perry. 1991. "Joint Projects without Commitment." *Review of Economic Studies* 58:259-76.

Akerlof, G., y J. Yellen, eds. 1986. *Efficiency Wage Models of the Labor Market*. Cambridge, Inglaterra: Cambridge University Press.

Ball, L. 1990. "Time-Consistent Policy and Persistent Changes in Inflation." National Bureau of Economic Research Working Paper #3529 (December).

Barro, E., y D. Gordon. 1983. "Rules, Discretion, and Reputation in a Model of Monetary Policy." *Journal of Monetary Economics* 12:101-21.

Becker, G. 1974. "A Theory of Social Interactions." *Journal of Political Economy* 82:1063-93.

Benoit, J-P., y V. Krishna. 1985. "Finitely Repeated Games." *Econometrica* 53:905-22.

—. 1989. "Renegotiation in Finitely Repeated Games." Harvard Business School Working Paper #89-004.

Buchanan, J. 1975. "The Samaritan's Dilemma." In *Altruism, Morality, and Economic Theory*, E. Phelps, ed. New York: Russell Sage Foundation.

Bulow, J., y K. Rogoff. 1989. "Sovereign Debt: Is to Forgive to Forget?" *American Economic Review* 79:43- 50.

Diamond, D., y P. Dybvig. 1983. "Bank Runs, Deposit Insurance, and Liquidity." *Journal of Political Economy* 91:401-19.

Espinosa, M., y C. Rhee. 1989. "Efficient Wage Bargaining as a Repeated Game." *Quarterly Journal of Economics* 104:565-88.

Farrell, J., y E. Maskin. 1989. "Renegotiation in Repeated Games." *Games and Economic Behavior* 1:327-60.

Fernández, R., y J. Glazer. 1991. "Striking for a Bargain Between Two Completely Informed Agents." *American Economic Review* 81:240-52.

FRIEDMAN, J. 1971. "A Non-cooperative Equilibrium for Supergames." *Review of Economic Studies* 38:1-12.

FUDENBERG, D., y E. MASKIN. 1986. "The Folk Theorem in Repeated Games with Discounting and Incomplete Information." *Econometrica* 54:533-54.

GREEN, E., y R. PORTER. 1984. "Noncooperative Collusion Under Imperfect Price Information." *Econometrica* 52:87-100.

HUIZINGA, H. 1989. "Union Wage Bargaining and Industry Structure." Stanford University, Mimeo.

JACKLIN, C., y S. BHATTACHARYA. 1988. "Distinguishing Panics and In-formation-based Bank Runs: Welfare and Policy Implications." *Journal of Political Economy* 96:568-92.

KREPS, D. 1990. *A Course in Microeconomic Theory.* Princeton, NJ: Princeton University Press.

KREPS, D., y R. WILSON. 1982. "Sequential Equilibrium." *Econometrica* 50:863-94.

LAZEAR, E. 1989. "Pay Equality and Industrial Politics." *Journal of Political Economy* 97:561-80.

LAZEAR, E., y S. ROSEN. 1981. "Rank-Order Tournaments as Optimum Labor Contracts." *Journal of Political Economy* 89:841-64.

LEONTIEF, W. 1946. "The Pure Theory of the Guaranteed Annual Wage Contract." *Journal of Political Economy* 54:76-79.

McMILLAN, J. 1986. *Game Theory in International Economics.* Chur, Suiza: Harwood Academic Publishers.

OSBORNE, M., y A. RUBINSTEIN. 1990. *Bargaining and Markets.* San Diego: Academic Press.

PRENDERGAST, C. 1992. "The Role of Promotion in Inducing Specific Hu-man Capital Acquisition." De próxima aparición en *Quarterly Journal of Economics.*

ROSEN, S. 1986. "Prizes and Incentives in Elimination Tournaments." *American Economic Review* 76:701-15.

ROTEMBERG, J., y G. SALONER. 1986. "A Supergame-Theoretic Model of Business Cycles and Price Wars during Booms." *American Economic Review* 76:390-407.

RUBINSTEIN, A. 1982. "Perfect Equilibrium in a Bargaining Model." *Econometrica* 50:97-109.

SELTEN, R. 1965. "Spieltheoretische Behandlung eines Oligopolmodells mit Nachfragetragheit." *Zeitshcrift für Gesamte Staatswissenschaft* 121:301-24.

SHAKED, A., y J. SUTTON. 1984. "Involuntary Unemployment as a Perfect Equilibrium in a Bargaining Model." *Econometrica* 52:1351-64.

SHAPIRO, C., y J. STIGLITZ. 1984. "Equilibrium Unemployment as a Discipline Device." *American Economic Review* 74:433-44.

SOBEL, J., y J. TAKAHASHI. 1983. "A Multistage Model of Bargaining." *Review of Economic Studies* 50:411- 26.

STACKELBERG, H. VON. 1934. *Marktform und Gleichgewicht*. Viena: Julius Springer.

STAIGER, D. 1991. "Why Do Union Contracts Exclude Employment?" Stanford University, Mimeo.

TIROLE, J. 1988. *The Theory of Industrial Organization*. Cambridge: MIT Press.

3. JUEGOS ESTÁTICOS CON INFORMACIÓN INCOMPLETA

Con este capítulo comienza nuestro estudio de los juegos con *información incompleta*, también llamados *juegos bayesianos*. Recordemos que en un juego con información completa las funciones de ganancias de los jugadores son información del dominio público. Por el contrario, en un juego con información incompleta, al menos un jugador no está seguro de la función de ganancias de otro jugador. Un ejemplo común de un juego estático con información incompleta es una subasta de sobre cerrado: cada participante conoce su propia valoración del bien subastado, pero no conoce las valoraciones de los otros participantes, y las pujas se entregan en sobres cerrados, por lo que las decisiones de los jugadores pueden considerarse simultáneas. Sin embargo, la mayoría de los juegos bayesianos con interés económico son dinámicos. Como veremos en el capítulo 4, la existencia de información privada conduce de forma natural a que las partes informadas intenten comunicar (o a confundirlos), y que las partes no informadas intenten conseguir información. Estas cuestiones son intrínsecamente dinámicas.

En la sección 3.1, definimos la representación en forma normal de un juego bayesiano estático y el equilibrio bayesiano de Nash en dicho juego. Puesto que estas definiciones son abstractas y algo complejas, introduciremos las ideas principales con un ejemplo sencillo, el de la competencia a la Cournot bajo información asimétrica.

En la sección 3.2 consideramos tres aplicaciones. En primer lugar, ofrecemos una discusión formal de la interpretación de las estrategias mixtas dada en el capítulo 1: la estrategia mixta del jugador j representa la incertidumbre del jugador i con respecto a la estrategia pura que eligirá j, y la elección de j depende de una cierta información privada. En segundo lugar, analizamos una subasta de sobre cerrado en la que las valoraciones de los participantes son información privada, mientras que la valoración del vendedor es conocida. Finalmente, consideramos el caso en el que un comprador y un vendedor tienen, cada uno de ellos, información privada sobre sus valoraciones (como cuando una empresa conoce el producto marginal de un trabajador y el trabajador conoce las oportunidades alternativas de que dispone). Analizamos un juego de intercambio llamado subasta doble: el vendedor anuncia un precio de venta y el comprador anuncia simultáneamente un precio de compra; el intercambio tiene lugar al precio medio si el último es mayor que el primero.

En la sección 3.3 enunciamos y demostramos el *Principio de revelación*, e indicamos brevemente cómo puede aplicarse al diseño de juegos cuando los jugadores tienen información privada.

3.1 Teoría: Juegos bayesianos estáticos y equilibrio bayesiano de Nash

3.1.A Un ejemplo:
Competencia a la Cournot bajo información asimétrica

Consideremos un modelo de duopolio de Cournot con demanda inversa dada por $P(Q) = a - Q$, donde $Q = q_1 + q_2$ es la cantidad agregada en el mercado. La función de costes de la empresa 1 es $C_1(q_1) = cq_1$. Sin embargo, la función de costes de la empresa 2 es $C_2(q_2) = c_A q_2$ con probabilidad θ y $C_2(q_2) = c_B q_2$ con probabilidad $1 - \theta$, donde $c_B < c_A$. Además, la información es asimétrica: la empresa 2 conoce su función de costes y la de la empresa 1, pero la empresa 1 sólo conoce su función de costes y que el coste marginal de la empresa 2 es c_A con probabilidad θ y c_B con probabilidad $1 - \theta$. (La empresa 2 podría ser nueva en el sector o haber desarrollado una nueva tecnología.) Todo esto es información del dominio público: la empresa 1 sabe que la empresa 2 cuenta con mejor información, y la empresa 2 sabe que la empresa 1 lo sabe, y así sucesivamente.

Naturalmente, la empresa 2 querrá elegir una cantidad diferente (y presumiblemente menor) si su coste marginal es alto que si es bajo. Por su parte, la empresa 1 debería prever que la empresa 2 puede ajustar su cantidad al coste de la manera indicada. Sean $q_2^*(c_A)$ y $q_2^*(c_B)$ las cantidades elegidas en función de sus costes, y sea q_1^* la cantidad elegida por la empresa 1. Si el coste de la empresa 2 es alto, ésta elegirá $q_2^*(c_A)$ tal que sea una solución de

$$\max_{q_2}[(a - q_1^* - q_2) - c_A]q_2.$$

De modo similar, si el coste de la empresa 2 es bajo, $q_2^*(c_B)$ será la solución de

$$\max_{q_2}[(a - q_1^* - q_2) - c_B]q_2.$$

Finalmente, la empresa 1 sabe que el coste de la empresa 2 es alto con probabilidad θ y debería prever que la cantidad elegida por la empresa 2 será $q_2^*(c_A)$ o $q_2^*(c_B)$, dependiendo del coste de esta empresa. Por tanto, la empresa 1 elige q_1^* que resuelve

$$\max_{q_1} \theta \left[\left(a - q_1 - q_2^*(c_A)\right) - c\right] q_1 + (1 - \theta) \left[\left(a - q_1 - q_2^*(c_B)\right) - c\right] q_1$$

para maximizar el beneficio esperado.

Las condiciones de primer orden de estos problemas de optimización son

$$q_2^*(c_A) = \frac{a - q_1^* - c_A}{2}$$

$$q_2^*(c_B) = \frac{a - q_1^* - c_B}{2}$$

y

$$q_1^* = \frac{\theta \left[a - q_2^*(c_A) - c\right] + (1 - \theta) \left[a - q_2^*(c_B) - c\right]}{2}.$$

Supongamos que estas condiciones de primer orden caracterizan las soluciones de los problemas de optimización anteriores. (Recordemos del ejercicio 1.6 que, en un duopolio de Cournot con información completa, si los costes de las empresas son lo suficientemente diferentes entre sí, la empresa con el coste alto no produce nada en equilibrio. Como ejercicio, hállese una condición suficiente para excluir aquí problemas análogos.) Las soluciones a las tres condiciones de primer orden son

$$q_2^*(c_A) = \frac{a - 2c_A + c}{3} + \frac{1 - \theta}{6}(c_A - c_B),$$

$$q_2^*(c_B) = \frac{a - 2c_B + c}{3} + \frac{\theta}{6}(c_A - c_B),$$

y

$$q_1^* = \frac{a - 2c + \theta c_A + (1 - \theta)c_B}{3}.$$

Comparemos $q_2^*(c_A)$, $q_2^*(c_B)$ y q_1^* con el equilibrio de Cournot con información *completa* y costes c_1 y c_2. Suponiendo que los valores de c_1 y c_2 son tales que ambas cantidades de equilibrio son positivas, la empresa i produce $q_i^* = (a - 2c_i + c_j)/3$, en este caso con información completa. Por el contrario, en el caso con información incompleta, $q_2^*(c_A)$ es mayor que $(a - 2c_A + c)/3$ y $q_2^*(c_B)$ es menor que $(a - 2c_B + c)/3$. Esto ocurre porque la empresa 2 no sólo ajusta su cantidad a su coste, sino que también responde al hecho de que la empresa 1 no puede hacerlo. Por ejemplo, si el coste de la empresa 2 es alto, ésta produce menos porque su coste es alto, pero por otro lado produce más porque sabe que la empresa 1 producirá una cantidad que maximice su beneficio esperado y que, por ello, es menor de lo que produciría si supiera que el coste de la empresa 2 es alto. (Una característica de este ejemplo que puede prestarse a confusión, es que q_1^* es exactamente igual a las cantidades de Cournot esperadas que la empresa 1 produciría en los dos juegos correspondientes con información completa. Esto no es cierto normalmente; consideremos por ejemplo el caso en el cual el coste total de la empresa i es $c_i q_i^2$.)

3.1.B Representación en forma normal de los juegos bayesianos estáticos

Recordemos que la representación en forma normal de un juego con información *completa* de n jugadores es $G = \{S_1 \ldots, S_n; u_1, \ldots, u_n\}$, donde S_i es el espacio de estrategias del jugador i y $u_i(s_1, \ldots, s_n)$ es la ganancia al jugador i cuando los jugadores eligen las estrategias $(s_1, \ldots, s_n)$. Sin embargo, como discutimos en la sección 2.3.B, en un juego de decisión simultánea con información completa, para un jugador una estrategia es simplemente una acción, por lo que podemos escribir $G = \{A_1 \ldots, A_n; u_1, \ldots, u_n\}$, donde A_i es el espacio de acciones de i y $u_i(a_1, \ldots, a_n)$ es la ganancia del jugador i cuando los jugadores eligen las acciones $(a_1, \ldots, a_n)$. Para preparar nuestra descripción del desarrollo temporal de un juego estático con información *incompleta*, describimos la secuencia temporal de un juego estático con información *completa* del siguiente modo: (1) los jugadores toman simultáneamente sus decisiones (el jugador i elige a_i del conjunto factible A_i), y luego (2) reciben las ganancias $u_i(a_1, \ldots, a_n)$.

Ahora queremos representar en forma normal un juego de decisión simultánea con información incompleta, también llamado juego bayesiano estático. El primer paso consiste en representar la idea de que cada jugador conoce su función de ganancias, pero puede no conocer las de otros jugadores. Sean la posibles funciones de ganancias de i $u_i(a_1,\ldots,a_n;t_i)$, donde t_i es el *tipo* del jugador i, que pertenece a un conjunto de tipos posibles (o *espacio de tipos*) T_i. Cada tipo t_i corresponde a una de las funciones de ganancias diferente que el jugador i podría tener.

Como ejemplo abstracto, supongamos que el jugador i tiene dos posibles funciones de ganancias. Diríamos en este caso que el jugador i tiene dos tipos, t_{i1} y t_{i2}, que el espacio de tipos del jugador i es $T_i = \{t_{i1},t_{i2}\}$ y que las dos funciones de ganancias del jugador i son $u_i(a_1,\ldots,a_n;t_{i1})$ y $u_i(a_1,\ldots,a_n;t_{i2})$. Podemos utilizar la idea de que cada uno de los tipos del jugador corresponde a una de las funciones de ganancias diferente que el jugador podría tener, con el fin de representar la posibilidad de que cada jugador puede tener diferentes conjuntos de acciones factibles, como veremos a continuación. Supongamos, por ejemplo, que el conjunto de acciones factibles del jugador i es $\{a,b\}$ con probabilidad q y $\{a,b,c\}$ con probabilidad $1 - q$. Entonces podemos afirmar que i tiene dos tipos (t_{i1} y t_{i2}, donde la probabilidad de t_{i1} es q) y podemos decir que el conjunto de acciones factibles de i es $\{a,b,c\}$ para ambos tipos, pero hacer que la ganancia derivada de elegir c sea $-\infty$ para el tipo t_{i1}.

Como ejemplo más concreto, consideremos el juego de Cournot de la sección anterior. Las acciones de las empresas son sus decisiones sobre las cantidades q_1 y q_2. La empresa 2 tiene dos posibles funciones de costes y, por ello, dos posibles funciones de beneficios o ganancias:

$$\pi_2(q_1,q_2;c_B) = \left[(a - q_1 - q_2) - c_B\right] q_2$$

y

$$\pi_2(q_1,q_2;c_A) = \left[(a - q_1 - q_2) - c_A\right] q_2$$

La empresa 1 sólo tiene una función de ganancias posible:

$$\pi_1(q_1,q_2;c) = \left[(a - q_1 - q_2) - c\right] q_1$$

Podemos decir que el espacio de tipos de la empresa 2 es $T_2 = \{c_B,c_A\}$ y que el espacio de tipos de la empresa 1 es $T_1 = \{c\}$.

Dada esta definición del tipo de un jugador, decir que el jugador i conoce su función de ganancias es equivalente a decir que el jugador i conoce su tipo. Del mismo modo, decir que el jugador i puede no estar seguro de las funciones de ganancias de otros jugadores es equivalente a decir que puede no estar seguro de los tipos de otros jugadores, denotados por $t_{-i} = (t_1,\ldots,t_{i-1},t_{i+1},\ldots,t_n)$. Utilizamos T_{-i} para indicar el conjunto de todos los posibles valores de t_{-i}, y utilizamos la distribución de probabilidad $p_i(t_{-i}|t_i)$ para designar la *conjetura* sobre los tipos de los otros jugadores, t_{-i}, dado el conocimiento del jugador i de su tipo t_i. En cada aplicación analizada en la sección 3.2 (y en la mayor parte de la literatura), los tipos de los jugadores son independientes, en cuyo caso $p_i(t_{-i}|t_i)$ no depende de t_i, por lo que podemos escribir la conjetura del jugador i como $p_i(t_{-i})$. Sin embargo, hay contextos en los que los tipos de los jugadores están correlacionados, por lo que deberemos tenerlo en cuenta en nuestra definición de juego bayesiano estático, escribiendo la conjetura del jugador i como $p_i(t_{-i}|t_i)$.[1]

Uniendo los nuevos conceptos de tipos y conjeturas con los elementos ya familiares de la representación en forma normal de un juego estático con información completa, obtenemos la representación en forma normal de un juego estático bayesiano.

Definición. *La **representación en forma normal** de un juego bayesiano estático de n jugadores exige concretar los espacios de acciones de los jugadores $A_1, \ldots, A_n$, sus espacios de tipos $T_1, \ldots, T_n$, sus conjeturas $p_1, \ldots, p_n$ y sus funciones de ganancias $u_1, \ldots, u_n$. El **tipo** del jugador i, t_i, es conocido sólo por el jugador i, determina la función de ganancias del jugador i, $u_i(a_1, \ldots, a_n; t_i)$, y es un elemento del conjunto de tipos posibles T_i. La **conjetura** del jugador i, $p_i(t_{-i}|t_i)$, describe la incertidumbre de i respecto a los posibles tipos de los otros $n - 1$ jugadores, t_{-i}, dado el propio tipo de i, t_i. Denotamos este juego como $G = \{A_1, \ldots, A_n; T_1, \ldots, T_n; p_1, \ldots, p_n; u_1, \ldots, u_n\}$.*

Siguiendo a Harsanyi (1967), suponemos que el desarrollo temporal de un juego bayesiano estático es la siguiente: (1) el azar determina un vector de tipos $t = (t_1, \ldots, t_n)$, donde t_i se obtiene del conjunto de tipos posibles T_i; (2) el azar revela t_i al jugador i, pero a ningún otro jugador; (3) los jugadores toman sus decisiones simultáneamente; el jugador i elige a_i del conjunto factible A_i, y (4) se reciben las ganancias $u_i(a_1, \ldots, a_n; t_i)$. Con la introducción ficticia del azar en (1) y (2), hemos descrito un juego con información *incompleta* como un juego con información *imperfecta*, donde

---

[1] Imaginemos que dos empresas están compitiendo por desarrollar una nueva tecnología. La posibilidad de éxito de cada empresa depende en parte de la dificultad en desarrollar la tecnología, dificultad que es desconocida. Cada empresa sólo sabe si lo ha logrado o no, pero no si la otra lo ha conseguido. Sin embargo, si la empresa 1 ha tenido éxito, es más probable que la tecnología sea fácil de desarrollar y, por ello, también más probable que la empresa 2 la haya desarrollado. Por lo tanto, la conjetura de la empresa 1 sobre el tipo de la empresa 2 depende del conocimiento por parte de la empresa 1 de su propio tipo.

con información imperfecta queremos decir (como en el capítulo 2) que en alguna ronda del juego el jugador al que le corresponde decidir no conoce la historia completa del desarrollo anterior del juego. Aquí, como el azar revela el tipo del jugador i al jugador i pero no al jugador j en el paso (2), el jugador j no conoce la historia completa del juego cuando toma sus decisiones en el paso (3).

Necesitamos tratar otras dos cuestiones algo más técnicas para completar la discusión sobre la representación en forma normal de los juegos bayesianos estáticos. En primer lugar, existen juegos en los cuales el jugador i tiene información privada no sólo sobre su propia función de ganancias, sino también sobre la función de ganancias de otro jugador. Por ejemplo, en el ejercicio 3.2, cambiamos la información asimétrica del modelo de Cournot de la sección 3.1.A de manera que los costes son simétricos y del dominio público, pero una empresa conoce el nivel de demanda y la otra no. Puesto que el nivel de demanda afecta las funciones de ganancias de ambos jugadores, el tipo de la empresa informada aparece en la función de ganancias de la empresa no informada. En el caso de n jugadores, capturamos esta posibilidad permitiendo que la ganancia del jugador i dependa no sólo de las acciones $(a_1, \ldots, a_n)$, sino también de todos los tipos $(t_1, \ldots, t_n)$. Escribimos esta ganancia como $u_i(a_1, \ldots, a_n; t_1, \ldots, t_n)$.

La segunda cuestión técnica se refiere a las conjeturas $p_i(t_{-i}|t_i)$. Suponemos que es del dominio público que en el paso (1) del desarrollo temporal del juego estático bayesiano, el azar escoge un vector de tipos $t = (t_1, \ldots, t_n)$ de acuerdo con la distribución a priori de probabilidad $p(t)$. Cuando el azar revela t_i al jugador i, éste puede calcular la conjetura $p_i(t_{-i}|t_i)$ utilizando la regla de Bayes:[2]

$$p_i(t_{-i}|t_i) = \frac{p(t_{-i}, t_i)}{p(t_i)} = \frac{p(t_{-i}, t_i)}{\displaystyle\sum_{t_{-i} \in T_{-i}} p(t_{-i}, t_i)}.$$

Además, los otros jugadores pueden calcular las distintas conjeturas que podría formarse el jugador i, dependiendo del tipo de i, concretamente

---

[2] La regla de Bayes es una fórmula para calcular $P(A|B)$, la probabilidad (condicionada) de que un suceso A ocurra dado que un suceso B ha ocurrido ya. Sean $P(A)$, $P(B)$ y $P(A,B)$ las probabilidades (a priori, es decir, las probabilidades antes de que A o B hayan podido ocurrir) de que A ocurra, de que B ocurra y de que ambos A y B ocurran respectivamente. La regla de Bayes establece que $P(A|B) = P(A,B)/P(B)$. Es decir, la probabilidad condicional de que se dé A es igual a la probabilidad de que se den tanto A como B, dividida por la probabilidad a priori de que ocurra B.

$p_i(t_{-i}|t_i)$ para cada t_i en T_i. Como ya indicamos, vamos a suponer a menudo que los tipos de los jugadores son independientes, en cuyo caso $p_i(t_{-i})$ no depende de t_i, pero se obtiene a partir de la distribución a priori $p(t)$. En este caso, los otros jugadores conocen la conjetura de i sobre sus tipos.

3.1.C Definición del equilibrio bayesiano de Nash

Ahora queremos definir el concepto de equilibrio de los juegos bayesianos estáticos. Para ello, necesitamos definir primero los espacios de estrategias de los jugadores en dicho juego. Recordemos de las secciones 2.3.B y 2.4.B que la estrategia de un jugador es un plan de acción completo, que establece una acción factible para cada contingencia en la que el jugador podría tener que actuar. Dada la secuencia temporal del juego estático bayesiano en el cual el azar comienza el juego eligiendo los tipos de los jugadores, una estrategia (pura) del jugador i debe establecer una acción posible para *cada* uno de los tipos posibles del jugador i.

Definición. *En el juego bayesiano estático $G = \{A_1, \ldots, A_n; T_1, \ldots, T_n; p_1, \ldots, p_n; u_1, \ldots, u_n\}$, una **estrategia** del jugador i es una función $s_i(t_i)$ donde, para cada tipo t_i en T_i, $s_i(t_i)$ determina la acción del conjunto factible A_i que el tipo t_i elegiría si el azar determinara que el jugador es de este tipo.*

Al contrario que en los juegos (tanto estáticos como dinámicos) con información completa, en un juego bayesiano, los espacios de estrategias no se dan en la representación en forma normal del juego, sino que se construyen a partir de los espacios de tipos y acciones. El conjunto de posibles estrategias (puras) del jugador i, S_i, es el conjunto de todas las funciones posibles con dominio T_i y recorrido A_i. Por ejemplo, en una estrategia *de separación*, cada tipo t_i en T_i elige una acción diferente a_i de A_i. Por el contrario, en una estrategia *de agrupación*, todos los tipos eligen la misma acción. Esta distinción entre estrategias de separación y de agrupación es importante para la discusión de los juegos dinámicos con información incompleta del capítulo 4. Introducimos la distinción aquí sólo para ayudar a describir la gran variedad de estrategias que pueden construirse a partir de un determinado par de espacios de tipos y acciones, T_i y A_i.

Puede parecer innecesario exigir que la estrategia del jugador i determine una acción factible para cada uno de los tipos posibles del jugador

i. Después de todo, una vez el azar ha elegido un tipo particular y se lo ha revelado a un jugador, puede parecer que el jugador no necesita preocuparse por las acciones que podría haber tomado de haber salido elegido otro tipo. Sin embargo, el jugador i necesita tener en cuenta lo que harán los otros jugadores, y lo que harán depende de lo que piensen que hará el jugador i para cada t_i en T_i. Por lo tanto, para decidir qué hacer una vez que un tipo ha sido elegido, el jugador i tendrá que pensar qué habría hecho para cada otro tipo de T_i que podría haber sido elegido.

Consideremos, por ejemplo, el juego de Cournot con información asimétrica de la sección 3.1.A. Argumentamos allí que la solución del juego consiste en la elección de tres cantidades: $q_2^*(c_A)$, $q_2^*(c_B)$ y q_1^*. En términos de la definición de estrategia que acabamos de dar, el par $(q_2^*(c_A), q_2^*(c_B))$ es la estrategia de la empresa 2 y q_1^* es la estrategia de la empresa 1. Es fácil imaginar que la empresa 2 elegirá diferentes cantidades dependiendo de su coste. Sin embargo, es igualmente importante darse cuenta de que la elección de la cantidad de la empresa 1 debería tener en cuenta que la cantidad de la empresa 2 dependerá del coste de la empresa 2. Por lo tanto, si nuestro concepto de equilibrio es requerir que la estrategia de la empresa 1 sea una mejor respuesta a la estrategia de la empresa 2, la estrategia de la empresa 2 debe ser un *par* de cantidades, una para cada posible coste tipo, o si no, la empresa 1 no podría calcular si su estrategia es efectivamente una mejor respuesta a la estrategia de la empresa 2.

De forma más general, no podríamos aplicar la noción de equilibrio de Nash a juegos bayesianos si permitiéramos que la estrategia de un jugador no especificara lo que el jugador haría si algunos tipos resultaran elegidos por el azar. Este argumento es análogo a uno del capítulo 2: puede haber parecido innecesario exigir que la estrategia del jugador i en un juego dinámico con información completa especificase una acción factible para cada contingencia en la cual el jugador i podría haber tenido que jugar, pero no podríamos haber aplicado la noción de equilibrio de Nash a juegos dinámicos con información completa si hubiéramos permitido que alguna estrategia dejara sin determinar las acciones del jugador en alguna contingencia.

Una vez dada la definición de estrategia en un juego bayesiano, abordamos ahora la definición del equilibrio bayesiano de Nash. A pesar de la complejidad notacional de la definición, la idea central es simple y familiar: la estrategia de cada jugador debe ser una mejor respuesta a las estrategias de los restantes jugadores. Es decir, un equilibrio bayesiano de Nash es simplemente un equilibrio de Nash en un juego bayesiano.

Definición. *En el juego bayesiano estático $G = \{A_1, \ldots, A_n; T_1, \ldots, T_n; p_1, \ldots, p_n; u_1, \ldots, u_n\}$ las estrategias $s^* = (s_1^*, \ldots, s_n^*)$ forman un **equilibrio bayesiano de Nash** (con estrategias puras) si para cada jugador i y para cada uno de sus tipos t_i en T_i, $s_i^*(t_i)$ es una solución de*

$$\max_{a_i \in A_i} \sum_{t_{-i} \in T_{-i}} u_i \left(s_1^*(t_1), \ldots, s_{i-1}^*(t_{i-1}), a_i, s_{i+1}^*(t_{i+1}), \ldots, s_n^*(t_n); t \right) p_i \left(t_{-i} | t_i \right).$$

Es decir, ningún jugador quiere cambiar su estrategia, incluso si el cambio supone cambiar sólo una acción para un tipo.

Es inmediato demostrar que en un juego bayesiano estático finito (es decir, un juego en el cual n es finito y $(A_1, \ldots, A_n)$ y $(T_1, \ldots, T_n)$ son todos conjuntos finitos) existe un equilibrio bayesiano de Nash, tal vez con estrategias mixtas. La demostración es muy similar a la de la existencia de un equilibrio de Nash con estrategias mixtas en juegos finitos con información completa, por lo que la omitimos.

3.2 Aplicaciones

3.2.A Revisión de las estrategias mixtas

Como mencionamos en la sección 1.3.A, Harsanyi (1973) interpretó la estrategia mixta del jugador j como la incertidumbre del jugador i sobre la estrategia pura elegida por el jugador j y que, a su vez, la elección de j depende de cierta información privada. Ahora damos un enunciado más preciso de esta idea: un equilibrio de Nash con estrategias mixtas en un juego con información completa puede (casi siempre) interpretarse como un equilibrio bayesiano de Nash con estrategias puras en un juego muy similar con algo de información incompleta. (No tendremos en cuenta los casos raros en los cuales tal interpretación no es posible.) De un modo más evocador, la característica crucial de un equilibrio de Nash con estrategias mixtas no es que el jugador j elija una estrategia al azar, sino que el jugador i no sabe con certeza la elección del jugador j. Esta falta de certeza puede provenir de algún suceso aleatorio o (más probablemente) de un poco de información incompleta, como en el siguiente ejemplo.

Recordemos que en la batalla de los sexos existen dos equilibrios de Nash con estrategias puras, (ópera, ópera) y (boxeo, boxeo), y uno con estrategias mixtas, en el que Chris elige la ópera con probabilidad 2/3 y Pat elige el boxeo con probabilidad 2/3.

Pat

Ópera   Boxeo

		Ópera	Boxeo
Chris	Ópera	2,1	0,0
	Boxeo	0,0	1,2

La batalla de los sexos

Ahora supongamos que, aunque se conocen desde hace mucho tiempo, Chris y Pat no están seguros de las ganancias del otro. En particular, supongamos que: la ganancia de Chris si ambos van a la ópera es $2+t_c$, donde t_c es información privada de Chris; la ganancia de Pat si ambos van al boxeo es $2 + t_p$, donde t_p es información privada de Pat, y t_c y t_p se obtienen independientemente de una distribución uniforme en $[0,x]$. (La elección de una distribución uniforme en $[0,x]$ no es importante; la idea que queremos recoger es que los valores t_c y t_p sólo afectan ligeramente a las ganancias en el juego original, para lo cual podemos pensar que x es pequeña.) El resto de las ganancias son las mismas. En términos del juego bayesiano estático abstracto en forma normal $G = \{A_c, A_p; T_c, T_p; p_c, p_p; u_c, u_p\}$ los espacios de acciones son $A_c = A_p = \{$ópera, boxeo$\}$, los espacios de tipos son $T_c = T_p = [0,x]$, las conjeturas son $p_c(t_p) = p_p(t_c) = 1/x$ para cada t_c y t_p, y las ganancias son las siguientes:

Pat

Ópera   Boxeo

		Ópera	Boxeo
Chris	Ópera	$2 + t_c,1$	0,0
	Boxeo	0,0	$1,2 + t_p$

La batalla de los sexos con información incompleta

Vamos a construir un equilibrio bayesiano de Nash con estrategias puras de la versión con información incompleta de la batalla de los sexos en el cual Chris elige la ópera si t_c es mayor que un valor crítico c y elige el boxeo en cualquier otro caso, y Pat elige el boxeo si t_p es mayor que un valor crítico p y elige la ópera en cualquier otro caso. En tal equilibrio, Chris elige la ópera con probabilidad $(x - c)/x$ y Pat elige el boxeo con probabilidad $(x - p)/x$. Vamos a demostrar que, cuando la información incompleta desaparece (es decir, cuando x tiende a cero), el comportamiento de los jugadores en este equilibrio bayesiano de Nash en estrategias puras tiende a su comportamiento en el equilibrio de Nash con estrategias mixtas del juego original con información completa. Es decir, tanto $(x - c)/x$ y $(x - p)/x$ tienden a 2/3 cuando x tiende a cero.

Supongamos que Chris y Pat eligen las estrategias que acabamos de describir. Para un valor dado de x vamos a determinar los valores de c y p tales que las estrategias formen un equilibrio bayesiano de Nash. Dada la estrategia de Pat, las ganancias esperadas de Chris al elegir la ópera y el boxeo son

$$\frac{p}{x}(2 + t_c) + \left[1 - \frac{p}{x}\right] \cdot 0 = \frac{p}{x}(2 + t_c)$$

y

$$\frac{p}{x} \cdot 0 + \left[1 - \frac{p}{x}\right] \cdot 1 = 1 - \frac{p}{x},$$

respectivamente. Por lo tanto, elegir la ópera es óptimo si y sólo si

$$t_c \geq \frac{x}{p} - 3 = c. \tag{3.2.1}$$

De forma similar, dada la estrategia de Chris, las ganancias esperadas de Pat por elegir el boxeo y la ópera son

$$\left[1 - \frac{c}{x}\right] \cdot 0 + \frac{c}{x}(2 + t_p) = \frac{c}{x}(2 + t_p)$$

y

$$\left[1 - \frac{c}{x}\right] \cdot 1 + \frac{c}{x} \cdot 0 = 1 - \frac{c}{x},$$

respectivamente. Por lo tanto, elegir el boxeo es óptimo si y sólo si

$$t_p \geq \frac{x}{c} - 3 = p. \tag{3.2.2}$$

Resolviendo (3.2.1) y (3.2.2) simultáneamente obtenemos $p = c$ y $p^2 + 3p - x = 0$. Resolviendo la ecuación de segundo grado se demuestra que la probabilidad de que Chris elija la ópera, concretamente $(x - c)/x$, y la de que Pat elija el boxeo, concretamente $(x - p)/x$, son ambas iguales a

$$1 - \frac{-3 + \sqrt{9 + 4x}}{2x},$$

que tiende a 2/3 cuando x tiende a cero. Por lo tanto, cuando la información incompleta desaparece, el comportamiento de los jugadores en este equilibrio bayesiano de Nash con estrategias puras del juego con información incompleta tiende a su comportamiento en el equilibrio de Nash con estrategias mixtas en el juego original con información completa.

3.2.B Una subasta

Consideremos la siguiente subasta de sobre cerrado al primer precio. Hay dos participantes que denominamos $i = 1, 2$. El participante i tiene una valoración v_i del bien, es decir, si i consigue el bien y paga el precio p, la ganancia de i es $v_i - p$. Las valoraciones de los dos participantes están uniformemente distribuidas de forma independiente en [0, 1]. Las pujas no pueden ser negativas. Los participantes entregan sus pujas simultáneamente. La puja más alta gana la subasta y el ganador paga el precio de su puja, mientras que el otro participante no obtiene nada ni paga nada. En caso de empate, el ganador se determina lanzando una moneda. Los participantes son neutrales al riesgo. Todo esto es información del dominio público.

Para formular este problema como un juego bayesiano estático, debemos identificar los espacios de acciones, los espacios de tipos, las conjeturas y las funciones de ganancias. La acción del jugador i es entregar una puja b_i (no negativa) y su tipo es su valoración v_i. (En términos del juego abstracto $G = \{A_1, A_2; T_1, T_2; p_1, p_2; u_1, u_2\}$, el espacio de acciones es $A_i = [0, \infty)$ y el espacio de tipos es $T_i = [0, 1]$.) Como las valoraciones son independientes, el jugador i cree que v_j está uniformemente distribuido en [0, 1], independientemente del valor de v_i. Finalmente, la función de ganancias del jugador i es

$$u_i(b_1, b_2; v_1, v_2) = \begin{cases} v_i - b_i & \text{si } b_i > b_j, \\ (v_i - b_i)/2 & \text{si } b_i = b_j, \\ 0 & \text{si } b_i < b_j. \end{cases}$$

Para obtener un equilibrio bayesiano de Nash de este juego comenzamos construyendo los espacios de estrategias de los jugadores. Recordemos que en un juego bayesiano estático, una estrategia es una función que va de tipos a acciones. Por lo tanto, para el jugador i una estrategia es una función $b_i(v_i)$ que determina la puja que elegiría cada uno de los tipos (es decir, valoraciones) de i. En un equilibrio bayesiano de Nash, la estrategia $b_1(v_1)$ del jugador 1 es una mejor respuesta a la estrategia $b_2(v_2)$ del jugador 2 y viceversa. Formalmente, el par de estrategias $(b_1(v_1), b_2(v_2))$ constituye un equilibrio bayesiano de Nash si, para cada v_i en [0,1], $b_i(v_i)$ es una solución de

$$\max_{b_i}(v_i - b_i)\,\text{Prob}\{b_i > b_j(v_j)\} + \frac{1}{2}(v_i - b_i)\,\text{Prob}\{b_i = b_j(v_j)\}.$$

Simplificamos la exposición buscando un equilibrio lineal: $b_1(v_1) = a_1 + c_1 v_1$ y $b_2(v_2) = a_2 + c_2 v_2$. Nótese que *no* estamos limitando los espacios de estrategias de los jugadores para incluir sólo estrategias lineales, sino que estamos permitiendo que los jugadores elijan estrategias arbitrarias y nos preguntamos si existe un equilibrio lineal. Resulta que, puesto que las valoraciones de los jugadores están uniformemente distribuidas, no sólo existe un equilibrio lineal sino que éste es único (en un sentido que precisaremos). Veremos que $b_i(v_i) = v_i/2$. Es decir, cada jugador entrega una puja igual a la mitad de su valoración. Tal puja refleja el dilema fundamental al que se enfrenta cualquier participante en una subasta de este tipo: cuanto más alta sea la puja más posibilidades tiene de ganar; cuanto más baja sea la puja, mayor será la ganancia si gana.

Supongamos que el jugador j adopta la estrategia $b_j(v_j) = a_j + c_j v_j$. Para un valor dado v_i la mejor respuesta del jugador i es una solución de

$$\max_{b_i}(v_i - b_i)\,\text{Prob}\{b_i > a_j + c_j v_j\},$$

donde hemos utilizado el hecho de que $\text{Prob}\{b_i = b_j(v_j)\} = 0$ (puesto que $b_j(v_j) = a_j + c_j v_j$ y v_j está uniformemente distribuida, también lo está b_j). Puesto que no tiene sentido que el jugador i puje por debajo de la puja mínima del jugador j y sería tonto por parte de i pujar por encima del máximo del jugador j, tenemos que $a_j \leq b_i \leq a_j + c_j$, por lo que

$$\text{Prob}\{b_i > a_j + c_j v_j\} = \text{Prob}\left\{v_j < \frac{b_i - a_j}{c_j}\right\} = \frac{b_i - a_j}{c_j}.$$

Por lo tanto, la mejor respuesta del jugador i es

$$b_i(v_i) = \begin{cases} (v_i + a_j)/2 & \text{si } v_i \geq a_j, \\ a_j & \text{si } v_i < a_j. \end{cases}$$

Si $0 < a_j < 1$, existen varios valores de v_i tales que $v_i < a_j$, en cuyo caso $b_i(v_i)$ no es lineal, sino plana al principio y con pendiente positiva después. Como estamos buscando un equilibrio lineal, excluimos $0 < a_j < 1$, centrándonos en $a_j \geq 1$ y $a_j \leq 0$. Pero el primero no puede darse en equilibrio: puesto que es óptimo para un tipo más alto pujar tanto al menos como la puja óptima del tipo más bajo, tenemos que $c_j \geq 0$, pero entonces $a_j \geq 1$ implicaría que $b_j(v_j) \geq v_j$, lo que no puede ser óptimo. Por lo tanto, si $b_i(v_i)$ tiene que ser lineal, debemos tener $a_j \leq 0$, en cuyo caso $b_i(v_i) = (v_i + a_j)/2$, por lo que $a_i = a_j/2$ y $c_i = 1/2$.

Podemos repetir el mismo análisis para el jugador j suponiendo que el jugador i adopta la estrategia $b_i(v_i) = a_i + c_i v_i$, con lo que obtenemos $a_i \leq 0$, $a_j = a_i/2$ y $c_j = 1/2$. Combinando estos dos conjuntos de resultados tenemos que $a_i = a_j = 0$ y $c_i = c_j = 1/2$, es decir, $b_i(v_i) = v_i/2$, como dijimos antes.

Podríamos preguntarnos si hay otros equilibrios bayesianos de Nash en este juego, y también cómo las pujas en equilibrio cambian cuando la distribución de las valoraciones de los jugadores cambia. Ninguna de estas cuestiones puede resolverse utilizando la técnica que acabamos de aplicar (proponer estrategias lineales y después derivar los coeficientes que las convierten en equilibrio). No conduce a ninguna parte intentar adivinar todas las formas funcionales que podrían tener otros equilibrios de este juego, y no existe equilibrio lineal para ninguna otra distribución de valoraciones. En el apéndice, derivamos un equilibrio bayesiano simétrico,[3] nuevamente para el caso de valoraciones uniformemente distribuidas. Suponiendo que las estrategias de los jugadores son estrictamente crecientes y diferenciables, demostramos que el único equilibrio bayesiano de Nash simétrico es el equilibrio lineal que ya hemos derivado. La técnica que utilizamos puede extenderse fácilmente a una clase más amplia de distribuciones de las valoraciones, y también al caso de n participantes.[4]

---

[3] Un equilibrio bayesiano de Nash se denomina simétrico si las estrategias de los jugadores son idénticas. Es decir, en un equilibrio bayesiano de Nash simétrico existe una sola función $b(v_i)$ tal que la estrategia $b_1(v_1)$ del jugador 1 es $b(v_1)$ y la estrategia $b_2(v_2)$ del jugador 2 es $b(v_2)$, y esta única estrategia es una mejor respuesta a sí misma. Por supuesto, puesto que las valoraciones de los jugadores serán normalmente diferentes, sus pujas también lo serán, incluso si ambos utilizan la misma estrategia.

[4] La omisión de este apéndice no impedirá la comprensión del resto del libro.

Apéndice

Supongamos que el jugador j adopta la estrategia $b(\cdot)$ y supongamos que $b(\cdot)$ es estrictamente creciente y diferenciable. Entonces, para un valor dado de v_i la puja óptima del jugador i es una solución de

$$\max_{b_i}(v_i - b_i)\,\text{Prob}\{b_i > b(v_j)\}.$$

Sea $b^{-1}(b_j)$ la valoración que el participante j debe tener para pujar b_j; esto es, $b^{-1}(b_j) = v_j$ si $b_j = b(v_j)$. Puesto que v_j está uniformemente distribuida en $[0,1]$, $\text{Prob}\{b_i > b(v_j)\} = \text{Prob}\{b^{-1}(b_i) > v_j\} = b^{-1}(b_i)$. La condición de primer orden para la optimización del problema del jugador i es

$$-b^{-1}(b_i) + (v_i - b_i)\frac{d}{db_i}b^{-1}(b_i) = 0.$$

Esta condición es una ecuación implícita de la mejor respuesta del jugador i a la estrategia $b(\cdot)$ jugada por j dado que la valoración de i es v_i. Si la estrategia $b(\cdot)$ tiene que ser un equilibrio bayesiano de Nash simétrico, es necesario que la solución a la condición de primer orden sea $b(v_i)$. Es decir, para cada una de las posibles valoraciones del pujador i, éste no quiere desviarse de la estrategia $b(\cdot)$ dado que el jugador j utiliza esta estrategia. Para imponer este requisito, sustituimos $b_i = b(v_i)$ en la condición de primer orden, obteniendo

$$-b^{-1}(b(v_i)) + (v_i - b(v_i))\frac{d}{db_i}b^{-1}(b(v_i)) = 0.$$

Por supuesto, $b^{-1}(b(v_i))$ es simplemente v_i. Además, $d\{b^{-1}(b(v_i))\}/db_i = 1/b'(v_i)$. Es decir, $d\{b^{-1}(b_i)\}/db_i$ mide cuánto debe cambiar la valoración del jugador i para producir un cambio de una unidad en la puja, mientras que $b'(v_i)$ mide cuánto cambia la puja en respuesta a un cambio de una unidad en la valoración. Por lo tanto, $b(\cdot)$ debe satisfacer la ecuación diferencial de primer orden

$$-v_i + (v_i - b(v_i))\frac{1}{b'(v_i)} = 0,$$

la cual se expresa de un modo más conveniente como $b'(v_i)v_i + b(v_i) = v_i$. La parte izquierda de esta ecuación diferencial es precisamente $d\{b(v_i)v_i\}/dv_i$. Integrando ambas partes de la ecuación obtenemos

$$b(v_i)v_i = \frac{1}{2}v_i^2 + k,$$

donde k es una constante de integración. Para eliminar k necesitamos una condición de frontera. Afortunadamente, un razonamiento económico simple nos ofrece una: ningún jugador debería pujar por encima de su propia valoración. Por tanto, debe cumplirse que $b(v_i) \leq v_i$ para cada v_i. En particular, debe ocurrir que $b(0) \leq 0$. Puesto que las pujas están restringidas a ser no negativas, esto implica que $b(0) = 0$, y entonces $k = 0$ y $b(v_i) = v_i/2$, como dijimos.

3.2.C Una subasta doble

A continuación consideramos el caso en el cual un comprador y un vendedor tienen cada uno información privada sobre sus valoraciones, como en Chatterjee y Samuelson (1983). (En Hall y Lazear [1984] el comprador es una empresa y el vendedor un trabajador. La empresa conoce el producto marginal del trabajador, y el trabajador conoce sus otras oportunidades. Véase el ejercicio 3.8.) Analizamos un juego de intercambio llamado subasta doble. El vendedor anuncia un precio de venta p_s, y el comprador simultáneamente anuncia un precio de compra p_b. Si $p_b \geq p_s$, el intercambio tiene lugar a un precio $p = (p_b + p_s)/2$. Si $p_b < p_s$ no se da el intercambio.

La valoración por parte del comprador del bien del vendedor es v_b; la del vendedor es v_s. Estas valoraciones son información privada y se obtienen independientemente de distribuciones uniformes en [0,1]. Si el comprador obtiene el bien por el precio p, su utilidad es $v_b - p$; si no hay intercambio la utilidad del comprador es cero. Si el vendedor vende el bien por el precio p, su utilidad es $p - v_s$; si no hay intercambio su utilidad es cero. (Cada una de estas funciones de utilidad mide el cambio en la utilidad de cada parte. Si no hay intercambio, no hay cambio en utilidad. No cambiaría nada definir, digamos, la utilidad del vendedor como p si hay intercambio a un precio p y v_s si no hay intercambio.)

En este juego bayesiano estático, una estrategia del comprador es una función $p_b(v_b)$ que determina el precio que el comprador ofrecerá para cada una de sus posibles valoraciones. Del mismo modo, una estrategia del vendedor es una función $p_s(v_s)$ que especifique el precio que el vendedor pedirá para cada una de sus posibles valoraciones. Un par de estrategias $\{p_b(v_b), p_s(v_s)\}$ constituye un equilibrio bayesiano de Nash si se cumplen las dos condiciones siguientes. Para cada v_b en [0, 1], $p_b(v_b)$ es una solución de

$$\max_{p_b} \left[v_b - \frac{p_b + E[p_s(v_s)|p_b \geq p_s(v_s)]}{2} \right] \text{Prob}\{p_b \geq p_s(v_s)\}, \quad (3.2.3)$$

donde $E[p_s(v_s)|p_b \geq p_s(v_s)]$ es el precio esperado que pedirá el vendedor, condicionado a que lo que pida sea menor que el precio p_b ofrecido por el comprador. Para cada v_s en [0,1], $p_s(v_s)$ es una solución de

$$\max_{p_s} \left[\frac{p_s + E[p_b(v_b)|p_b(v_b) \geq p_s]}{2} - v_s \right] \text{Prob}\{p_b(v_b) \geq p_s\}, \qquad (3.2.4)$$

donde $E[p_b(v_b)|p_b(v_b) \geq p_s]$ es el precio esperado que ofrecerá el comprador condicionado a que lo que ofrezca sea mayor que el precio p_s que pide el vendedor.

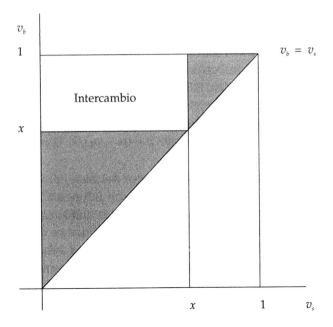

Figura 3.2.1

Existen muchísimos equilibrios bayesianos de Nash de este juego. Consideremos, por ejemplo, el siguiente equilibrio de precio único en el cual el intercambio ocurre a un único precio si es que ocurre. Para cualquier valor de x en [0,1], sea la estrategia del comprador ofrecer x si $v_b \geq x$ y ofrecer cero en cualquier otro caso, y sea la estrategia del vendedor pedir x si $v_s \leq x$ y pedir uno en cualquier otro caso. Dada la estrategia del comprador, las posibilidades del vendedor se concretan en un intercambio a x o en que no haya intercambio, por lo que la estrategia del vendedor es una mejor respuesta a la del comprador, ya que para los tipos del vendedor que hacen que el intercambio se prefiera a la ausencia de intercambio éste ocurre, y viceversa. El argumento análogo demuestra que la estrategia del comprador es una mejor respuesta a la del vendedor, por lo que estas estrategias forman un equilibrio bayesiano de Nash. En este equilibrio el intercambio se da para los pares (v_s, v_b) indicados en la figura 3.2.1; el intercambio sería eficiente para todos los pares (v_s, v_b) tales que $v_b \geq v_s$, pero no se da en las dos regiones sombreadas de la figura.

Ahora derivamos un equilibrio bayesiano de Nash lineal de la subasta doble. Como en la sección anterior, *no* restringimos los espacios de estrategias de los jugadores de manera que se incluyan solamente las estrategias lineales, sino que permitimos que los jugadores elijan estrategias arbitrarias pero nos preguntamos si existe un equilibrio que sea lineal. Existen muchos otros equilibrios además de los equilibrios de precio único y el equilibrio lineal, pero el equilibrio lineal tiene propiedades de eficiencia interesantes que describiremos más adelante.

Supongamos que la estrategia del vendedor es $p_s(v_s) = a_s + c_s v_s$. Entonces p_s está uniformemente distribuido en $[a_s, a_s + c_s]$, por lo que (3.2.3) se convierte en

$$\max_{p_b} \left[v_b - \frac{1}{2} \left\{ p_b + \frac{a_s + p_b}{2} \right\} \right] \frac{p_b - a_s}{c_s},$$

cuya condición de primer orden consiste en

$$p_b = \frac{2}{3} v_b + \frac{1}{3} a_s. \tag{3.2.5}$$

Por lo tanto, si el vendedor utiliza una estrategia lineal, la mejor respuesta del comprador también es lineal. Análogamente, supongamos que la estrategia del comprador es $p_b(v_b) = a_b + c_b v_b$. Entonces, p_b está uniformemente distribuido en $[a_b, a_b + c_b]$, por lo que (3.2.4) se convierte en

$$\max_{p_s} \left[\frac{1}{2} \left\{ p_s + \frac{p_s + a_b + c_b}{2} \right\} - v_s \right] \frac{a_b + c_b - p_s}{c_b},$$

cuya condición de primer orden es

$$p_s = \frac{2}{3} v_s + \frac{1}{3} (a_b + c_b). \tag{3.2.6}$$

Por lo tanto, si el comprador utiliza una estrategia lineal, la mejor respuesta del vendedor también es lineal. Si las estrategias lineales de los jugadores han de ser mejores respuestas la una a la otra, (3.2.5) implica que $c_b = 2/3$

y $a_b = a_s/3$, y (3.2.6) implica que $c_s = 2/3$ y $a_s = (a_b + c_b)/3$. Por lo tanto, las estrategias de equilibrio lineal son

$$p_b(v_b) = \frac{2}{3}v_b + \frac{1}{12} \qquad (3.2.7)$$

y

$$p_s(v_s) = \frac{2}{3}v_s + \frac{1}{4} \qquad (3.2.8)$$

como muestra la figura 3.2.2.

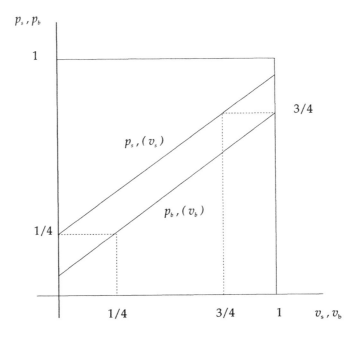

Figura 3.2.2

Recordemos que el intercambio en la subasta doble se da si y sólo si $p_b \geq p_s$. Manipulando (3.2.7) y (3.2.8) se demuestra que el intercambio ocurre en el equilibrio lineal si y sólo si $v_b \geq v_s + (1/4)$, como muestra la figura 3.2.3. (De acuerdo con esto, la figura 3.2.2 revela que, para los tipos del vendedor por encima de 3/4, se realizan demandas por encima de la oferta más alta del comprador $p_b(1) = 3/4$, y que para los tipos del vendedor por debajo de 1/4 se realizan ofertas por debajo de la oferta más baja del vendedor, $p_s(0) = 1/4$.)

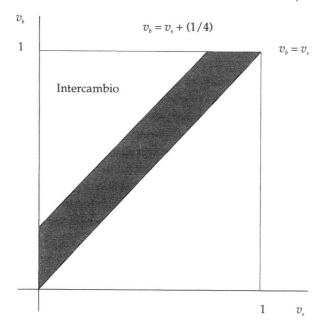

Figura 3.2.3

Comparemos las figuras 3.2.1 y 3.2.3 (las descripciones de los pares de valoraciones para los cuales el intercambio ocurre en los equilibrios de precio único y simétrico respectivamente). En ambos casos se da el intercambio posible más valioso (concretamente $v_s = 0$ y $v_b = 1$). Pero al equilibrio de precio único le faltan algunos intercambios valiosos (como $v_s = 0$ y $v_b = x - \epsilon$, donde ϵ es pequeño, y logra algunos intercambios que casi no valen nada (como $v_s = x - \epsilon$ y $v_b = x + \epsilon$). Por el contrario, al equilibrio lineal le faltan todos los intercambios que casi no valen nada pero logra todos los intercambios de valor al menos 1/4. Esto sugiere que el equilibrio lineal puede dominar los equilibrios de precio único en términos de las ganancias esperadas de los jugadores, pero también plantea la posibilidad de que los jugadores pudieran estar incluso mejor en un equilibrio alternativo.

Myerson y Satterthwaite (1983) demuestran que, para distribuciones uniformes de las valoraciones como las consideradas aquí, el equilibrio lineal consigue ganancias esperadas mayores que ningún otro equilibrio bayesiano de Nash en subasta doble (incluyendo equilibrios múltiples). Esto significa que no existe un equilibrio bayesiano de Nash en subasta doble tal que el intercambio ocurra si y sólo si es eficiente (es decir, si y sólo si $v_b \geq v_s$). También demuestran que este último resultado es muy general: si v_b está distribuida de forma continua en $[x_b, y_b]$ y v_s está distribuida de forma continua en $[x_s, y_s]$, donde $y_s > x_b$ e $y_b > x_s$, no existe ningún juego de negociación al que quisieran jugar el comprador y el vendedor que tenga un equilibrio bayesiano de Nash en el que el intercambio ocurra si y sólo si es eficiente. En la próxima sección vamos a indicar cómo puede utilizarse el principio de revelación para demostrar este resultado general. Concluimos esta sección aplicando este resultado al modelo de empleo de Hall y Lazear: si la empresa tiene información privada sobre el producto marginal m del trabajador y el trabajador tiene información privada sobre una oportunidad alternativa v, no existe ningún juego de negociación que la empresa y el trabajador quisieran jugar que produzca empleo si y sólo si es eficiente (es decir, si y sólo si $m \geq v$).

3.3 El principio de revelación

El principio de revelación, debido a Myerson (1979) en el contexto de los juegos bayesianos (y en otros en contextos relacionados), es un instrumento importante para diseñar juegos cuando los jugadores tienen información privada. Puede aplicarse a los problemas de las subastas y del intercambio bilateral descritos en las dos secciones anteriores, así como a una amplia gama de problemas. En esta sección enunciamos y demostramos el principio de revelación para juegos bayesianos estáticos. (La extensión de la demostración a juegos bayesianos dinámicos es inmediata.) No obstante, antes de hacerlo, vamos a indicar cómo se utiliza el principio de revelación en los problemas de subastas y de intercambio bilateral.

Consideremos un vendedor que quiere diseñar una subasta que maximice sus ingresos. Sería una ardua tarea detallar todas y cada una de las diferentes subastas posibles. En la subasta de la sección 3.2.B, por ejemplo, el participante que puja más alto paga al vendedor y consigue el bien subastado, pero existen muchas otras posibilidades. Los participantes, por ejemplo, pueden tener que pagar una entrada. De forma más general, algunos de los participantes que pierden pudieran tener que pagar dinero, tal vez en cantidades que dependan de sus pujas y de las de los demás. También podría el vendedor establecer un precio de reserva, un precio mínimo por debajo del cual no se aceptaran pujas. De forma más general, puede existir cierta probabilidad de que el vendedor se quede con el bien o de que éste no siempre vaya a quien puje más alto. Afortunadamente, el vendedor puede utilizar el principio de revelación para simplificar considerablemente este problema de dos maneras. En primer lugar, el vendedor puede limitar su atención a la siguiente clase de juegos:

1. Los participantes hacen declaraciones (posiblemente falsas) sobre sus tipos (es decir, sus valoraciones). El jugador i puede declarar ser cualquier tipo τ_i del conjunto T_i de posibles tipos de i, independientemente de cuál sea el verdadero tipo i, t_i.

2. Dadas las declaraciones de los participantes $(\tau_1, \ldots, \tau_n)$, el jugador i ofrece $x_i(\tau_1, \ldots, \tau_n)$ y recibe el bien subastado con probabilidad $q_i(\tau_1, \ldots, \tau_n)$. Para cada posible combinación de declaraciones $(\tau_1, \ldots, \tau_n)$, la suma de las probabilidades $q_1(\tau_1, \ldots, \tau_n) + \ldots + q_n(\tau_1, \ldots, \tau_n)$ debe ser menor o igual a uno.

Los juegos de esta clase (es decir, los juegos estáticos bayesianos en los cuales la única acción del jugador es hacer una declaración sobre su tipo) se llaman *mecanismos directos*.

La segunda manera en la que el vendedor puede utilizar el principio de revelación es limitando su atención a los mecanismos directos, en los cuales decir la verdad constituye un equilibrio bayesiano de Nash para cada participante, es decir, a las funciones de oferta y de probabilidad $\{x_1(\tau_1, \ldots, \tau_n), \ldots, x_n(\tau_1, \ldots, \tau_n); q_1(\tau_1, \ldots, \tau_n), \ldots, q_n(\tau_1, \ldots, tau_n)\}$ tales que la estrategia de equilibrio de cada jugador i sea declarar $\tau_i(t_i) = t_i$ para cada t_i en T_i. Un mecanismo directo en el cual decir la verdad constituye un equilibrio bayesiano de Nash se llama *de incentivos compatibles*.

Fuera del contexto del diseño de una subasta, el principio de revelación puede seguir siendo utilizado de estas dos maneras. Cualquier equilibrio bayesiano de Nash de un juego bayesiano puede representarse con un nuevo equilibrio bayesiano de Nash en un nuevo juego bayesiano adecuadamente escogido, en el cual por "representado" queremos decir que para cada posible combinación de tipos de los jugadores $(t_i, \ldots, t_n)$, las acciones y las ganancias de los jugadores en el nuevo equilibrio son idénticos a los del equilibrio original. Independientemente de cuál sea el juego original, el nuevo juego bayesiano es siempre un mecanismo directo; independientemente del equilibrio original, el nuevo equilibrio siempre consiste en decir la verdad. De manera más formal:

Teorema. (El principio de revelación). *Cualquier equilibrio bayesiano de Nash en un juego bayesiano puede representarse mediante un mecanismo directo de incentivos compatibles.*

En la subasta analizada en la sección 3.2.B supusimos que las valoraciones de los participantes eran independientes entre sí. También supusimos (de forma implícita en la definición de las valoraciones de los participantes) que conocer la valoración del jugador j no cambiaría la valoración del jugador i (aunque tal conocimiento cambiaría normalmente la puja de i). Caracterizamos estos dos supuestos diciendo que los participantes tienen valores privados e independientes. En este caso, Myerson (1981) determina qué mecanismos directos tienen un equilibrio de decir la verdad y cuáles de estos equilibrios maximizan la ganancia esperada del vendedor. El principio de revelación garantiza entonces que no hay otra subasta con un equilibrio bayesiano de Nash que proporcione al vendedor una ganancia esperada más alta, puesto que el equilibrio de tal subasta habría sido representado por un equilibrio de decir la verdad de un mecanismo directo, y ya consideramos todos los mecanismos directos de incentivos compatibles. También demuestra Myerson que el equilibrio bayesiano de Nash simétrico de la subasta analizada en la sección 3.2.B es equivalente a este equilibrio de decir la verdad maximizador de la ganancia (como los equilibrios simétricos de otras conocidas subastas).

Como segundo ejemplo del principio de revelación, consideremos el problema del intercambio bilateral descrito en la sección 3.2.C. Allí analizamos un juego de intercambio entre un comprador y un vendedor, la subasta doble. En ese juego, si había intercambio, el comprador pagaba al vendedor, mientras que si no, no había pago; sin embargo existen muchas otras posibilidades. Podría haber pagos (del comprador al vendedor o viceversa) incluso sin intercambio, y la probabilidad de un intercambio podría estar estrictamente entre cero y uno. También, la regla para determinar si va haber intercambio podría exigir que la oferta del comprador fuera mayor que la demanda del vendedor en una cierta cantidad (positiva o negativa); dicha cantidad podría incluso variar dependiendo de los precios anunciados por las partes.

Podemos capturar estas posibilidades considerando la siguiente clase de mecanismos directos: el comprador y el vendedor realizan simultáneamente declaraciones sobre sus tipos, τ_b y τ_s, tras lo cual el comprador paga al vendedor $x(\tau_b, \tau_s)$, que puede ser positivo o negativo, y el comprador recibe el bien con probabilidad $q(\tau_b, \tau_s)$. Myerson y Satterthwaite determinan qué mecanismos directos tienen un equilibrio de decir la verdad. Luego imponen la restricción de que cada tipo de cada parte quiera jugar (es decir, que cada tipo de cada parte tenga una ganancia esperada en equilibrio no inferior a la ganancia que ese tipo podría conseguir negándose a jugar, concretamente cero para cada tipo de comprador y t_s para el tipo de vendedor t_s). Finalmente, demuestran que en ninguno de estos mecanismos directos de incentivos compatibles, el intercambio se da con probabilidad uno si y sólo si el intercambio es eficiente. El principio de revelación garantiza entonces que no hay juego de negociación que quieran seguir el comprador y el vendedor que tenga un equilibrio bayesiano de Nash en el cual se dé el intercambio si y sólo si es eficiente.

Para dar un enunciado formal y una demostración del principio de revelación, consideremos el equilibrio bayesiano de Nash $s^* = (s_1^*, \ldots, s_n^*)$ en el juego bayesiano estático $G = \{A_1, \ldots, A_n; T_1, \ldots, T_n; p_1, \ldots, p_n; u_1, \ldots, u_n\}$. Vamos a construir un mecanismo directo con un equilibrio de decir la verdad que represente s^*. El mecanismo directo adecuado es un juego bayesiano estático con los mismos espacios de tipos y de conjeturas que G, pero con nuevos espacios de acciones y nuevas funciones de ganancias. Los nuevos espacios de acciones son simples. Las acciones factibles del jugador i en el mecanismo directo son declaraciones (posiblemente falsas) sobre sus posibles tipos. Es decir, el espacio de acciones del jugador i es T_i. Las nuevas funciones de ganancias son más complicadas. Dependen no sólo del juego original G, sino también del equilibrio original en dicho juego, s^*. La idea crucial es utilizar el hecho de que s^* es un equilibrio en G para garantizar que decir la verdad es un equilibrio del mecanismo directo, como vemos a continuación.

Decir que s^* es un equilibrio bayesiano de Nash de G, significa que para cada jugador i, s_i^* es la mejor respuesta de i a las estrategias $(s_1^*, \ldots, s_{i-1}^*, s_{i+1}^*, \ldots, s_n^*)$ de los demás jugadores. Más concretamente, para cada uno de los tipos t_i en T_i de i, $s_i^*(t_i)$ es la mejor acción de A_i que puede elegir i, dado que las estrategias de los otros jugadores son $(s_1^*, \ldots, s_{i-1}^*, s_{i+1}^*, \ldots, s_n^*)$. Por tanto, si el tipo de i es t_i, y permitimos a i elegir una acción de un subgrupo A_i que incluye $s_i^*(t_i)$, entonces la elección óptima de i sigue siendo $s_i^*(t_i)$, suponiendo de nuevo que las estrategias de los otros jugadores son $(s_1^*, \ldots, s_{i-1}^*, s_{i+1}^*, \ldots, s_n^*)$. Las funciones de ganancias en el mecanismo directo se eligen para confrontar a cada jugador con una elección exactamente de esta clase.

Definimos las ganancias en el mecanismo directo sustituyendo las declaraciones de tipos de los jugadores en el nuevo juego $\tau = (\tau_1, \ldots, \tau_n)$

en las estrategias de equilibrio del juego original, s^*, y luego sustituyendo las acciones resultantes en el juego original $s^*(\tau) = (s_1^*(\tau_1), \ldots, s_n^*(\tau_n))$ en las funciones de ganancias del juego original. Formalmente, la función de ganancias de i es

$$v_i(\tau,t) = u_i[s^*(\tau),t],$$

donde $t = (t_1, \ldots, t_n)$. Se podría pensar que estas ganancias se dan porque un observador imparcial se acerca a los jugadores y pronuncia el siguiente discurso:

> Sé que ustedes ya conocen sus tipos y que van a jugar el equilibrio s^* del juego G. Pero permítanme que les presente un nuevo juego, un mecanismo directo. En primer lugar, cada uno de ustedes firmará un contrato que me permita a mí dictar la acción que tomarán cuando juguemos G. En segundo lugar, cada uno de ustedes escribirá una declaración sobre su tipo τ_i y me la entregará. Seguidamente utilizaré la declaración del tipo de cada uno de ustedes en el nuevo juego, τ_i, junto con su estrategia de equilibrio en el juego original, s_i^*, para calcular la acción que habrían elegido en el equilibrio s^* si su tipo fuera verdaderamente τ_i, concretamente $s_i^*(\tau_i)$. Finalmente, determinaré que cada uno de ustedes tome la acción que he calculado, y recibirán las ganancias resultantes (que dependerán de estas acciones y de sus tipos verdaderos).

Concluimos esta sección (y la demostración del principio de revelación) demostrando que decir la verdad es un equilibrio bayesiano de Nash de este mecanismo directo. Al declarar ser del tipo τ_i de T_i, el jugador i está en efecto escogiendo tomar la acción $s_i^*(\tau_i)$ de A_i. Si todos los demás jugadores dicen la verdad, están efectivamente jugando las estrategias $(s_1^*, \ldots, s_{i-1}^*, s_{i+1}^*, \ldots, s_n^*)$. Pero discutimos anteriormente que si juegan esas estrategias, cuando el tipo de i es t_i la mejor acción que puede elegir i es $s_i^*(t_i)$. Por tanto, si los otros jugadores dicen la verdad, cuando el tipo de i sea t_i el mejor tipo del que se puede declarar ser es t_i. Es decir, decir la verdad es un equilibrio. De un modo más formal, jugar la estrategia de decir la verdad $\tau_i(t_i) = t_i$ para cada t_i en T_i es un equilibrio bayesiano de Nash del juego bayesiano estático $\{T_1, \ldots, T_n; T_1, \ldots, T_n; p_1, \ldots, p_n; v_1, \ldots, v_n\}$ para cada jugador i.

3.4 Lecturas adicionales

Myerson (1985) ofrece una introducción más detallada a los juegos bayesianos, el equilibrio bayesiano de Nash y al principio de revelación.
Consúltese McAfee y McMillan (1987) para un examen de la literatura
sobre subastas, incluyendo una introducción a la maldición del ganador.
Bulow y Klemperer (1991) extienden el modelo de subastas de la sección
3.2.B para dar una interesante explicación de los pánicos y de los hundi-
mientos racionales en los (digamos) mercados de valores. Sobre el empleo bajo información asimétrica consúltese Deere (1988), quien analiza un
modelo dinámico en el cual el trabajador va encontrándose con distintas
empresas a lo largo del tiempo, cada una con su propio producto marginal
conocido de forma privada. Para aplicaciones del principio de revelación
consúltese Baron y Myerson (1982) sobre la regulación de un monopolio
con costes desconocidos, Hart (1983) sobre los contratos implícitos y el
paro involuntario y Sappington (1983) sobre la teoría de la agencia.

3.5 Ejercicios

3.1 ¿Qué es un juego bayesiano estático? ¿Qué es una estrategia (pura)
en tal juego? ¿Qué es un equilibrio bayesiano de Nash (con estrategias
puras) en dicho juego?

3.2 Consideremos un duopolio de Cournot que opera en un mercado con
demanda inversa $P(Q) = a - Q$, donde $Q = q_1 + q_2$ es la cantidad agregada
en el mercado. Ambas empresas tienen unos costes totales de $c_i(q_i) = cq_i$,
pero la demanda es incierta: es alta ($a = a_A$) con probabilidad θ y baja
($a = a_B$) con probabilidad $1 - \theta$. Además, la información es asimétrica. La
empresa 1 sabe si la demanda es alta o baja, pero la empresa 2 no lo sube.
Todo esto es información del dominio público. Las dos empresas eligen
cantidades simultáneamente. ¿Cuáles son los espacios de estrategias de
las dos empresas? Háganse supuestos sobre a_A, a_B, θ y c de manera que
todas las cantidades de equilibrio sean positivas. ¿Cuál es el equilibrio
bayesiano de este juego?

3.3 Consideremos el siguiente modelo de duopolio de Bertrand con información asimétrica y productos diferenciados. La demanda que se dirige
a la empresa i es $q_i(p_i,p_j) = a - p_i - b_i \cdot p_j$. Los costes son cero para ambas

empresas. La sensibilidad de la demanda de la empresa i al precio de la empresa j es o alta o baja. Es decir, b_i es o b_A o b_B, donde $b_A > b_B > 0$. Para cada empresa, $b_i = b_A$ con probabilidad θ y $b_i = b_B$ con probabilidad $1 - \theta$, independientemente de b_j. Cada empresa conoce su propio b_i pero no el de su competidora. Todo esto es información del dominio público. ¿Cuáles son los espacios de acciones, espacios de tipos, conjeturas y funciones de utilidad en este juego? ¿Cuáles son los espacios de estrategias? ¿Qué condiciones definen un equilibrio bayesiano de Nash simétrico con estrategias puras de este juego? Hállese dicho equilibrio.

3.4 Hállense todos los equilibrios bayesianos de Nash con estrategias puras en el siguiente juego bayesiano estático:

1. El azar determina si las ganancias son como en el juego 1 o como en el juego 2, siendo cada juego igualmente probable.
2. El jugador 1 se entera de si el azar ha escogido el juego 1 o el 2, pero el jugador 2 no.
3. El jugador 1 elige A o B; simultáneamente el jugador 2 elige D o I.
4. Las ganancias son las que se dan en el juego que determina el azar.

	I	D
A	1,1	0,0
B	0,0	0,0

Juego 1

	I	D
A	0,0	0,0
B	0,0	2,2

Juego 2

3.5 Recordemos de la sección 1.3 que el juego de las monedas (un juego estático con información completa) no tiene equilibrios de Nash con estrategias puras, pero tiene un equilibrio de Nash con estrategias mixtas: cada jugador elige *cara* con probabilidad 1/2.

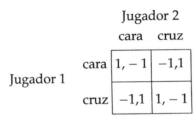

Jugador 2

		cara	cruz
Jugador 1	cara	1, − 1	−1,1
	cruz	−1,1	1, − 1

Hállese un equilibrio bayesiano de Nash con estrategias puras del juego correspondiente con información incompleta tal que, conforme la información incompleta desaparece, la conducta de los jugadores en el equilibrio bayesiano de Nash tienda a su comportamiento en el equilibrio de Nash con estrategias mixtas del juego original con información completa.

3.6 Consideremos una subasta de sobre cerrado al primer precio en la cual las valoraciones de los participantes están distribuidas de forma independiente y uniforme en [0,1]. Demuéstrese que si hay n participantes, la estrategia de pujar $(n-1)/n$ veces la propia valoración es un equilibrio bayesiano de Nash simétrico.

3.7 Consideremos una subasta de sobre cerrado al primer precio en la cual las valoraciones de los participantes están distribuidas indénticamente y de forma independiente según la densidad estrictamente positiva $f(v_i)$ en [0,1]. Calcúlese un equilibrio bayesiano de Nash simétrico para el caso de dos participantes.

3.8 Considérese al comprador y al vendedor de la subasta doble analizada en la sección 3.2.C como una empresa que conoce el producto marginal m del trabajador y un trabajador que conoce su oportunidad alternativa v, como en Hall y Lazear (1984). En este contexto, un intercambio significa que el trabajador está empleado por la empresa, y el precio al cual las partes negocian es el salario del trabajador w. Si se da el intercambio, la ganancia de la empresa es $m - w$, y la del trabajador es w; si no hay intercambio, la ganancia de la empresa es cero y la del trabajador v.

Supongamos que m y v son obtenidos independientemente según una distribución uniforme en [0,1] como en el texto. Con fines comparativos, calcúlense las ganancias esperadas de los jugadores en el equilibrio lineal de la subasta doble. Ahora consideremos los dos juegos de intercambio siguientes como alternativas a la subasta doble.

Juego 1: Antes de que las partes conozcan su información privada, firman un contrato aceptando que si el trabajador es empleado por la empresa, su salario será w, pero también que cualquiera de las partes puede romper la relación de empleo sin coste alguno. Después de que las partes conocen los respectivos valores de su información privada, anuncian simultáneamente si aceptan el salario w o si lo rechazan. Si ambos anuncian que lo aceptan, hay intercambio; si no, no. Dado un valor de v arbitrario en [0,1], ¿cuál es el equilibrio bayesiano de Nash de este juego? Dibújese un diagrama análogo a la figura 3.2.3 mostrando los pares de tipos para los que hay intercambio. Hállese el valor de w que maximiza la suma de las ganancias esperadas de los jugadores y calcúlese esta suma.

Juego 2: Antes de que las partes conozcan su información privada, firman un contrato aceptando que el siguiente juego dinámico se utilizará para determinar si el trabajador se une a la empresa y, si lo hace, con qué salario. (Estrictamente hablando, este juego pertenece al capítulo 4. Vamos a adelantarnos al capítulo 4 aduciendo que este juego puede resolverse combinando las lecciones de este capítulo con las del capítulo 2.) Una vez que las partes conocen los respectivos valores de su información privada, la empresa elige un salario w que ofrece al trabajador, salario que el trabajador acepta o rechaza. Analícese este juego utilizando el procedimiento de inducción hacia atrás, tal como hicimos en la sección 2.1.A con los juegos análogos de información completa. Dados w y v, ¿qué hará el trabajador? Si la empresa prevé lo que hará el trabajador, dado m ¿qué hará la empresa? ¿Cuál es la suma de las ganancias esperadas de los jugadores?

3.6 Referencias

BARON, D., y R. MYERSON. 1982. "Regulating a Monopolist with Unknown Costs." *Econometrica* 50:911-30.

BULOW, J., y P. KLEMPERER. 1991. "Rational Frenzies and Crashes." Stanford University Graduate School of Business Research Paper #1150.

CHATTERJEE, K., y W. SAMUELSON. 1983. "Bargaining under Incomplete Information." *Operations Research* 31:835-51.

DEERE, D. 1988. "Bilateral Trading as an Efficient Auction over Times." *Journal of Political Economy* 96:100-15.

HALL, R., y E. LAZEAR. 1984. "The Excess Sensitivity of Layoffs and Quits to Demand." *Journal of Labor Economics* 2:233-57.

HARSANYI, J. 1967. "Games with Incomplete Information Played by Bayesian Players Parts I II and III." *Management Science* 14:159-82, 320-34, 486-502.

—. 1973. "Games with Randomly Disturbed Payoffs: A New Rationale for Mixed Strategy Equilibrium Points." *International Journal of Game Theory* 2:1-23.

HART, O. 1983. "Optimal Labour Contracts under Asymmetric Information." *Review of Economic Studies* 50:3-35.

MCAFEE, P. y J. MCMILLAN. 1987. "Auctions and Bidding." *Journal of Economic Literature* 25:699-738.

MYERSON, R. 1979. "Incentive Compatability and the Bargaining Problem." *Econometrica* 47:61-73.

—. 1981. "Optimal Auction Design." *Mathematics of Operations Research* 6:58-73.

—. 1985. "Bayesian Equilibrium and Incentive Compatibility: An Introduction." In *Social Goals and Social Organization*. L. Hurwicz, D. Schmeidler, y H. Sonnenschein, eds. Cambridge: Cambridge University Press.

MYERSON, R., y M. SATTERHWAITE. 1983. "Efficient Mechanisms for Bilateral Trading." *Journal of Economic Theory* 28:265-81.

SAPPINGTON, D. 1983. "Limited Liability Contracts between Principal and Agent." *Journal of Economic Theory* 21:1-21.

4. Juegos dinámicos con información incompleta

En este capítulo presentamos un concepto más de equilibrio, *el equilibrio bayesiano perfecto*, con lo que tenemos cuatro conceptos de equilibrio en cuatro capítulos: el equilibrio de Nash en los juegos estáticos con información completa, el equilibrio de Nash perfecto en subjuegos en los juegos dinámicos con información completa, el equilibrio bayesiano de Nash en los juegos estáticos con información incompleta y el equilibrio bayesiano perfecto en los juegos dinámicos con información incompleta. Podría parecer que nos inventamos un nuevo concepto de equilibrio para cada clase de juegos que estudiamos pero, de hecho, estos conceptos de equilibrio están estrechamente relacionados. A medida que vamos considerando juegos más completos, vamos reforzando el concepto de equilibrio para excluir los equilibrios poco verosímiles que sobrevivirían en los juegos más ricos si aplicáramos los conceptos de equilibrio adecuados a los juegos más simples. En cada caso, el concepto de equilibrio más poderoso difiere del más débil sólo en los juegos más ricos, no en los más simples.

En particular, el equilibrio bayesiano perfecto es equivalente al equilibrio bayesiano de Nash en los juegos estáticos con información completa, equivalente al equilibrio de Nash perfecto en subjuegos en los juegos dinámicos con información perfecta y completa (y en muchos juegos dinámicos con información perfecta pero incompleta, entre los que se incluyen los que hemos discutido en las secciones 2.2 y 2.3) y equivalente al equilibrio de Nash en los juegos estáticos con información completa.

El equilibrio bayesiano perfecto se inventó para refinar (es decir, para reforzar los requisitos de) el equilibrio bayesiano de Nash, del mismo modo que el equilibrio de Nash perfecto en subjuegos refina el equilibrio de Nash. Igual que introdujimos la perfección en subjuegos en juegos dinámicos con información completa porque el equilibrio de Nash no capturaba la idea de que las amenazas y promesas debían ser creíbles, ahora limitamos nuestra atención al equilibrio bayesiano perfecto en juegos dinámicos con información incompleta porque el equilibrio bayesiano de Nash presenta el mismo inconveniente. Recordemos que si las estrategias de los jugadores han de formar un equilibrio de Nash perfecto en subjuegos, no sólo deben formar un equilibrio de Nash en el juego completo, sino también constituir un equilibrio de Nash en cada subjuego. En este capítulo reemplazamos la idea de subjuego por la idea más general de juego de continuación, que puede comenzar en cualquier conjunto de información (ya sea de un único elemento o no), y no sólo en conjuntos de información con un único elemento. A continuación procedemos por analogía: si las estrategias de los jugadores tienen que formar un equilibrio bayesiano perfecto, no sólo deben constituir un equilibrio bayesiano de Nash para el juego completo, sino también constituir un equilibrio bayesiano de Nash en cada juego de continuación.

En la sección 4.1 presentamos de modo informal las principales características de un equilibrio bayesiano perfecto. Para ello, adoptamos temporalmente una segunda perspectiva (complementaria) que cambia el énfasis anterior: el equilibrio bayesiano perfecto refuerza los requisitos del equilibrio de Nash perfecto en subjuegos analizando explícitamente las conjeturas de los jugadores, como en un equilibrio bayesiano de Nash. Esta segunda perspectiva surge porque, siguiendo a Harsanyi (1967), describimos un juego con información incompleta como si fuera un juego con información imperfecta; el azar revela el tipo del jugador i a i pero no a j, por lo que j no conoce la historia completa del juego. Por lo tanto, un concepto de equilibrio diseñado para reforzar el equilibrio bayesiano de Nash en los juegos dinámicos con información incompleta puede también reforzar el equilibrio de Nash perfecto en subjuegos en los juegos dinámicos con información completa pero imperfecta.

En la sección 4.2 analizaremos la clase de juegos con información incompleta aplicada con más frecuencia: *los juegos de señalización*. Enunciado de un modo abstracto, un juego de señalización consta de dos jugadores (uno con información privada, el otro sin ella) y dos rondas (primero una señal enviada por el jugador informado y después una respuesta adoptada por el jugador desinformado). La idea clave es que la comunicación puede darse si un tipo de jugador informado quiere enviar una señal que sería demasiado cara de enviar por parte de otro tipo. En primer lugar definiremos el equilibrio bayesiano perfecto en juegos de señalización y describiremos los distintos tipos de equilibrios (que corresponden a distintos grados de comunicación, entre cero y completa) que pueden existir. A continuación consideraremos el modelo original de señalización en el mercado de trabajo de Spence (1973), el modelo de inversión empresarial de Myers y Majluf (1984) y el modelo de política monetaria de Vickers (1986).

En la sección 4.3 describiremos otras aplicaciones del equilibrio bayesiano perfecto. Comenzaremos con el análisis de *juegos con parloteo (cheap-talk games)* (es decir, juegos de señalización en los cuales los mensajes no cuestan nada), entre cuyas aplicaciones se incluyen las amenazas de veto presidencial a las decisiones del legislativo norteamericano, los anuncios de política por parte de la autoridad monetaria y las comunicaciones (o "voz") en las organizaciones. En los juegos con parloteo, el alcance de la comunicación se determina por los intereses comunes de los jugadores más que por los costes de las señales de los diferentes tipos. Estudiaremos a continuación el modelo de negociación sucesiva de Sobel y Takahashi (1983), en el cual una empresa debe tolerar una huelga para demostrar que no puede permitirse pagar salarios más altos (cfr. el modelo de negociación con información completa de Rubinstein que incluimos en la sección 2.1.D, en el cual las huelgas no se dan en equilibrio). Finalmente, exploraremos la explicación clásica de Kreps, Milgrom, Roberts y Wilson (1982) del papel de la *reputación* en el logro de la cooperación racional en el dilema de los presos repetido finitamente (cfr. la proposición en la sección 2.3.A concerniente al único equilibrio de Nash perfecto en subjuegos de un juego repetido finitamente basado en un juego de etapa con un único equilibrio de Nash).

En la sección 4.4 volveremos a la teoría. Aunque es la sección final del libro, sirve para indicar lo que podría venir a continuación más que como culminación de los temas analizados. Allí describiremos e ilustraremos dos refinamientos (sucesivos) del equilibrio bayesiano perfecto, el segundo de los cuales es *el criterio intuitivo* de Cho y Kreps (1987).

4.1 Introducción al equilibrio bayesiano perfecto

Consideremos el siguiente juego dinámico con información completa pero imperfecta. En primer lugar, el jugador 1 elige entre tres acciones, I,C y D. Si el jugador 1 elige D, se acaba el juego sin que juegue el 2. Si el jugador 1 elige I o C, el jugador 2 se da cuenta de que D no ha sido elegida (pero no de si ha sido elegida I o C) y entonces elige entre dos acciones, I' y D', tras lo cual se termina el juego. Las ganancias se muestran en la forma extensiva de la figura 4.1.1.

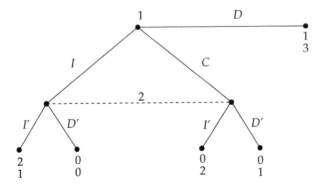

Figura 4.1.1

Utilizando la representación en forma normal de este juego dada en la figura 4.1.2, observamos que existen dos equilibrios de Nash con estrategias puras, (I,I') y (D,D'). Para determinar si estos equilibrios de Nash son perfectos en subjuegos utilizamos la representación en forma extensiva para definir los subjuegos del juego. Puesto que un juego es definido de modo que comienza en un nodo de decisión, que no es más que un conjunto de información con un único elemento (aunque no es el primer nodo de decisión del juego), el juego de la figura 4.1.1 no tiene subjuegos. Si un juego no tiene subjuegos, el requisito de perfección en subjuegos (concretamente que las estrategias de los jugadores constituyan un equilibrio de Nash en cada subjuego) se cumple de forma trivial. Por tanto, en cualquier juego que no tenga subjuegos la definición de equilibrio de Nash perfecto en subjuegos es equivalente a la definición de equilibrio de Nash, por lo que en la figura 4.1.1 tanto (I,I') como (D,D') son equilibrios de Nash perfectos en subjuegos. No obstante, (D,D') depende claramente de una amenaza que no resulta creíble: si llega el turno del jugador 2, jugar I' domina a jugar D', por lo que el jugador 1 no debería verse inducido a jugar D por la amenaza del jugador 2 de jugar D' si llega a mover.

		Jugador 2	
		I'	D'
	I	2,1	0,0
Jugador 1	C	0,2	0,1
	D	1,3	1,3

Una manera de reforzar el concepto de equilibrio para excluir el equilibrio de Nash perfecto en subjuegos (D,D') de la figura 4.1.1 es imponer los dos requisitos siguientes:

Requisito 1. *En cada conjunto de información, el jugador que decide debe formarse una* **conjetura** *sobre el nodo del conjunto de información al que se ha llegado en el juego. Para un conjunto de información con más de un elemento, una conjetura es una distribución de probabilidad sobre los nodos del conjunto de información; para un conjunto de información con un único elemento, la conjetura del jugador asigna probabilidad uno al único nodo de decisión.*

Requisito 2. *Dadas sus conjeturas, las estrategias de los jugadores deben ser* **sucesivamente racionales.** *Es decir, en cada conjunto de información, la acción tomada por el jugador al que le toca tirar y su estrategia subsiguiente deben ser óptimas, dada la conjetura del jugador en ese conjunto de información y las subsiguientes estrategias de los demás jugadores (donde una "estrategia subsiguiente" es un plan de acción completo que cubre cada contingencia que podría darse después de haberse alcanzado el conjunto de información).*

En la figura 4.1.1, el requisito 1 significa que si el juego alcanza el conjunto de información con más de un elemento del jugador 2, éste debe formarse una conjetura sobre el nodo que se ha alcanzado (o, de forma equivalente, sobre si el jugador 1 ha jugado I o C). Esta conjetura se representa con las probabilidades p y $1-p$ ligadas a los nodos relevantes en el árbol, como muestra la figura 4.1.3.

Dada la conjetura del jugador 2, la ganancia esperada por jugar D' es $p \cdot 0 + (1-p).1 = 1-p$, mientras que la ganancia esperada por jugar I' es $p \cdot 1 + (1-p) \cdot 2 = 2-p$. Puesto que $2-p > 1-p$ para cualquier valor de p, el requisito 2 hace que el jugador 2 no elija D'. Así, basta con exigir que cada jugador tenga una conjetura y actúe óptimamente de acuerdo con ella para eliminar el equilibrio inverosímil (D,D') en este ejemplo.

Los requisitos 1 y 2 insisten en que los jugadores se formen conjeturas y actúen de forma óptima según éstas, pero no que estas conjeturas sean razonables. Para imponer requisitos adicionales a las conjeturas de los jugadores, distinguimos entre conjuntos de información que están en la trayectoria de equilibrio y los que están fuera de la trayectoria de equilibrio.

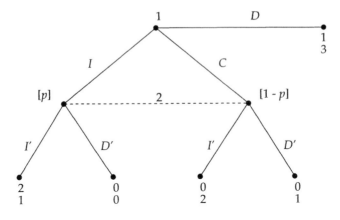

Figura 4.1.3

Definición. *Para un equilibrio dado en un cierto juego en forma extensiva, un conjunto de información está **en la trayectoria de equilibrio** si se alcanza con probabilidad positiva cuando el juego se desarrolla según las estrategias de equilibrio, y fuera de la trayectoria de equilibrio si es seguro que no se alcanza cuando el juego se desarrolla según las estrategias de equilibrio, (donde "equilibrio" puede significar equilibrio de Nash, perfecto en subjuegos, bayesiano o bayesiano perfecto).*

Requisito 3. *En conjuntos de información sobre la trayectoria de equilibrio, las conjeturas se determinan de acuerdo con la regla de Bayes y las estrategias de equilibrio de los jugadores.*

Por ejemplo, en el equilibrio de Nash perfecto en subjuegos (I,I') de la figura 4.1.3, la conjetura del jugador 2 debe ser $p = 1$: dada la estrategia de equilibrio del jugador 1 (concretamente I), el jugador 2 sabe qué nodo se ha alcanzado en el conjunto de información. Como una segunda ilustración (hipotética) del requisito 3, supongamos que en la figura 4.1.3 existiera un equilibrio en estrategias mixtas en el cual el jugador 1 elegiría I con probabilidad q_1, C con probabilidad q_2 y D con probabilidad $1 - q_1 - q_2$. El requisito 3 obligaría a que la conjetura del jugador 2 fuera $p = q_1/(q_1 + q_2)$.

Los tres requisitos capturan el espíritu de un equilibrio bayesiano perfecto. La nueva característica crucial de este concepto de equilibrio se debe a Kreps y Wilson (1982): en la definición de equilibrio las conjeturas se elevan al nivel de importancia de las estrategias. Formalmente, un equilibrio ya no consiste simplemente en una estrategia para cada jugador, sino que ahora también incluye una conjetura para cada jugador en cada conjunto de información en el que el jugador tenga que jugar.[1] La ventaja de hacer explícitas las conjeturas de los jugadores de esta manera es que, igual que en capítulos anteriores insistimos en que los jugadores eligen estrategias creíbles, ahora podemos insistir en que se forman conjeturas razonables, tanto dentro de la trayectoria de equilibrio (en el requisito 3) como fuera de ésta (en el requisito 4 que sigue y en otros de la sección 4.4).

En aplicaciones económicas simples, que incluyen el juego de señalización de la sección 4.2.A y el juego con parloteo de la sección 4.3.A, los tres requisitos no sólo capturan el espíritu del equilibrio bayesiano perfecto, sino que también constituyen su definición. Sin embargo, en aplicaciones económicas más complejas, se necesita imponer más requisitos con objeto de eliminar equilibrios inverosímiles. Distintos autores han utilizado diferentes definiciones del equilibrio bayesiano perfecto. Todas las definiciones incluyen los tres requisitos; algunas también incluyen el requisito 4 y algunas imponen requisitos adicionales.[2] En este capítulo tomamos los requisitos 1 a 4 como definición del equilibrio bayesiano perfecto.[3]

---

[1] Kreps y Wilson formalizan esta perspectiva de equilibrio definiendo el *equilibrio secuencial*, un concepto de equilibrio equivalente al equilibrio bayesiano perfecto en muchas aplicaciones económicas, pero en algunos casos algo más restrictivo. El equilibrio secuencial es más complicado de definir y aplicar que el equilibrio bayesiano perfecto, por lo que la mayoría de los autores ahora utilizan este último. Algunos se refieren (de modo impreciso) al concepto de equilibrio que aplican como equilibrio secuencial. Kreps y Wilson muestran que en cualquier juego finito (es decir, cualquier juego con un número finito de jugadores, tipos y jugadas posibles) existe un equilibrio secuencial. Esto significa que en cualquier juego finito existe un equilibrio bayesiano perfecto.

[2] Para dar una idea de las cuestiones que no son tratadas por los requisitos 1 a 4, supongamos que los jugadores 2 y 3 han observado los mismos acontecimientos y a continuación ambos observan una desviación del equilibrio por parte del jugador 1. En un juego con información incompleta en el cual el jugador 1 tiene información privada, ¿deberían los jugadores 2 y 3 formarse la misma conjetura sobre el tipo del jugador 1? En un juego con información completa, ¿deberían los jugadores 2 y 3 formarse la misma conjetura sobre las decisiones previas no observadas del jugador 1? De modo similar, si los jugadores 2 y 3 han observado los mismos acontecimientos y entonces el jugador 2 se desvía del equilibrio, ¿debería el jugador 3 cambiar su conjetura sobre el tipo del jugador 1 o sobre las decisiones no observadas del jugador 1?

[3] Fudenberg y Tirole (1991) dan una definición formal del equilibrio bayesiano perfecto para una amplia clase de juegos dinámicos con información incompleta. Su definición trata cuestiones como las que hemos planteado en la nota 2. Sin embargo, en los juegos simples analizados en este capítulo estas cuestiones no se plantean, por lo que su definición es equivalente a los requisitos 1 a 4. Fudenberg y Tirole ofrecen condiciones bajo las cuales su equilibrio bayesiano perfecto es equivalente al equilibrio sucesivo de Kreps y Wilson.

Requisito 4. *En conjuntos de información fuera de la trayectoria de equilibrio, las conjeturas se determinan según la regla de Bayes y las estrategias de los jugadores donde sea posible.*

Definición. *Un **equilibrio bayesiano perfecto** consiste en estrategias y conjeturas que satisfacen los requisitos 1 a 4.*

Sería por supuesto útil enunciar el requisito 4 de un modo más preciso, evitando la vaga instrucción "donde sea posible". Lo haremos en cada una de las aplicaciones económicas analizadas en las siguientes secciones. Por ahora utilizaremos los juegos de tres jugadores de las figuras 4.1.4 y 4.1.5 para ilustrar y fundamentar el requisito 4. (De arriba abajo se indican los pagos de los jugadores 1, 2 y 3 respectivamente.)

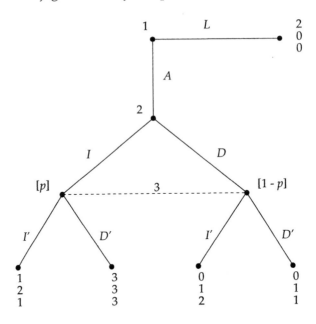

Figura 4.1.4

Este juego tiene un subjuego: comienza en el conjunto de información con un único elemento del jugador 2. El único equilibrio de Nash en este subjuego entre los jugadores 2 y 3 es (I,D'), por lo que el único equilibrio de Nash perfecto en subjuegos del juego completo es (A,I,D'). Estas estrategias y la conjetura $p = 1$ del jugador 3 satisfacen los requisitos

1 a 3. También satisfacen de forma trivial el requisito 4, puesto que no existe ningún conjunto de información fuera de esta trayectoria de equilibrio, por lo que constituye un equilibrio bayesiano perfecto.

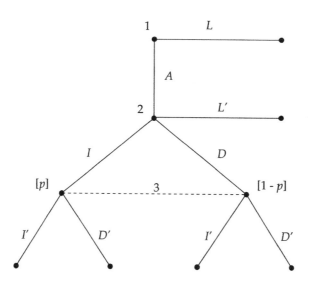

Figura 4.1.5

Ahora consideremos las estrategias (L,I,I') junto con la conjetura $p = 0$. Estas estrategias constituyen un equilibrio de Nash; ningún jugador quiere desviarse unilateralmente. Estas estrategias y la conjetura también satisfacen los requisitos 1 a 3; el jugador 3 tiene una conjetura y actúa de forma óptima con respecto a ésta, y los jugadores 1 y 2 actúan de forma óptima dadas las estrategias subsiguientes de los otros jugadores. Pero este equilibrio de Nash no es perfecto en subjuegos, porque el único equilibrio de Nash del único subjuego del juego es (I,D'). Por tanto, los requisitos 1 a 3 no garantizan que las estrategias de los jugadores constituyan un equilibrio de Nash perfecto en subjuegos. El problema es que la conjetura del jugador 3 ($p = 0$) es inconsistente con la estrategia del jugador 2 (I), pero los requisitos 1 a 3 no imponen restricciones a la conjetura de 3 porque el conjunto de información de 3 no se alcanza si el juego se desarrolla según las estrategias indicadas. No obstante, el requisito 4 fuerza a que la conjetura del jugador 3 esté determinada por la estrategia del jugador 2: si la estrategia de 2 es I, la conjetura debe ser

$p = 1$; si la estrategia de 2 es D, la conjetura de 3 debe ser $p = 0$. Pero si la conjetura de 3 es $p = 1$, el requisito 2 fuerza a que la estrategia de 3 sea D', con lo que las estrategias (L,I,I') y la conjetura $p = 0$ no satisfacen los requisitos 1 a 4.

Como segunda ilustración del requisito 4, supongamos que la figura 4.1.4 se modifica como muestra la figura 4.1.5. El jugador 2 dispone ahora de una tercera acción posible, L' que termina el juego. (Para simplificar ignoramos las ganancias en este juego.) Como antes, si la estrategia de equilibrio del jugador 1 es L, el conjunto de información del jugador 3 está fuera de la trayectoria de equilibrio, pero ahora el requisito 4 puede no determinar la conjetura de 3 a partir de la estrategia de 2. Si la estrategia de 2 es L', el requisito 4 no pone restricciones en la conjetura de 3, pero si la estrategia de 2 es jugar I con probabilidad q_1, D con probabilidad q_2 y L' con probabilidad $1 - q_1 - q_2$, donde $q_1 + q_2 > 0$, el requisito 4 dicta que la conjetura de 3 sea $p = q_1/(q_1 + q_2)$.

Para concluir esta sección, relacionamos de modo informal el equilibrio bayesiano perfecto con los conceptos de equilibrio presentados en los capítulos anteriores. En un equilibrio de Nash, la estrategia de cada jugador debe ser una mejor respuesta a las estrategias de los otros jugadores, por lo que ningún jugador elige una estrategia estrictamente dominada. En un equilibrio bayesiano perfecto, los requisitos 1 y 2 equivalen a exigir que la estrategia de ningún jugador esté estrictamente dominada comenzando en cualquier conjunto de información. (Véase la sección 4.4 para una definición formal de dominancia estricta comenzando en un conjunto de información.) El equilibrio de Nash y el equilibrio bayesiano de Nash no comparten esta característica en conjuntos de información situados fuera de la trayectoria de equilibrio, como los conjuntos de información que no están contenidos en ningún subjuego. El equilibrio bayesiano perfecto tapa estos agujeros: los jugadores no pueden amenazar con jugar estrategias estrictamente dominadas al comienzo de cualquier conjunto de información fuera de la trayectoria de equilibrio.

Como indicamos anteriormente, una de las virtudes del concepto de equilibrio bayesiano perfecto es que hace explícitas las conjeturas de los jugadores para imponer no sólo los requisitos 3 y 4, sino también otros requisitos (sobre conjeturas fuera de la trayectoria de equilibrio). Puesto que el equilibrio bayesiano perfecto no permite que el jugador i juegue una estrategia estrictamente dominada comenzando en un conjunto de información fuera de la trayectoria de equilibrio, tal vez no sea razonable que el jugador j crea que el jugador i jugará tal estrategia. Sin embargo, puesto

que el equilibrio bayesiano perfecto hace que las conjeturas de los jugadores sean explícitas, este equilibrio no puede reconstruirse procediendo
hacia atrás en el árbol del juego, como hicimos para construir el equilibrio
de Nash perfecto en subjuegos. El requisito 2 determina la acción de un
jugador en un conjunto de información dado basado en parte en la conjetura del jugador sobre dicho conjunto de información. Si el requisito 3
o el requisito 4 se aplican a este conjunto de información, determinan la
conjetura del jugador a partir de las acciones de los jugadores situados
más arriba en el árbol. Pero el requisito 2 determina las acciones situadas
más arriba en el árbol, basándose en parte en las estrategias subsiguientes
de los jugadores, incluyendo la decisión en el conjunto de información
original. Esta circularidad implica que una sola pasada hacia atrás a lo
largo del árbol (normalmente) no es suficiente para calcular un equilibrio
bayesiano perfecto.

4.2 Juegos de señalización

4.2.A Equilibrio bayesiano perfecto en juegos de señalización

Un juego de señalización es un juego dinámico con información completa
y dos jugadores: un emisor (E) y un receptor (R). El desarrollo del juego
es el siguiente:

1. El azar escoge un tipo t_i del conjunto de tipos factibles $T = \{t_1, \ldots, t_I\}$
   que asigna al siguiente emisor según una distribución de probabilidad
   $p(t_i)$, donde $p(t_i) > 0$ para cada i y $p(t_1) + \ldots + p(t_I) = 1$.
2. El emisor observa t_i y elige un mensaje m_j del conjunto de mensajes
   factibles $M = \{m_1, \ldots, m_J\}$.
3. El receptor observa m_j (pero no t_i) y elige a continuación una acción
   a_k de un conjunto de acciones factibles $A = \{a_1, \ldots, a_K\}$.
4. Las ganancias vienen dadas por $U_E(t_i, m_j, a_k)$ y $U_R(t_i, m_j, a_k)$.

En muchas aplicaciones, los conjuntos T, M y A son intervalos de la
recta real, en lugar de conjuntos finitos como los considerados aquí. Es
inmediato permitir que el conjunto de mensajes factibles dependa del tipo
que determina el azar, y que el conjunto de acciones factibles dependa del
mensaje que envía el emisor.

Los modelos de señalización han sido aplicados extensamente en el análisis económico. Para indicar la diversidad de posibles aplicaciones interpretamos brevemente la estructura formal en 1–4 en términos de las tres aplicaciones que serán analizadas en las secciones 4.2.B, 4.2.C y 4.2.D.

> En el modelo de señalización en el mercado de trabajo de Spence (1973) el emisor es un trabajador, el receptor es el mercado de posibles empresarios, el tipo es la capacidad productiva del trabajador, el mensaje es la elección del nivel de educación del trabajador y la acción es el salario pagado por el mercado.
>
> En el modelo de inversión empresarial y estructura de capital de Myers y Majluf (1984), el emisor es una empresa que necesita capital para financiar un nuevo proyecto, el receptor es un inversor potencial, el tipo es la rentabilidad de los activos existentes de la empresa, el mensaje es la oferta de una participación en el beneficio de la empresa a cambio de financiación y la acción es la decisión de si invertir o no por parte del inversor.

En algunas aplicaciones, un juego de señalización forma parte de un juego más complejo. Por ejemplo, el receptor podría tomar su decisión antes de que el emisor eligiese el mensaje en la segunda etapa y el emisor podría tomar su decisión después de que el receptor tomase la suya en la etapa 3 (o simultáneamente).

> En el modelo de política monetaria de Vickers (1986), la autoridad monetaria posee información privada sobre su voluntad de aceptar inflación para aumentar el nivel de empleo pero, por lo demás, el modelo es una versión en dos etapas del juego repetido con información completa del modelo analizado en la sección 2.3.E. Así, el emisor es la autoridad monetaria, el receptor es la patronal, el tipo la voluntad de la autoridad monetaria de aceptar una cierta inflación para aumentar el nivel de empleo, el mensaje la elección de la inflación en el primer periodo por parte de la autoridad monetaria y la acción la expectativa de inflación en el segundo periodo por parte de los empresarios. La

expectativa de inflación por parte de los empresarios precede al juego de señalización, y la elección de la autoridad
monetaria de inflación en el segundo periodo la sigue.

En el resto de esta sección analizamos el juego de señalización abstracto dado en 1 a 4, más que estas aplicaciones. La figura 4.2.1 ofrece
una representación en forma extensiva (sin ganancias) de un caso simple:
$T = \{t_1, t_2\}$, $M = \{m_1, m_2\}$, $A = \{a_1, a_2\}$ y $\text{Prob}\{t_1\} = p$. Nótese que el juego
no se desarrolla desde el nodo inicial en la parte superior del árbol hasta
los nodos terminales en la parte inferior, sino desde una jugada inicial
determinada por el azar en mitad del árbol hasta los nodos terminales en
los extremos izquierdo y derecho.

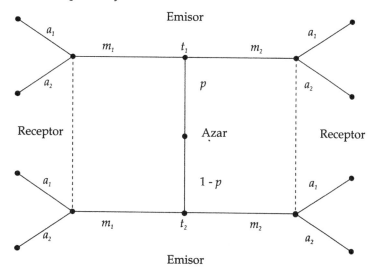

Figura 4.2.1

Recordemos que (en cualquier juego) la estrategia de un jugador es un
plan de acción completo; una estrategia detalla una acción factible para
cada contingencia en la cual el jugador pudiera tener que actuar. Por lo
tanto, en un juego de señalización, una estrategia pura del emisor es una
función $m(t_i)$ que especifica qué mensaje elegirá para cada tipo que el
azar pueda determinar, y una estrategia pura del receptor es una función
$a(m_j)$ que especifica qué acción elegirá ante cada mensaje que el emisor
pueda enviar. En el juego simple de la figura 4.2.1, tanto el emisor como
el receptor cuentan con cuatro estrategias puras.

Estrategia 1 del emisor: Jugar m_1 si el azar determina t_1 y jugar m_1 si el azar determina t_2.

Estrategia 2 del emisor: Jugar m_1 si el azar determina t_1 y jugar m_2 si el azar determina t_2.

Estrategia 3 del emisor: Jugar m_2 si el azar determina t_1 y jugar m_1 si el azar determina t_2.

Estrategia 4 del emisor: Jugar m_2 si el azar determina t_1 y jugar m_2 si el azar determina t_2.

Estrategia 1 del receptor: Jugar a_1 si el emisor elige m_1 y jugar a_1 si el emisor elige m_2.

Estrategia 2 del receptor: Jugar a_1 si el emisor elige m_1 y jugar a_2 si el emisor elige m_2.

Estrategia 3 del receptor: Jugar a_2 si el emisor elige m_1 y jugar a_1 si el emisor elige m_2.

Estrategia 4 del receptor: Jugar a_2 si el emisor elige m_1 y jugar a_2 si el emisor elige m_2.

Llamamos a las estrategias primera y cuarta del emisor *de agrupación*, porque cada tipo envía el mismo mensaje, y a la segunda y a la tercera *de separación*, porque cada tipo envía un mensaje diferente. En un modelo con más de dos tipos también existen estrategias *de agrupación parcial (o de semi-separación)* en las cuales todos los tipos en un determinado conjunto de tipos envían el mismo mensaje, pero diferentes conjuntos de tipos envían mensajes diferentes. En el juego con dos tipos de la figura 4.2.1 existen estrategias mixtas análogas llamadas estrategias *híbridas*, en las cuales (digamos) t_1 juega m_1 pero t_2 escoge aleatoriamente entre m_1 y m_2.

Ahora traducimos los enunciados informales de los requisitos 1, 2 y 3 de la sección 4.1 a una definición formal del equilibrio bayesiano perfecto en un juego de señalización. (La discusión sobre la figura 4.1.5 implica que el requisito 4 es vacuo en un juego de señalización.) Para simplificar las cosas, limitamos nuestra atención a las estrategias puras; las estrategias híbridas se discutirán brevemente en el análisis de la señalización en el mercado de trabajo de la próxima sección. Dejamos como ejercicio la definición del equilibrio bayesiano de Nash en un juego de señalización (véase el ejercicio 4.6).

Puesto que el emisor conoce la historia completa del juego cuando elige un mensaje, esta elección se da en un conjunto de información con un único elemento. (Existe un conjunto de información de esa clase para cada tipo que el azar pudiera determinar.) Por tanto, el requisito 1 es trivial cuando se aplica al emisor. El receptor, por el contrario, elige una acción después de observar el mensaje del emisor pero sin conocer el tipo de éste, por lo que la elección del receptor se da en un conjunto de información con más de un elemento. (Existe un conjunto de información de esa clase para cada mensaje que pudiera elegir el emisor y cada uno de estos conjuntos de información tiene un nodo para cada tipo que pudiera haber determinado el azar.) Aplicando el requisito 1 al receptor obtenemos:

Requisito 1 de señalización. *Después de observar cualquier mensaje m_j de M, el receptor debe formarse una conjetura sobre qué tipos podrían haber enviado m_j. Denotemos esta conjetura con la distribución de probabilidad $\mu(t_i|m_j)$, donde $\mu(t_i|m_j) \geq 0$ para cada t_i en T y*

$$\sum_{t_i \in T} \mu(t_i|m_j) = 1.$$

Dados el mensaje del emisor y la conjetura del receptor, es inmediato caracterizar la acción óptima del receptor. Aplicando el requisito 2 al receptor obtenemos :

Requisito 2R de señalización. *Para cada m_j en M, la acción del receptor $a^*(m_j)$ debe maximizar la utilidad esperada del receptor dada la conjetura $\mu(t_i|m_j)$ sobre qué tipos podrían haber enviado m_j. Es decir, $a^*(m_j)$ es una solución de*

$$\max_{a_k \in A} \sum_{t_i \in T} \mu(t_i|m_j) U_R(t_i, m_j, a_k).$$

El requisito 2 también se aplica al emisor, pero éste tiene información completa (y por tanto una conjetura trivial), y además decide solamente al principio del juego, por lo que el requisito 2 es simplemente que la estrategia del emisor sea óptima dada la estrategia del receptor:

Requisito 2E de señalización. *Para cada t_i en T, el mensaje del emisor $m^*(t_i)$ debe maximizar la utilidad del emisor dada la estrategia del receptor $a^*(m_j)$. Es decir, $m^*(t_i)$ es una solución de*

$$\max_{m_j \in M} U_E(t_i, m_j, a^*(m_j)).$$

Finalmente, dada la estrategia del emisor $m^*(t_i)$, sea T_j el conjunto de tipos que envían el mensaje m_j. Es decir, t_i es un elemento del conjunto T_j si $m^*(t_i) = m_j$. Si T_j no está vacío, el conjunto de información correspondiente al mensaje m_j está en la trayectoria de equilibrio; en caso contrario, ningún tipo envía m_j, por lo que el conjunto de información correspondiente está fuera de la trayectoria de equilibrio. Para mensajes en la trayectoria de equilibrio, la aplicación del requisito 3 a las conjeturas del receptor resulta en:

Requisito 3 de señalización. *Para cada m_j en M, si existe t_i en T tal que $m^*(t_i) = m_j$, la conjetura del receptor en el conjunto de información correspondiente a m_j debe derivarse de la regla de Bayes y la estrategia del emisor:*

$$\mu(t_i|m_j) = \frac{p(t_i)}{\displaystyle\sum_{t_i \in T_i} p(t_i)}.$$

Definición. *Un **equilibrio bayesiano perfecto** con estrategias puras en un juego de señalización consiste en un par de estrategias $m^*(t_i)$ y $a^*(m_j)$, y en una conjetura $\mu(t_i|m_j)$ que satisfacen los requisitos de señalización (1), (2R), (2E) y (3).*

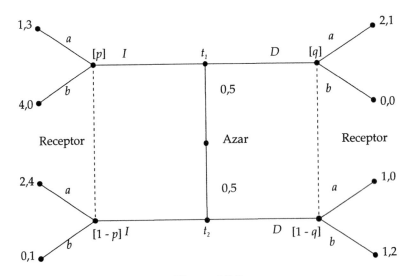

Figura 4.2.2

Si la estrategia del emisor es de agrupación o de separación, llamamos al equilibrio de agrupación o de separación, respectivamente.

Concluimos esta sección hallando los equilibrios bayesianos perfectos en estrategias puras en el ejemplo con dos tipos de la figura 4.2.2. Nótese que cada tipo tiene las mismas posibilidades de ser elegido al azar; utilizamos $(p, 1 - p)$ y $(q, 1 - q)$ para denotar las conjeturas del receptor en sus dos conjuntos de información.

Los cuatro posibles equilibrios bayesianos perfectos con estrategias puras de este juego con dos mensajes y dos tipos son: (1) Agrupación en I; (2) Agrupación en D; (3) Separación con t_1 eligiendo I y t_2 eligiendo D, y (4) Separación con t_1 eligiendo D y t_2 eligiendo I. A continuación analizamos estas posibilidades.

1. *Agrupación en I.* Supongamos que hay un equilibrio en el cual la estrategia del emisor es (I,I), donde (m',m'') significa que el tipo t_1 elige m' y el tipo t_2 elige m''. Entonces, el conjunto de información del receptor que corresponde a I está en la trayectoria de equilibrio, por lo que la conjetura del receptor $(p, 1 - p)$ en este conjunto de información viene determinada por la regla de Bayes y la estrategia del emisor: $p = 0,5$, que es la distribución a priori. Dada esta conjetura (o cualquier otra conjetura), la mejor respuesta del receptor que sigue a I es elegir a, de manera que los tipos del emisor t_1 y t_2 alcanzan ganancias de 1 y 2 respectivamente. Para determinar si ambos tipos del emisor quieren elegir I, necesitamos establecer cómo reaccionaría el receptor a D. Si la respuesta del receptor a D es a, el pago al tipo t_1 por elegir D es 2, lo que es mayor que el pago de 1 que recibe por elegir I. Pero si la respuesta del receptor a D es b, t_1 y t_2 alcanzan unas ganancias de 0 y 1 respectivamente por elegir D, mientras que son de 1 y 2 respectivamente por elegir I. Por lo tanto, si existe un equilibrio en el cual la estrategia del emisor es (I,I), la respuesta del receptor a D debe ser b, de manera que la estrategia del receptor debe ser (a,b), donde (c',c'') significa que el receptor elige c' después de I y c'' después de D. Queda por considerar la conjetura del receptor en el conjunto de información correspondiente a D y la optimalidad de elegir b dada esta conjetura. Puesto que elegir b es óptimo para el receptor para cualquier $q \leq 2/3$, tenemos que $[(I,I),(a,b),p = 0,5,q]$ es un equilibrio bayesiano perfecto de agrupación para cada $q \leq 2/3$.

2. *Agrupación en D.* A continuación supongamos que la estrategia del emisor es (D,D). Entonces $q = 0,5$, de manera que la mejor respuesta del receptor a D es b, obteniéndose unas ganancias de 0 para t_1 y 1 para t_2. Pero t_1 puede conseguir 1 eligiendo I, puesto que la mejor respuesta

del receptor a I es a para cualquier valor de p y, por lo tanto, no existe un equilibrio en el cual el emisor juegue (D,D).

3. Separación con elección de I por parte de t_1. Si el emisor elige la estrategia de separación (I,D), los dos conjuntos de información del receptor están en la trayectoria de equilibrio, por lo que las conjeturas se determinan por la regla de Bayes y la estrategia del emisor: $p = 1$ y $q = 0$. Las mejores respuestas del receptor a dichas conjeturas son a y b respectivamente, de manera que ambos tipos del emisor consiguen ganancias de 1. Queda por comprobar si la estrategia del emisor es óptima dada la estrategia del receptor (a,b). No lo es: si el tipo t_2 se desvía eligiendo I en lugar de D, el receptor responde con a, con lo que t_2 recibe una ganancia de 2, que es mayor que la ganancia de 1 que recibe t_2 al elegir D.

4. Separación con elección de D por parte de t_1. Si el emisor elige la estrategia de separación (D,I), las conjeturas del receptor deben ser $p = 0$ y $q = 1$, de manera que la mejor respuesta del receptor es (a,a) y ambos tipos consiguen unas ganancias de 2. Si t_1 se desviara eligiendo I, el receptor reaccionaría con a; la ganancia de t_1 sería entonces de 1, con lo que no hay incentivo para que 1 se desvíe de D. Del mismo modo, si t_2 se desviara de D, el receptor reaccionaría con a; la ganancia de t_2 sería entonces de 1, con lo que no existe incentivo para que t_2 se desvíe de I. Por lo tanto, $[(D,I),(a,a),p = 0,q = 1]$ es un equilibrio bayesiano perfecto de separación.

4.2.B Señalización en el mercado de trabajo

La enorme literatura sobre juegos de señalización comienza con el modelo de Spence (1973), que precedió tanto a la amplia utilización de los juegos en forma extensiva para describir problemas económicos como a la definición de conceptos de equilibrio como el de equilibrio bayesiano perfecto.

En esta sección replanteamos el modelo de Spence como un juego en forma extensiva y luego describimos algunos de sus equilibrios bayesianos perfectos; en la sección 4.4 aplicaremos un refinamiento del equilibrio bayesiano perfecto a este juego. El desarrollo temporal es el siguiente:

1. El azar determina la capacidad productiva de un trabajador, η, la cual puede ser o alta (A) o baja (B). La probabilidad de que $\eta = A$ es q.

2. El trabajador averigua su capacidad y entonces elige un nivel de educación $e \geq 0$.

3. Dos empresas observan la educación del trabajador (pero no su capacidad) y entonces le hacen ofertas salariales de forma simultánea.[4]
4. El trabajador acepta la oferta salarial más alta, lanzando una moneda en caso de empate. Sea w el salario que acepta el trabajador.

Las ganancias son las siguientes: $w - c(\eta,e)$ es la del trabajador, donde $c(\eta,e)$ es el coste en el que incurre un trabajador con capacidad η para obtener una educación e; $y(\eta,e) - w$ es la de la empresa que emplea al trabajador, donde $y(\eta,e)$ es la producción de un trabajador con capacidad η que ha obtenido una educación e; y cero es la de la empresa que no emplea al trabajador.

Vamos a centrarnos (aquí en cierto modo y más en la sección 4.4) en un equilibrio bayesiano perfecto en el cual las empresas interpretan la educación como una señal de capacidad y, en consecuencia, ofrecen un mayor salario al trabajador con más educación. La ironía del trabajo de Spence (1973) es que los salarios pueden aumentar con la educación incluso si la educación *no* tiene efecto alguno sobre la productividad (es decir, incluso si la producción del trabajador con habilidad η es $y(\eta)$, independientemente de e). El trabajo de Spence (1974) generaliza el argumento al incluir la posibilidad de que la producción aumente no sólo con la capacidad, sino también con la educación; la conclusión análoga es entonces que los salarios aumentan con la educación más de lo que puede explicarse por el efecto de la educación en la productividad. Seguimos este enfoque más general.[5]

Es un hecho bien establecido que los salarios son mayores (en promedio) para los trabajadores con más años de escolaridad (por ejemplo, véase Mincer [1974]). Este hecho invita a interpretar la variable e como los años de escolaridad. En un equilibrio de separación podríamos pensar que un trabajador con capacidad baja tiene una educación de grado medio y que un trabajador con capacidad alta tiene una educación universitaria. Desgraciadamente, interpretar e como los años de escolaridad plantea cuestiones dinámicas que no tratamos en el juego simple en 1–4, como la posibilidad de que una empresa haga una oferta salarial después

---

[4] La presencia de dos empresas en el papel del receptor deja este juego ligeramente fuera de la clase de juegos analizada en la sección previa, pero véase la discusión que precede a la ecuación (4.2.1).

[5] Formalmente, suponemos que trabajadores con alta capacidad son más productivos (es decir, $y(A,e) > y(B,e)$ para toda e), y que la educación no reduce la productividad (es decir, $y_e(\eta,e) \geq 0$ para cada η y cada e, donde $y_e(\eta,e)$ es la productividad marginal de la educación para un trabajador de capacidad η con una educación e).

del primer año de universidad de un trabajador (es decir, después de que un trabajador de baja capacidad haya terminado sus estudios pero antes de que uno de alta capacidad lo haya hecho). En un juego más complejo el trabajador podría elegir cada año si aceptar la mejor oferta del momento o volver a estudiar otro año. Noldeke y Van Damme (1990) analizan un juego más rico en esta línea demostrando que: (i) hay muchos equilibrios bayesianos perfectos; (ii) después de aplicar un refinamiento estrechamente relacionado con el que aplicaremos en la sección 4.4, sólo uno de estos equilibrios sobrevive, y (iii) este equilibrio que sobrevive es idéntico al único equilibrio del juego simple en 1–4 que sobrevive después de aplicar el refinamiento de la sección 4.4. Por lo tanto, podríamos interpretar vagamente e como los años de escolaridad en el juego simple en 1–4, porque los resultados son los mismos en el juego más rico.

En su lugar, vamos a evitar estas cuestiones dinámicas interpretando las diferencias en e como diferencias en la calidad del rendimiento de un estudiante, *no* como diferencias en la duración de la escolaridad de dicho estudiante. Por tanto, el juego en 1–4 podría aplicarse a un grupo de estudiantes que han terminado los estudios medios (es decir, trabajadores con doce años de educación exactamente) o a un grupo de licenciados universitarios, o a un grupo de estudiantes con un máster en dirección de empresas. Bajo esta interpretación, e mide el número y el tipo de asignaturas estudiadas y las notas y premios conseguidos durante un programa académico de duración fija. Los costes de la enseñanza (si existen) son entonces independientes de e, de manera que la función de costes $c(\eta,e)$ mide los costes no monetarios (o psíquicos): estudiantes con una capacidad más baja encuentran más difícil conseguir notas altas en una institución determinada, y también más difícil conseguir las mismas notas en una institución más competitiva. Así, la utilización de la educación por parte de la empresa como señal, refleja el hecho de que las empresas contratan y pagan más a los mejores estudiantes de una institución determinada y a los estudiantes de las mejores instituciones.

El supuesto crucial en el modelo de Spence es que los trabajadores con poca capacidad encuentran la señalización más cara que los trabajadores con capacidad más alta. De un modo más preciso, el coste marginal de la educación es más alto para trabajadores de baja capacidad que para los de capacidad alta: para cada e,

$$c_e(B,e) > c_e(A,e),$$

donde $c_e(\eta,e)$ denota el coste marginal de la educación de un trabajador de capacidad η y educación e. Para interpretar este supuesto consideremos un trabajador con educación e_1 al que se le paga un salario w_1, como muestra la figura 4.2.3, y calculemos el aumento salarial que sería necesario para compensar a este trabajador por un aumento en educación de e_1 a e_2. La respuesta depende de la capacidad del trabajador: trabajadores con capacidad baja encuentran más difícil adquirir una educación adicional, por lo que requieren un aumento salarial más alto (hasta w_B en lugar de sólo hasta w_A) para compensarles por ello. La interpretación gráfica de este supuesto es que los trabajadores con capacidad baja tienen curvas de indiferencia con mayor pendiente que los trabajadores con capacidad alta (compárese I_B con I_A en la figura).

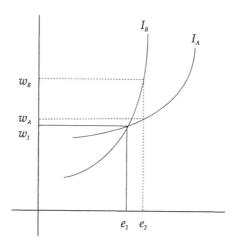

Figura 4.2.3

También supone Spence que la competencia entre las empresas hará que los beneficios esperados sean cero. Una forma de incorporar este supuesto a nuestro modelo sería sustituyendo las dos empresas en la etapa (3) por un único jugador llamado mercado que hace una oferta salarial única w y que recibe la ganancia $-[y(\eta,e) - w]^2$. (Esto convertiría el modelo en uno de la clase de juegos de señalización con un receptor definidos en la sección anterior.) Para maximizar la ganancia esperada, como pide el requisito 2R de señalización, el mercado ofrecería un salario igual al producto esperado de un trabajador con educación e, dada la conjetura del mercado acerca de la capacidad del trabajador después de observar e:

$$w(e) = \mu(A|e) \cdot y(A,e) + [1 - \mu(A|e)] \cdot y(B,e), \qquad (4.2.1)$$

donde $\mu(A|e)$ es la probabilidad que el mercado asigna a que la capacidad del trabajador sea A. El propósito de tener dos empresas compitiendo entre ellas en la etapa (3) es conseguir el mismo resultado sin recurrir a un jugador ficticio llamado mercado. Sin embargo, para garantizar que las empresas siempre ofrezcan un salario igual al producto esperado del trabajador, necesitamos imponer otro supuesto: tras observar la elección de educación e, ambas empresas se forman la misma conjetura sobre la capacidad del trabajador, nuevamente denotada por $\mu(A|e)$. Puesto que el requisito 3 de señalización determina la conjetura que ambas empresas deben formarse después de observar la elección de e que está en la trayectoria de equilibrio, nuestro supuesto es realmente que las empresas también comparten una misma conjetura tras observar la elección de e que está fuera de la trayectoria de equilibrio. Dado este supuesto, se deduce que en cualquier equilibrio bayesiano perfecto ambas empresas ofrecen el salario $w(e)$ dado en (4.2.1), tal como en el modelo de Bertrand de la sección 1.2.B las empresas ofrecen ambas un precio igual al coste marginal de producción. Por tanto, (4.2.1) sustituye al requisito 2R de señalización en el modelo con dos receptores de esta sección.

Para prepararnos para el análisis de los equilibrios bayesianos perfectos de este juego de señalización, consideramos primero el juego análogo con información completa. Es decir, suponemos temporalmente que la capacidad del trabajador es información del dominio público entre los jugadores, en vez de información privada del trabajador. En este caso, la competencia entre las dos empresas en la etapa (3) implica que un trabajador con capacidad η y educación e recibe el salario $w(e) = y(\eta,e)$. Por lo tanto, un trabajador con capacidad η elige e, que soluciona

$$\max_e y(\eta,e) - c(\eta,e).$$

Denotamos la solución con $e^*(\eta)$, como muestra la figura 4.2.4, siendo $w^*(\eta) = y[\eta,e^*(\eta)]$.

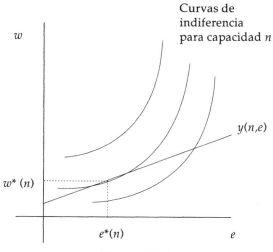

Figura 4.2.4

Ahora volvemos (de forma permanente) al supuesto de que la capacidad del trabajador es información privada. Esto abre la posibilidad de que un trabajador con capacidad baja pueda tratar de pasar por un trabajador de capacidad alta. Pueden plantearse dos casos. La figura 4.2.5 describe el caso en el que le resulta demasiado caro a un trabajador con capacidad baja adquirir una educación $e^*(A)$, incluso si esto permitiera engañar a las empresas y hacer que le pagaran el salario $w^*(A)$. Es decir, en la figura 4.2.5, $w^*(B) - c[B,e^*(B)] > w^*(A) - c[B,e^*(A)]$.

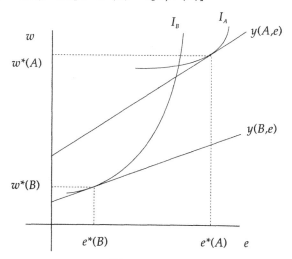

Figura 4.2.5

La figura 4.2.6 describe el caso contrario, en el cual podría decirse que el trabajador con capacidad baja envidia el salario y nivel de educación del trabajador con capacidad alta (es decir, $w^*(B) - c[B,e^*(B)] < w^*(A) - c[B,e^*(A)]$). Este último caso es más realista y (como veremos) más interesante. En un modelo en el que la capacidad del trabajador tiene más de dos valores, el primer caso se plantea sólo si cada valor posible de capacidad es suficientemente diferente de los valores posibles adyacentes. Si la capacidad es una variable continua, por ejemplo, entonces se da el último caso.

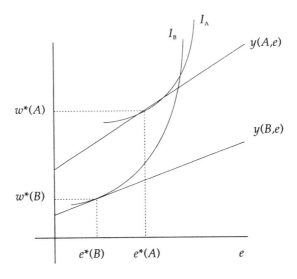

Figura 4.2.6

Como describimos en la sección anterior, en este modelo pueden existir tres casos de equilibrios bayesianos perfectos: de agrupación, de separación e híbrido. Normalmente existen numerosos casos de cada clase de equilibrio; aquí limitamos nuestra atención a unos cuantos ejemplos. En un equilibrio de agrupación, los dos tipos del trabajador eligen un nivel de educación único, digamos e_p. El requisito 3 de señalización implica que la conjetura de las empresas después de observar e_p debe ser la conjetura a priori $\mu(A|e_p) = q$, que, a su vez, exige que el salario ofrecido después de observar e_p sea

$$w_p = q \cdot y(A,e_p) + (1 - q) \cdot y(B,e_p). \tag{4.2.2}$$

Para completar la descripción de equilibrio bayesiano perfecto de agrupación nos falta (i) determinar la conjetura de las empresas $\mu(A|e)$ para las elecciones de educación $e \neq e_p$ fuera del equilibrio, que entonces determina el resto de la estrategia de las empresas $w(e)$ por medio de (4.2.1), y (ii) demostrar que la mejor respuesta de ambos tipos de trabajador a la estrategia $w(e)$ de las empresas es elegir $e = e_p$. Estos dos pasos representan los requisitos 1 y 2E de señalización respectivamente; como apuntamos anteriormente (4.2.1) sustituye al requisito 2R de señalización en este modelo con dos receptores.

Una posibilidad es que las empresas crean que cualquier nivel de educación distinto de e_p indica que el trabajador tiene una capacidad baja: $\mu(A|e) = 0$ para todo $e \neq e_p$. Aunque esta conjetura podría parecer extraña, nada en la definición de equilibrio bayesiano perfecto la excluye, porque los requisitos del 1 al 3 no imponen restricciones a las conjeturas situadas fuera de la trayectoria de equilibrio y el requisito 4 es vacuo en un juego de señalización. El refinamiento que aplicamos en la sección 4.4 restringe la conjetura del receptor fuera de la trayectoria de equilibrio en un juego de señalización; en particular excluye la conjetura que analizamos aquí. En este análisis de los equilibrios de agrupación nos centramos en esta conjetura para simplificar la exposición, pero también consideramos brevemente conjeturas distintas.

Si la conjetura de la empresa es

$$\mu(A|e) = \begin{cases} 0 & \text{para } e \neq e_p \\ q & \text{para } e = e_p \end{cases} \tag{4.2.3}$$

entonces (4.2.1) implica que la estrategia de las empresas es

$$w(e) = \begin{cases} y(B,e) & \text{para } e \neq e_p \\ w_p & \text{para } e = e_p. \end{cases} \tag{4.2.4}$$

Un trabajador con capacidad η escoge por lo tanto e como solución de

$$\max_{e} w(e) - c(\eta,e). \tag{4.2.5}$$

La solución de (4.2.5) es simple: un trabajador con capacidad η elige o e_p o el nivel de educación que maximiza $y(B,e) - c(\eta,e)$. (Este último es precisamente $e^*(B)$ en el caso del trabajador de capacidad baja.) En el ejemplo descrito en la figura 4.2.7, lo primero es óptimo para ambos tipos del trabajador: la curva de indiferencia del trabajador de baja capacidad que pasa por el punto $[e^*(B),w^*(B)]$ queda por debajo de la curva de indiferencia del mismo tipo que pasa por el punto (e_p,w_p), y la curva de indiferencia del trabajador con capacidad alta que pasa por el punto (e_p,w_p) está por encima de la función de salario $w = y(B,e)$.

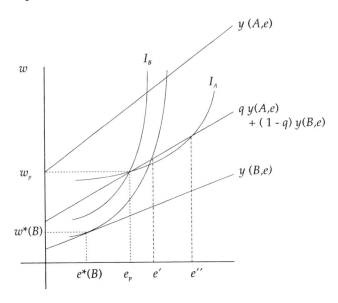

Figura 4.2.7

En resumen, dadas las curvas de indiferencia, las funciones de producción y el valor de e_p en la figura 4.2.7, la estrategia $[e(B) = e_p, e(A) = e_p]$ del trabajador, y la conjetura $\mu(A|e)$ en (4.2.3) y la estrategia $w(e)$ en (4.2.4) de las empresas constituyen un equilibrio bayesiano perfecto de agrupación.

Existen muchos otros equilibrios bayesianos perfectos de agrupación en el ejemplo definido por las curvas de indiferencia y las funciones de producción de la figura 4.2.7. Algunos de estos equilibrios incluyen una elección de un nivel de educación diferente por parte del trabajador (es decir, un valor de e_p distinto del de la figura); otros incluyen la misma elección de un nivel de educación pero difieren fuera de la trayectoria de equilibrio. Como ejemplo de lo primero, sea $\hat{e}$ un nivel de educación entre e_p y e', donde e' en la figura 4.2.7 es el nivel de educación en el cual la curva de indiferencia del trabajador de baja capacidad que pasa por el punto $(e^*(B),w^*(B))$ corta la función de salario $w = q \cdot y(A,e) + (1 - q) \cdot y(B,e)$. Si sustituimos e_p en (4.2.3) y (4.2.4) por $\hat{e}$, la conjetura y la estrategia resultantes de las empresas, junto con la estrategia $[e(B) = \hat{e}, e(A) = \hat{e}]$ del trabajador constituyen otro equilibrio bayesiano de agrupación. Como ejemplo de lo último, supongamos que la conjetura de las empresas es como en (4.2.3), con la excepción de que cualquier nivel de educación por encima de e'' se interpreta como que el trabajador se escoge al azar de la distribución de capacidades:

$$\mu(A|e) = \begin{cases} 0 & \text{para } e \leq e'' \text{ excepto cuando } e = e_p \\ q & \text{para } e = e_p \\ q & \text{para } e > e'', \end{cases}$$

donde e'' en la figura 4.2.7 es el nivel de educación en el cual la curva de indiferencia del trabajador con capacidad alta que pasa por el punto (e_p, w_p) corta la función de salarios $w = q \cdot y(A,e) + (1 - q) \cdot y(B,e)$. La estrategia de las empresas es entonces

$$w(e) = \begin{cases} y(B,e) & \text{para } e \leq e'' \text{ excepto cuando } e = e_p \\ w_q & \text{para } e = e_p \\ w_q & \text{para } e > e''. \end{cases}$$

Esta conjetura y esta estrategia de las empresas, y la estrategia $(e(B) = e_p, e(A) = e_p)$ del trabajador constituyen un tercer equilibrio bayesiano perfecto de agrupación.

Ahora vamos a tratar equilibrios de separación. En la figura 4.2.5, (el caso donde no hay envidia) el equilibrio natural bayesiano perfecto de separación incluye la estrategia $[e(B) = e^*(B), e(A) = e^*(A)]$ del trabajador. El requisito 3 de señalización determina entonces la conjetura de las empresas después de observar cualquiera de estos dos niveles de educación (concretamente $\mu[A|e^*(B)] = 0$ y $\mu[A|e^*(A)] = 1$), por lo que (4.2.1) implica que $w[e^*(B)] = w^*(B)$ y $w[e^*(A)] = w^*(A)$. Como en la discusión de los equilibrios de agrupación, para completar la discusión de estos equilibrios bayesianos perfectos de separación nos queda: (i) establecer la conjetura $\mu(A|e)$ de las empresas para elecciones de niveles de educación fuera del equilibrio (es decir, valores de e distintos de $e^*(B)$ o $e^*(A)$), la cual determina entonces el resto de las estrategias $w(e)$ de las empresas a partir de (4.2.1), y (ii) demostrar que la mejor respuesta de un trabajador de capacidad η a la estrategia $w(e)$ de las empresas es elegir $e = e^*(\eta)$.

Una conjetura que cumple estas condiciones es que el trabajador tenga capacidad alta si e es al menos $e^*(A)$, y capacidad baja en cualquier otro caso:

$$\mu(A|e) = \begin{cases} 0 & \text{para } e < e^*(A) \\ 1 & \text{para } e \geq e^*(A). \end{cases} \tag{4.2.6}$$

La estrategia de las empresas es entonces

$$w(e) = \begin{cases} y(B,e) & \text{para } e < e^*(A) \\ y(A,e) & \text{para } e \geq e^*(A). \end{cases} \tag{4.2.7}$$

Puesto que $e^*(A)$ es la mejor respuesta del trabajador con capacidad alta a la función de salarios $w = y(A,e)$, también es la mejor respuesta aquí. Con respecto al trabajador de baja capacidad, $e^*(B)$ es la mejor respuesta de dicho trabajador cuando la función de salarios es $w = y(B,e)$, de manera que $w^*(B) - c[B,e^*(B)]$ es la mayor ganancia que el trabajador puede lograr de entre todas las elecciones de $e < e^*(A)$. Puesto que las curvas de indiferencia del trabajador de baja capacidad tienen mayor pendiente que las del trabajador de alta capacidad, $w^*(A) - c[B,e^*(A)]$ es la mayor ganancia que puede conseguir aquí un trabajador de baja capacidad de entre todas las elecciones de $e \geq e^*(A)$. Por tanto, $e^*(B)$ es la mejor respuesta de un trabajador de baja capacidad, puesto que $w^*(B) - c[B,e^*(B)] > w^*(A) - c[B,e^*(A)]$ en el caso en que no hay envidia.

A partir de aquí ignoramos el caso en el que no hay envidia. Como sugerimos anteriormente, la figura 4.2.6 (el caso con envidia) es más interesante. Ahora el trabajador con capacidad alta no puede ganar el salario alto $w(e) = y(A,e)$ simplemente eligiendo la educación $e^*(A)$ que elegiría bajo información completa. En su lugar, para señalizar su capacidad, el trabajador con capacidad alta debe elegir $e_s > e^*(A)$, como muestra la figura 4.2.8, puesto que el trabajador con capacidad baja imitará cualquier valor de e entre $e^*(A)$ y e_s si hacerlo lleva a las empresas a creer que tiene capacidad alta. Formalmente, el equilibrio natural bayesiano perfecto de separación incluye ahora la estrategia $[e(B) = e^*(B), e(A) = e_s]$ del trabajador y las conjeturas de equilibrio $\mu[A|e^*(B)] = 0$ y $\mu[A|e_s] = 1$ y los salarios de equilibrio $w[e^*(B)] = w^*(B)$ y $w(e_s) = y(A,e_s)$ de las empresas. Éste es el único comportamiento en equilibrio que sobrevive al refinamiento que aplicaremos en la sección 4.4.

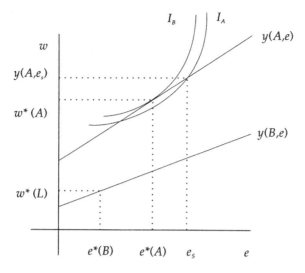

Figura 4.2.8

Una expresión, fuera de equilibrio, de las conjeturas de las empresas que sustenta este comportamiento de equilibrio es que el trabajador tiene capacidad alta si $e \geq e_s$ y capacidad baja en caso contrario:

$$\mu(A|e) = \begin{cases} 0 & \text{para } e < e_s \\ 1 & \text{para } e \geq e_s. \end{cases}$$

La estrategia de las empresas es entonces

$$w(e) = \begin{cases} y(B,e) & \text{para } e < e_s \\ y(A,e) & \text{para } e \geq e_s. \end{cases}$$

Dada esta función de salarios, el trabajador con capacidad baja tiene dos mejores respuestas: elegir $e^*(B)$ y ganar $w^*(B)$ y elegir e_s y ganar $y(A,e_s)$. Vamos a suponer que esta indiferencia se resuelve en favor de $e^*(B)$; alternativamente podríamos aumentar e_s en una cantidad arbitrariamente pequeña de manera que el trabajador con capacidad baja prefiriera estrictamente $e^*(B)$. En cuanto al trabajador con capacidad alta, las elecciones de $e > e_s$ son inferiores a e_s, ya que $e_s > e^*(A)$. Puesto que las curvas de indiferencia del trabajador con capacidad baja tienen más pendiente que las del trabajador con capacidad alta, la curva de indiferencia del último que pasa por el punto $(e_s, y(A,e_s))$ está por encima de la función de salarios $w = y(B,e)$ para $e < e_s$, por lo que las elecciones de $e < e_s$ son también inferiores. Por lo tanto, la mejor respuesta del trabajador con capacidad alta a la estrategia de las empresas $w(e)$ es e_s.

Como en el caso de los equilibrios de agrupación, existen otros equilibrios de separación que incluyen diferentes elecciones de niveles de educación del trabajador con capacidad alta (el trabajador con capacidad baja siempre se separa en $e^*(B)$; véase lo que sigue) y otros equilibrios de separación que incluyen las elecciones de educación $e^*(B)$ y e_s pero difieren fuera de la trayectoria de equilibrio. Como ejemplo de lo primero, sea $\hat{e}$ un nivel de educación mayor que e_s pero lo suficientemente pequeño como para que el trabajador con alta capacidad prefiera señalizar su capacidad eligiendo $\hat{e}$ en lugar de inducir a pensar que tiene capacidad baja: $y(A,\hat{e}) - c(A,\hat{e})$ es mayor que $y(B,e) - c(A,e)$ para cada e. Si sustituimos e_s por $\hat{e}$ en $\mu(A|e)$ y $w(e)$ que acompañan a la figura 4.2.8, la conjetura y la estrategia resultantes para las empresas, junto con la estrategia $[e(B) = e^*(B), e(A) = \hat{e}]$ del trabajador constituyen otro equilibrio perfecto de Nash de separación. Como ejemplo de lo último, sea la conjetura de las empresas sobre niveles de educación que están estrictamente entre $e^*(A)$ y e_s estrictamente positiva pero lo suficientemente pequeña, de manera que la estrategia resultante $w(e)$ esté estrictamente por debajo de la curva de indiferencia del trabajador con baja capacidad que pasa por el punto $(e^*(B), w^*(B))$.

Concluimos esta sección con una breve discusión sobre los equilibrios híbridos, en los cuales un tipo elige un nivel de educación con certeza, pero el otro tipo elige aleatoriamente entre la agrupación con el primer tipo (eligiendo el nivel de educación del primer tipo) y la separación del primer tipo (eligiendo un nivel de educación diferente). Analizamos el caso en el cual el trabajador con baja capacidad escoge aleatoriamente; el ejercicio 4.7 trata el caso complementario. Supongamos que el trabajador con capacidad alta elige un nivel de educación e_h (donde h quiere decir híbrido), pero el trabajador con capacidad baja elige aleatoriamente entre e_h (con probabilidad π) y e_B (con probabilidad $1 - \pi$). El requisito 3 de señalización (convenientemente extendido para incluir las estrategias mixtas) determina entonces la conjetura de las empresas tras observar e_h o e_B. Con la regla de Bayes se obtiene[6]

$$\mu(A|e_h) = \frac{q}{q + (1 - q)\pi}, \tag{4.2.8}$$

---

[6] Recordemos de la nota 2 del capítulo 3 que la regla de Bayes establece que $P(A|B) = P(A,B)/P(B)$. Para derivar (4.2.8), reformulemos la regla de Bayes como $P(A,B) = P(B|A) \cdot P(A)$, por lo que $P(A|B) = P(B|A) \cdot P(A)/P(B)$.

y la inferencia usual tras la separación da $\mu(A|e_B) = 0$. Tres observaciones pueden ayudarnos a interpretar (4.2.8): en primer lugar, puesto que el trabajador con capacidad alta siempre elige e_h, pero el trabajador con capacidad baja sólo lo hace con probabilidad π, observar e_h indica que es más probable que el trabajador tenga capacidad alta, con lo que $\mu(A|e_h) > q$. En segundo lugar, cuando π tiende a cero, el trabajador con capacidad baja nunca se agrupa con el de capacidad alta, por lo que $\mu(A|e_h)$ tiende a uno. En tercer lugar, cuando π tiende a uno, el trabajador con capacidad baja casi siempre se agrupa con el de capacidad alta, por lo que $\mu(A|e_h)$ tiende a la conjetura a priori q.

Cuando el trabajador con capacidad baja se separa del que tiene capacidad alta eligiendo e_B, la conjetura $\mu(A|e_B) = 0$ implica el salario $w(e_B) = y(B,e_B)$. Se deduce entonces que e_B debe ser igual a $e^*(B)$: la única elección del nivel de educación en la cual el trabajador con capacidad baja puede ser inducido a separarse (probabilísticamente como aquí o con certeza, como en los equilibrios de separación discutidos anteriormente) es la elección de educación con información completa $e^*(B)$ de dicho trabajador. Para ver esto, supongamos que el trabajador con capacidad baja se separa eligiendo algún $e_B \neq e^*(B)$. Tal separación alcanza la ganancia $y(B,e_B) - c(B,e_B)$, pero de elegir $e^*(B)$ obtendría una ganancia de al menos $y[B,e^*(B)] - c[B,e^*(B)]$ (o de más si la conjetura de las empresas $\mu[A|e^*(B)]$ es mayor que cero) y la definición de $e^*(B)$ implica que $y[B,e^*(B)] - c[B,e^*(B)]$ es mayor que $y(B,e) - c(B,e)$ para cada $e \neq e^*(B)$. Por lo tanto, no existe una elección de nivel de educación $e_B \neq e^*(B)$ tal que el trabajador con capacidad baja pueda ser inducido a separarse eligiendo e_B.

Para que el trabajador con capacidad baja esté dispuesto a escoger aleatoriamente entre separarse en $e^*(B)$ y agruparse en e_h, el salario $w(e_h) = w_h$ debe hacer que el trabajador sea indiferente entre ambos:

$$w^*(B) - c[B,e^*(B)] = w_h - c(B,e_h). \tag{4.2.9}$$

Sin embargo, para que w_h sea un salario de equilibrio para las empresas, (4.2.1) y (4.2.8) implican que

$$w_h = \frac{q}{q + (1-q)\pi} \cdot y(A,e_h) + \frac{(1-q)\pi}{q + (1-q)\pi} \cdot y(B,e_h). \tag{4.2.10}$$

Para un valor determinado de e_h, si (4.2.9) da que $w_h < y(A,e_h)$, entonces (4.2.10) determina el valor único de π que constituye un equilibrio híbrido en el cual el trabajador con capacidad baja escoge aleatoriamente entre $e^*(B)$ y e_h, mientras que si $w_h > y(A,e_h)$, no existe ningún equilibrio híbrido que incluya e_h.

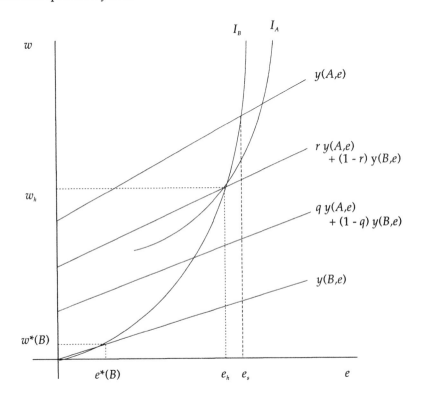

Figura 4.2.9

La figura 4.2.9 ilustra de forma implícita el valor π consistente con el valor indicado de e_h. Dado e_h, el salario w_h es una solución de (4.2.9), por lo que el punto (e_h, w_h) está en la curva de indiferencia del trabajador con baja capacidad que pasa por el punto $[e^*(B), w^*(B)]$. Dado $w_h < y(A, e_h)$, la probabilidad r es una solución de $r \cdot y(A, e_h) + (1-r) \cdot y(B, e_h) = w_h$. Esta probabilidad es la conjetura en equilibrio de las empresas, por lo que (4.2.8) significa que $\pi = q(1-r)/r(1-q)$. La figura también muestra que la restricción $w_h < y(A, e_h)$ es equivalente a $e_h < e_s$, donde e_s es la educación elegida por el trabajador con capacidad alta en el equilibrio de separación de la figura 4.2.8. Ciertamente, cuando e_h tiende a e_s, r tiende a 1, de manera que π tiende a cero. Por tanto, el equilibrio de separación descrito en la figura 4.2.8 es el límite de los equilibrios híbridos considerados aquí.

Para completar la descripción del equilibrio bayesiano perfecto híbrido de la figura 4.2.9, sea la conjetura de las empresas que el trabajador tiene capacidad baja si $e < e_h$ y en cualquier otro caso, que tiene capacidad alta con probabilidad r y baja con probabilidad $1 - r$:

$$\mu(A|e) = \begin{cases} 0 & \text{para } e < e_h \\ r & \text{para } e \geq e_h. \end{cases}$$

La estrategia de las empresas es entonces

$$w(e) = \begin{cases} y(B,e) & \text{para } e < e_h \\ r \cdot y(A,e) + (1 - r) \cdot y(B,e) & \text{para } e \geq e_h. \end{cases}$$

Sólo queda por comprobar que la estrategia del trabajador ($e(B) = e_h$ con probabilidad $\pi, e(B) = e^*(B)$ con probabilidad $1 - \pi; e(A) = e_h$) es una mejor respuesta a la estrategia de las empresas. Para el trabajador con capacidad baja, la $e < e_h$ óptima es $e^*(B)$ y la $e \geq e_h$ óptima es e_h. Para el trabajador con capacidad alta, e_h es superior a todas las alternativas.

4.2.C Inversión empresarial y estructura de capital

Consideremos un empresario que ha formado una empresa pero necesita financiación exterior para llevar a cabo un nuevo y atractivo proyecto. El empresario tiene información privada sobre la rentabilidad actual de la empresa, pero la ganancia del nuevo proyecto no se puede separar de la ganancia de la empresa; lo único que se puede observar es el beneficio agregado de la empresa. (Podríamos permitir también que el empresario tuviera información privada sobre la rentabilidad del nuevo proyecto, pero sería una complicación innecesaria.) Supongamos que el empresario ofrece a un inversionista potencial una participación en los beneficios de la empresa a cambio de la financiación necesaria. ¿Bajo qué circunstancias se llevará a cabo el nuevo proyecto y cuál será la participación en los beneficios de la empresa?

Para transcribir este problema a un juego de señalización, supongamos que los beneficios de la empresa antes del proyecto pueden ser altos o bajos: $\pi = A$ o B, donde $A > B > 0$. Para capturar la idea de que el nuevo proyecto es atractivo, supongamos que la inversión requerida es I, la ganancia será R, la rentabilidad alternativa para el inversor potencial r

y $R > I(1 + r)$. Describimos a continuación el desarrollo temporal y las ganancias:

1. El azar determina el beneficio de la empresa antes del proyecto. La probabilidad de que $\pi = B$ es p.
2. El empresario conoce π y ofrece al inversor potencial una participación en los beneficios de la empresa, s, donde $0 \leq s \leq 1$.
3. El inversor observa s (pero no π) y decide si aceptar o rechazar la oferta.
4. Si el inversor rechaza la oferta, su ganancia es $I(1 + r)$ y la del empresario es π. Si el inversor acepta s, su ganancia es de $s(\pi + R)$ y la del empresario $(1 - s)(\pi + R)$.

Myers y Majluf (1984) analizan un modelo como éste, aunque consideran una empresa grande (con accionistas y un consejo de administración) en lugar de un empresario (que es a la vez el director y el único accionista). Discuten diferentes supuestos sobre cómo los intereses de los accionistas podrían afectar la utilidad de los directivos; Dybvig y Zender (1991) derivan el contrato óptimo que los accionistas pueden ofrecer a los directivos.

Éste es un juego de señalización muy simple en dos aspectos: el conjunto de acciones factibles del receptor es muy limitado, y el del emisor es mayor pero poco influyente (como veremos). Supongamos que tras recibir la oferta s el inversor cree que la probabilidad de que $\pi = B$ es q. Entonces el inversor aceptará s si y sólo si

$$s[qB + (1 - q)A + R] \geq I(1 + r). \tag{4.2.11}$$

En cuanto al empresario, supongamos que los beneficios de la compañía antes del proyecto son π, y consideremos si el empresario prefiere recibir la financiación a cambio de la participación en los beneficios de la empresa o renunciar al proyecto. Lo primero es superior si y sólo si

$$s \leq \frac{R}{\pi + R} \tag{4.2.12}$$

En un equilibrio bayesiano perfecto de agrupación, la conjetura del inversor debe ser $q = p$ después de recibir la oferta de equilibrio. Como la restricción en la participación (4.2.12) es más difícil de satisfacer para $\pi = A$ que para $\pi = B$, la combinación de (4.2.11) y (4.2.12) significa que un equilibrio de agrupación sólo existe si

$$\frac{I(1 + r)}{pB + (1 - p)A + R} \leq \frac{R}{A + R}. \tag{4.2.13}$$

Si p está lo suficientemente cerca de cero, (4.2.13) se cumple porque $R > I(1 + r)$. Sin embargo, si p está lo suficientemente cerca de uno, (4.2.13) se cumple sólo si

$$R - I(1 + r) \geq \frac{I(1 + r)A}{R} - B. \tag{4.2.14}$$

Intuitivamente, la dificultad de un equilibrio de agrupación es que el tipo de beneficio alto debe subvencionar al tipo de beneficio bajo: haciendo que $q = p$ en (4.2.11) obtenemos $s \geq I(1+r)/[pB+(1-p)A+R]$, mientras que si el inversor supiera con seguridad que $\pi = A$ (es decir, $q = 0$), entonces aceptaría una participación menor en los beneficios $s \geq I(1+r)/(A+R)$. La mayor participación en la empresa exigida por un equilibrio de agrupación es muy cara para la empresa con beneficios altos, tal vez tan cara como para hacer que la empresa con beneficios altos prefiera renunciar al proyecto. Nuestro análisis muestra que existe un equilibrio de agrupación si p está cerca de cero, por lo que el coste de la subvención es pequeño, o si (4.2.14) se cumple, de manera que el beneficio del nuevo proyecto sobrepasa al coste de la subvención.

Si (4.2.13) no se cumple, no existe equilibrio de agrupación. Sin embargo, siempre existe uno de separación. El tipo de beneficio bajo ofrece $s = I(1 + r)/(B + R)$, que el inversor acepta y el tipo de beneficio alto ofrece $s < I(1 + r)/(A + R)$, que el inversor rechaza. En tal equilibrio la inversión es ineficientemente baja: el nuevo proyecto es rentable con toda seguridad, pero el tipo de alto beneficio renuncia a la inversión. Este equilibrio ilustra en qué sentido el conjunto de señales factibles del emisor es poco efectivo; el tipo de alto beneficio no tiene forma de sobresalir; unos términos de financiación que son atractivos para el tipo de beneficio alto son aún más atractivos para el de beneficio bajo. Como observan Myers y Majluf, en este modelo las empresas se ven empujadas hacia el endeudamiento o hacia fuentes de financiación interna.

Concluimos considerando brevemente la posibilidad de que el empresario pueda tanto endeudarse como ofrecer participaciones en los beneficios. Supongamos que el inversor acepta ofrecer un crédito D. Si el empresario no quiebra, la ganancia del inversor es D y la del empresario $\pi + R - D$; si el empresario quiebra, la ganancia del inversor es $\pi + R$ y la del empresario es cero. Como $B > 0$, siempre existe un equilibrio de agrupación: los dos tipos de beneficios ofrecen el contrato de deuda

$D = I(1 + r)$, que el inversor acepta. Sin embargo, si B fuera lo suficientemente negativo como para que $R + B < I(1 + r)$, el tipo de beneficio bajo no podría devolver su deuda, por lo que el inversor no aceptaría el contrato. Aplicaríamos un argumento similar si B y A fueran beneficios esperados (y no beneficios seguros). Supongamos que el tipo π significa que los beneficios actuales de la empresa serán $\pi + K$ con probabilidad $1/2$ y $\pi - K$ con probabilidad $1/2$. Ahora, si $B - K + R < I(1 + r)$, hay una probabilidad de $1/2$ de que el tipo de beneficio bajo no sea capaz de devolver la deuda $D = I(1 + r)$, por lo que el inversor no aceptará el contrato.

4.2.D Política monetaria

En esta sección añadimos información privada a una versión con dos periodos del juego repetido de política monetaria analizado en la sección 2.3.E. Como en el modelo de Spence, existen muchos equilibrios bayesianos perfectos de agrupación, híbridos y de separación. Como ya discutimos estos equilibrios con detalle en la sección 4.2.B, aquí sólo esbozamos los temas más importantes. Véase Vickers (1986) para los detalles de un análisis similar con dos periodos y Barro (1986) para un modelo de reputación con muchos periodos.

Recordemos, de la sección 2.3.E, que la ganancia por periodo de la autoridad monetaria es

$$W(\pi,\pi^e) = -c\pi^2 - [(b - 1)y^* + d(\pi - \pi^e)]^2,$$

donde π es el nivel real de inflación, π^e es la expectativa de inflación de los empresarios e y^* es el nivel eficiente de producción. Para los empresarios, la ganancia por periodo es $-(\pi - \pi^e)^2$. En nuestro modelo con dos periodos, la ganancia de cada jugador es simplemente la suma de sus ganancias en cada periodo, $W(\pi_1,\pi_1^e) + W(\pi_2,\pi_2^e)$ y $-(\pi_1 - \pi_1^e)^2 - (\pi_2 - \pi_2^e)^2$, donde π_t es el nivel real de inflación en el periodo t y π_t^e es la expectativa (al principio del periodo t) de inflación en el periodo t por parte de los empresarios.

El parámetro c en la función de ganancias $W(\pi,\pi^e)$ refleja el dilema de la autoridad monetaria entre los objetivos de inflación cero y producción eficiente. En la sección 2.3.E, este parámetro era información del dominio público. Suponemos ahora, en cambio, que este parámetro es información privada de la autoridad monetaria: $c = F$ o D (por "fuerte" y "débil" en la lucha contra la inflación), donde $F > D > 0$. El desarrollo temporal del modelo con dos periodos es, por tanto, el siguiente:

1. El azar determina el tipo c de la autoridad monetaria. La probabilidad de que $c = D$ es p.
2. Los empresarios forman sus expectativas de inflación para el primer periodo, π_1^e.
3. La autoridad monetaria observa π_1^e y escoge el nivel real de inflación del primer periodo, π_1.
4. Los empresarios observan π_1 (pero no c) y forman sus expectativas de inflación para el segundo periodo, π_2^e.
5. La autoridad monetaria observa π_2^e y escoge el nivel real de inflación del segundo periodo, π_2.

Como indicamos en la sección 4.2.A, hay un juego de señalización de un periodo incluido en este juego de política monetaria con dos periodos. El mensaje del emisor es la elección de la inflación por parte de la autoridad monetaria en el primer periodo, π_1, y la acción del receptor es la expectativa de inflación de los empresarios en el segundo periodo, π_2^e. La expectativa de los empresarios en el primer periodo y la elección del nivel de inflación de la autoridad monetaria en el segundo preceden y siguen al juego de señalización respectivamente.

Recordemos que en el problema con un periodo (es decir, en el juego de etapa del juego repetido analizado en la sección 2.3.E) la elección óptima de π por parte de la autoridad monetaria dada la expectativa de los empresarios, π^e, es

$$\pi^*(\pi^e) = \frac{d}{c + d^2}[(1 - b)y^* + d\pi^e].$$

El mismo argumento indica que si el tipo de la autoridad monetaria es c, su elección óptima de π_2 dada la expectativa π_2^e es

$$\frac{d}{c + d^2}[(1 - b)y^* + d\pi_2^e] \equiv \pi_2^*(\pi_2^e, c).$$

Previéndolo, si los empresarios empiezan el segundo periodo creyendo que la probabilidad de que $c = D$ es q, se formarán la expectativa $\pi_2^e(q)$ de forma que maximice

$$-q[\pi_2^*(\pi_2^e, D) - \pi_2^e]^2 - (1 - q)[\pi_2^*(\pi_2^e, F) - \pi_2^e]^2. \tag{4.2.15}$$

En un equilibrio de agrupación, ambos tipos escogen la misma inflación para el primer periodo, digamos π^*, por lo que la expectativa de los empresarios en el primer periodo es $\pi_1^e = \pi^*$. En la trayectoria de equilibrio, los empresarios empiezan el segundo periodo creyendo que la probabilidad de que $c = D$ es p, por lo que se forman la expectativa $\pi_2^e(p)$. La autoridad monetaria de tipo c escoge entonces su inflación óptima para el segundo periodo dada esta expectativa, concretamente $\pi_2^*[\pi_2^e(p),c]$, finalizando con ello el juego. Para completar la descripción de este equilibrio, queda (como siempre) definir las conjeturas del receptor fuera del equilibrio para calcular las correspondientes decisiones fuera del equilibrio utilizando (4.2.15), y comprobar que estas decisiones no crean ningún incentivo a desviarse del equilibrio para ningún tipo del emisor.

En un equilibrio de separación, los dos tipos escogen niveles de inflación diferentes en el primer periodo, digamos π_D y π_F, por lo que la expectativa de los empresarios en el primer periodo es $\pi_1^e = p\pi_D + (1-p)\pi_F$. Después de observar π_D, los empresarios empiezan el segundo periodo creyendo que $c = D$ y se forman por ello la expectativa $\pi_2^e(1)$; del mismo modo, observar π_F conduce a $\pi_2^e(0)$. En equilibrio, el tipo débil escoge entonces $\pi_2^*[\pi_2^e(1),D]$ y el tipo fuerte $\pi_2^*[\pi_2^e(0),F]$, finalizando el juego. Para completar la descripción de este equilibrio, no sólo queda, como antes, detallar las conjeturas y acciones fuera del equilibrio del receptor y comprobar que ningún tipo del emisor tiene incentivos para desviarse, sino también comprobar que ningún tipo tiene incentivos para imitar el comportamiento en equilibrio del otro. Aquí, por ejemplo, el tipo débil podría pensar en escoger π_F en el primer periodo, induciendo con ello a que la expectativa de los empresarios en el segundo periodo fuera $\pi_2^e(0)$, pero escoger $\pi_2^*[\pi_2^e(0),D]$, finalizando el juego. Es decir, incluso si π_F fuera demasiado baja para el tipo débil, la expectativa consiguiente $\pi_2^e(0)$ podría ser tan baja que el tipo débil recibiera una ganancia enorme debido a la inflación inesperada $\pi_2^*[\pi_2^e(0),D] - \pi_2^e(0)$ en el segundo periodo. En un equilibrio de separación, la inflación escogida en el primer periodo por el tipo fuerte debe ser lo suficientemente baja como para que el tipo débil no sienta la tentación de imitarle, a pesar del beneficio que obtendría por la inflación inesperada en el segundo periodo. Para muchos valores de los parámetros, esta restricción hace que π_F sea menor que el nivel de inflación que el tipo fuerte elegiría bajo información completa, del mismo modo que el trabajador con capacidad alta invierte más de la cuenta en educación en un equilibrio de separación del modelo de Spence.

4.3 Otras aplicaciones del equilibrio bayesiano perfecto

4.3.A Juegos con parloteo (*cheap-talk games*)

Los juegos con parloteo son análogos a los juegos de señalización, pero en aquellos juegos los mensajes del emisor consisten en un mero parloteo (carente de coste alguno, que no es vinculante, y cuyo contenido son declaraciones no verificables). Tal parloteo no puede ser informativo en el juego de señalización de Spence: un trabajador que simplemente anunciara "mi capacidad es alta" no sería creído. Sin embargo, en otros contextos, este tipo de comunicación previa puede ser informativo. Como ejemplo sencillo, consideremos las posibles interpretaciones de la frase "sube la bolsa".[7] En aplicaciones con mayor interés económico, Stein (1989) demuestra que las meras declaraciones de la autoridad monetaria pueden ser informativas aunque no puedan ser demasiado precisas, y Matthews (1989) estudia cómo una amenaza de veto por parte del presidente de los Estados Unidos puede influir en la forma como se aprueba el presupuesto en el Congreso norteamericano. Además de analizar el efecto del parloteo en un contexto determinado, uno también puede preguntarse cómo diseñar contextos para aprovechar esta forma de comunicación. En este sentido, Austen-Smith (1990) demuestra que, en algunos casos, debates entre legisladores que actúan según su propio interés acaban mejorando el valor social de la legislación que se aprueba, y Farrell y Gibbons (1991) demuestran que, en algunos casos, la implantación sindical en una empresa mejora el bienestar social (a pesar de la distorsión que crea en el nivel de empleo descrita en la sección 2.1.C) porque facilita la comunicación entre la fuerza de trabajo y la dirección.

El parloteo no puede ser informativo en el modelo de Spence porque todos los tipos del emisor tienen las mismas preferencias en relación con las posibles acciones del receptor: todos los trabajadores prefieren salarios altos, independientemente de su capacidad. Para ver por qué tal uniformidad de preferencias entre los tipos del emisor vicia el parloteo (en el modelo de Spence y más en general), supongamos que existiera un equilibrio con estrategias puras en el cual un subconjunto de los tipos del

---

[7] En la versión en inglés del libro, la frase que originalmente aparece es "*Hey, look out for that bus!*", que puede traducirse como "¡Cuidado con ese autobús!" o como "¡Espera ese autobús!", dependiendo del contexto. La frase que nosotros incluimos aquí es una de las muchas frases en castellano que puede tener significados completamente diferentes dependiendo del contexto. Ésta es la idea que el autor quiere expresar. (N. de los T.).

emisor, T_1, envía un mensaje m_1, mientras que otro subconjunto de tipos, T_2, envía otro mensaje, m_2. (Cada T_i podría contener sólo un tipo, como en un equilibrio de separación, o muchos tipos, como en un equilibrio de separación parcial.) En equilibrio, el receptor interpretará que m_i viene de T_i y tomará por tanto la decisión óptima, a_i, dada su conjetura. Como todos los tipos del emisor tienen las mismas preferencias sobre las acciones a tomar, si un tipo prefiere (digamos) a_1 a a_2, todos los tipos tienen esta preferencia y enviarán el mensaje m_1 en lugar de m_2, destruyendo con ello el equilibrio putativo. Por ejemplo, en el modelo de Spence, si el parloteo resultara en un mensaje indicativo de un salario alto, mientras que otro tipo de parloteo indicara un salario bajo, los trabajadores de cualquier nivel de capacidad enviarían el primer mensaje, por lo que no puede existir un equilibrio en el que el parloteo afecte los salarios.

Por lo tanto, para que el parloteo sea informativo, una condición necesaria es que diferentes tipos del emisor tengan preferencias diferentes en relación con las acciones del receptor. Una segunda condición necesaria, por supuesto, es que el receptor prefiera acciones diferentes dependiendo del tipo del emisor. (Tanto la señalización como la comunicación previa son inútiles si las preferencias del receptor sobre sus acciones son independientes del tipo del emisor.) Una tercera condición necesaria para que el parloteo sea informativo es que las preferencias del receptor sobre sus acciones no sean completamente opuestas a las del emisor. Para adelantar un último ejemplo, supongamos que el receptor prefiere acciones bajas cuando el tipo del emisor es bajo y acciones altas cuando es alto. Si emisores de tipos bajos prefieren acciones bajas y los de tipos altos acciones altas, puede haber comunicación, pero si el emisor tiene las preferencias opuestas no puede existir comunicación, ya que al emisor le gustaría confundir al receptor. Crawford y Sobel (1982) analizan un modelo abstracto que satisface estas tres condiciones necesarias y establecen dos resultados intuitivos: en términos informales, puede existir más comunicación por medio del parloteo cuando las preferencias de los jugadores están más íntimamente relacionadas, pero no puede existir comunicación perfecta a no ser que las preferencias de los jugadores estén perfectamente alineadas.

Cada una de las aplicaciones económicas que acabamos de describir (parloteo por parte de la autoridad monetaria, amenazas de veto, debates parlamentarios y presencia sindical) incluyen no sólo un juego sencillo con parloteo sino también una modelización más completa de un entorno económico. Analizar una de estas aplicaciones exigiría describir no sólo el juego sino también el modelo completo, lo que desviaría nuestra atención de las fuerzas básicas que operan en los juegos con parloteo. En esta sección, por lo tanto, nos apartamos de nuestro estilo anterior y analizamos sólo juegos abstractos con parloteo, dejando las aplicaciones como lectura adicional.

El desarrollo temporal del juego con parloteo más sencillo es idéntico al del juego de señalización más sencillo; sólo cambian las ganancias.

1. El azar escoge un tipo t_i del emisor, de un conjunto de tipos factibles $T = \{t_1,\ldots,t_I\}$, de acuerdo con una distribución de probabilidad $p(t_i)$, donde $p(t_i) > 0$ para cada i y $p(t_1) + \ldots + p(t_I) = 1$.
2. El emisor observa t_i y escoge un mensaje m_j de un conjunto de mensajes factibles $M = \{m_1,\ldots,m_J\}$.
3. El receptor observa m_j (pero no t_i) y escoge entonces una acción a_k de un conjunto de acciones factibles $A = \{a_1,\ldots,a_K\}$.
4. Las ganancias vienen dadas por $U_E(t_i a_k)$ y $U_R(t_i a_k)$.

La característica clave de este juego es que el mensaje no tiene efecto *directo* ni sobre la ganancia del emisor ni sobre la del receptor. La única manera en la que el mensaje puede importar es a través de su contenido informativo: cambiando la conjetura del receptor sobre el tipo del emisor, un mensaje puede cambiar la decisión del receptor y, por tanto, afectar indirectamente a las ganancias de los dos jugadores. Como la misma información puede ser comunicada en diferentes lenguajes, diferentes espacios de mensajes pueden alcanzar los mismos resultados. El espíritu del parloteo es que puede decirse cualquier cosa; en consecuencia, formalizar este concepto exigiría que M fuera un conjunto muy grande. Por el contrario, suponemos que M es lo suficientemente rico para decir lo que haga falta decir; es decir, $M = T$. Para los propósitos de esta sección, este supuesto es equivalente a permitir que se diga cualquier cosa; sin embargo, para los propósitos de la sección 4.4 (refinamientos del equilibrio bayesiano perfecto), este supuesto debe ser reconsiderado.

Puesto que los juegos con parloteo y de señalización más sencillos tienen el mismo desarrollo temporal, las definiciones de equilibrio bayesiano perfecto en los dos juegos son también idénticas: un equilibrio bayesiano perfecto con estrategias puras en un juego con parloteo es un par de estrategias $m^*(t_i)$ y $a^*(m_j)$, y una conjetura $\mu(t_i|m_j)$ que satisfacen los requisitos (1), (2R), (2E) y (3) de señalización, aunque las funciones de ganancias $U_R(t_i,m_j,a_k)$ y $U_E(t_i,m_j,a_k)$ en los requisitos (2R) y (2E) de señalización son ahora equivalentes a $U_R(t_i,a_k)$ y $U_E(t_i,a_k)$ respectivamente. Sin embargo, una diferencia entre los juegos de señalización y los juegos con parloteo es que en estos últimos siempre existe un equilibrio de agrupación. Puesto que los mensajes no tienen un efecto directo sobre las ganancias del emisor, si el receptor va a ignorar todos los mensajes, la agrupación es una mejor respuesta del emisor. Puesto que los mensajes no tienen un efecto directo sobre las ganancias del receptor, si el emisor está jugando agrupación, ignorar todos los mensajes es una mejor respuesta del receptor. Formalmente, sea a^* la acción óptima del receptor en un equilibrio de agrupación; es decir, a^* es una solución de

$$\max_{a_k \in A} \sum_{t_i \in T} p(t_i)U_R(t_i,a_k).$$

Es un equilibrio bayesiano perfecto de agrupación que el emisor juegue cualquier estrategia de agrupación, que el receptor mantenga la conjetura a priori $p(t_i)$ después de cualquier mensaje (en la trayectoria de equilibrio y fuera de ella) y que el receptor tome la acción a^* después de cualquier mensaje. La cuestión interesante en un juego con parloteo, por tanto, es si existen equilibrios de no agrupación. Los dos juegos abstractos con parloteo que discutimos a continuación ilustran sobre los equilibrios de separación y de agrupación parcial respectivamente.

Empezamos con un ejemplo con dos tipos y dos acciones: $T = \{t_B, t_A\}$, $\text{Prob}(t_B) = p$, y $A = \{a_B, a_A\}$. Podríamos utilizar un juego de señalización con dos tipos, dos mensajes y dos acciones, análogo al de la figura 4.2.1 para describir las ganancias en este juego con parloteo, pero las ganancias del par (t_i,a_k) son independientes de qué mensaje fue escogido, por lo que describimos los pagos utilizando la figura 4.3.1. La primera ganancia en cada casilla es la del emisor, y la segunda la del receptor, pero esta figura *no* es un juego en forma normal, simplemente recoge las ganancias de los jugadores para cada par tipo-acción.

	t_B	t_A
a_B	$x,1$	$y,0$
a_A	$z,0$	$w,1$

Figura 4.3.1

Como en nuestra discusión anterior sobre las condiciones necesarias para que el parloteo sea informativo, hemos escogido las ganancias del receptor de forma que prefiera la acción baja (a_B) cuando el tipo del emisor es bajo (t_B) y la acción alta cuando el tipo es alto. Para ilustrar la primera condición necesaria, supongamos que los dos tipos del emisor tienen las mismas preferencias respecto de las acciones: $x > z$ e $y > w$, por ejemplo, de forma que los dos tipos prefieren a_B a a_A. Entonces, a los dos tipos les gustaría que el receptor creyera que $t = t_B$, por lo que el receptor no puede creer tal afirmación. Para ilustrar la tercera condición necesaria, supongamos que las preferencias de los jugadores son totalmente opuestas: $z > x$ e $y > w$, de forma que el tipo bajo del emisor prefiere la acción alta y el tipo alto la baja. Entonces, a t_B le gustaría que el receptor creyera que $t = t_A$, y a t_A le gustaría que creyera que $t = t_B$, por lo que el receptor no puede creer ninguna de estas afirmaciones. En este juego con dos tipos y dos acciones, el único caso que cumple la primera y la tercera condiciones necesarias es $x \geq z$ e $y \geq w$ (los intereses de los jugadores están perfectamente alineados en el sentido de que, dado el tipo del emisor, los jugadores coinciden en la acción que debería tomarse). Formalmente, en un equilibrio bayesiano perfecto de separación de este juego con parloteo, la estrategia del emisor es $[m(t_B) = t_B, m(t_A) = t_A]$, las conjeturas del receptor son $\mu(t_B|t_B) = 1$ y $\mu(t_B|t_A) = 0$, y la estrategia del receptor es $[a(t_B) = a_B, a(t_A) = a_A]$. Para que estas estrategias y conjeturas formen un equilibrio, cada tipo del emisor, t_i, debe preferir decir la verdad, induciendo con ello la acción a_i, a mentir, induciendo con ello a_j. Por lo tanto, un equilibrio de separación existe si y sólo si $x \geq z$ e $y \geq w$.

Nuestro segundo ejemplo es un caso especial del modelo de Crawford y Sobel. Ahora, los espacios de tipos, mensajes y acciones son continuos: el tipo del emisor se distribuye uniformemente entre cero y uno (formalmente, $T = [0,1]$ y $p(t) = 1$ para todo t en T); el espacio de mensajes es el espacio de tipos ($M = T$); y el espacio de acciones es el intervalo de cero a uno ($A = [0,1]$). La función de ganancias del receptor es $U_R(t,a) = -(a - t)^2$, y la del emisor es $U_E(t,a) = -[a - (t + b)]^2$, de forma que cuando el tipo del emisor es t, la acción óptima del receptor es $a = t$, pero la acción óptima del emisor es $a = t + b$. Por lo tanto, diferentes tipos del emisor tienen diferentes preferencias respecto de las acciones del receptor (más precisamente, tipos altos prefieren acciones altas), y las preferencias de los jugadores no son completamente opuestas (más precisamente, el parámetro $b > 0$ mide la similitud de las preferencias de los jugadores, cuando b está cerca de cero los intereses de los jugadores están más alineados).

Crawford y Sobel demuestran que todos los equilibrios bayesianos perfectos en este modelo (y en una amplia clase de modelos relacionados) son equivalentes a un equilibrio de agrupación parcial de la siguiente forma: el espacio de tipos está dividido en n intervalos $[0,x_1),[x_1,x_2),\dots,$ $[x_{n-1},1]$; todos los tipos en un mismo intervalo envían el mismo mensaje, pero tipos en intervalos diferentes envían mensajes diferentes. Como indicamos anteriormente, un equilibrio de agrupación ($n = 1$) siempre existe. Demostraremos que, dado el valor del parámetro de similitud de preferencias b, existe un número máximo de intervalos (o "escalones") que pueden darse en equilibrio, denotado por $n^*(b)$, y existen equilibrios de agrupación parcial para cada $n = 1,2,\dots,n^*(b)$. Una disminución de b aumenta $n^*(b)$ (en este sentido, puede haber más comunicación a través del parloteo cuando las preferencias de los jugadores están más alineadas). Además, $n^*(b)$ es finito para todo $b > 0$, pero tiende a infinito cuando b tiende a cero (no puede existir comunicación perfecta a no ser que las preferencias de los jugadores estén perfectamente alineadas).

Concluimos esta sección caracterizando este equilibrio de agrupación parcial, empezando con un equilibrio de dos escalones ($n = 2$) como ilustración. Supongamos que todos los tipos en el escalón $[0,x_1)$ envían un mensaje mientras los que están en $[x_1,1]$ envían otro. Después de recibir el mensaje de los tipos $[0,x_1)$, el receptor creerá que el emisor está distribuido uniformemente en $[0,x_1)$, por lo que su acción óptima será $x_1/2$; del mismo modo, después de recibir el mensaje de los tipos $[x_1,1]$, la acción óptima del receptor será $(x_1 + 1)/2$. Para que los tipos en $[0,x_1)$ quieran enviar su mensaje, debe pasar que todos estos tipos prefieran la acción $x_1/2$ a $(x_1 + 1)/2$; del mismo modo, todos los tipos por encima de x_1 deben preferir $(x_1 + 1)/2$ a $x_1/2$.

Puesto que las preferencias del emisor son simétricas con respecto a su óptima acción, el tipo t del emisor prefiere $x_1/2$ a $(x_1 + 1)/2$ si el punto medio entre estas dos acciones es mayor que la acción óptima de ese tipo, $t+b$ (como en la figura 4.3.2), pero prefiere $(x_1+1)/2$ a $x_1/2$ si $t+b$ es mayor que el punto medio. Por lo tanto, para que exista un equilibrio de dos escalones, x_1 debe ser el tipo t cuya acción óptima $t + b$ sea exactamente igual al punto medio entre las dos acciones:

$$x_1 + b = \frac{1}{2}\left[\frac{x_1}{2} + \frac{x_1 + 1}{2}\right],$$

o $x_1 = (1/2) - 2b$. Como el espacio de tipos es $T = [0,1]$, x_1 debe ser positivo, por lo que un equilibrio de dos escalones existe sólo si $b < 1/4$; para $b \geq 1/4$ las preferencias de los jugadores son demasiado diferentes para permitir incluso esta comunicación tan limitada.

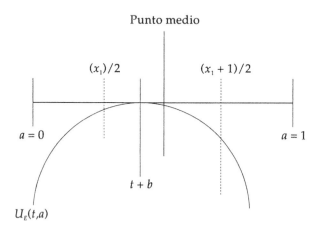

Punto medio

$(x_1)/2$

$(x_1 + 1)/2$

$a = 0$

$a = 1$

$t + b$

$U_E(t,a)$

Figura 4.3.2

Para completar la discusión de este equilibrio de dos escalones, tratamos el tema de los mensajes que están fuera de la trayectoria de equilibrio. Crawford y Sobel establecen la estrategia (mixta) del emisor de forma que estos mensajes no existan: todos los tipos $t < x_1$ escogen un mensaje aleatoriamente de acuerdo con una distribución uniforme en $[0,x_1)$; todos los tipos $t \geq x_1$ escogen un mensaje aleatoriamente de acuerdo con una distribución uniforme en $[x_1,1]$. Como hemos supuesto que $M = T$, no hay ningún mensaje del que podamos estar seguros que no se enviará en equilibrio, por lo que el requisito 3 de señalización determina la conjetura del receptor después de cualquier mensaje posible: la conjetura del receptor después de observar cualquier mensaje de $[0,x_1)$ es que t se distribuye uniformemente en $[0,x_1)$, y la conjetura del receptor después de observar cualquier mensaje de $[x_1,1]$ es que t se distribuye uniformemente en $[x_1,1]$. (El uso de distribuciones uniformes en la estrategia mixta del emisor no tiene nada que ver con el supuesto de una distribución uniforme del tipo del emisor; la estrategia mixta del emisor podría utilizar también cualquier otra densidad de probabilidad estrictamente positiva sobre los intervalos indicados.) Como alternativa al enfoque de Crawford y Sobel, podríamos determinar una estrategia pura del emisor pero escoger conjeturas del receptor fuera de la trayectoria de equilibrio. Por ejemplo, sea la estrategia del emisor que todos los tipos $t < x_1$ envíen el mensaje 0 y que todos los tipos $t \geq x_1$ envíen el mensaje x_1, y sea la conjetura del receptor fuera de la trayectoria de equilibrio después de observar cualquier mensaje de $(0,x_1)$ que t se distribuye uniformemente en $[0,x_1)$, y después de observar cualquier mensaje de $(x_1,1]$ que t se distribuye uniformemente en $[x_1,1]$.

Para caracterizar un equilibrio de n escalones, aplicamos repetidamente la siguiente observación sobre el equilibrio de dos escalones: el escalón superior, $[x_1,1]$, es $4b$ más grande que el inferior, $[0,x_1)$. Esta observación se deriva del hecho que, dado el tipo del emisor (t), su acción óptima $(t + b)$ es mayor que la acción óptima del receptor (t) en b. Por lo tanto, si dos escalones adyacentes tuvieran la misma longitud, el tipo frontera entre los escalones (x_1 en el equilibrio de dos escalones) preferiría estrictamente enviar el mensaje asociado con el escalón superior; efectivamente, los tipos ligeramente por debajo del tipo frontera también lo preferirían. La única forma de hacer que el tipo frontera sea indiferente entre los dos escalones (y conseguir con ello que los tipos por encima y por debajo de la frontera prefieran estrictamente sus respectivos escalones) es hacer que el escalón superior sea convenientemente más grande que el inferior, de la siguiente forma.

Si el escalón $[x_{k-1},x_k)$ tiene una longitud de c (es decir, $x_k - x_{k-1} = c$), la acción óptima del receptor correspondiente a este escalón (concretamente, $(x_k + x_{k-1})/2$) está $(c/2) + b$ por debajo de la acción óptima del tipo frontera x_k (concretamente, $x_k + b$). Para hacer que el tipo frontera sea indiferente entre los escalones $[x_{k-1},x_k)$ y $[x_k,x_{k+1})$, la acción del receptor correspondiente al último escalón debe estar $(c/2) + b$ por encima de la acción óptima para x_k:

$$\frac{x_{k+1} + x_k}{2} - (x_k + b) = \frac{c}{2} + b,$$

o

$$x_{k+1} - x_k = c + 4b.$$

Por lo tanto, cada escalón debe ser $4b$ más largo que el anterior.

En un equilibrio de n escalones, si el primer escalón tiene una longitud d, el segundo debe tener una longitud $d + 4b$, el tercero $d + 8b$ y así sucesivamente. El n-ésimo escalón debe acabar exactamente en 1, por lo que debemos tener

$$d + (d + 4b) + \ldots + [d + (n-1)4b] = 1.$$

Utilizando el hecho de que $1 + 2 + \ldots + (n-1) = n(n-1)/2$, tenemos que

$$n \cdot d + n(n-1) \cdot 2b = 1. \tag{4.3.1}$$

Dado cualquier n tal que $n(n-1)\cdot 2b < 1$, existe un valor de d que soluciona (4.3.1). Es decir, para cualquier n tal que $n(n-1)\cdot 2b < 1$, existe un equilibrio de agrupación parcial de n escalones, y la longitud del primer escalón es el valor de d que soluciona (4.3.1). Como la longitud del primer escalón debe ser positiva, el número máximo de escalones en este equilibrio, $n^*(b)$, es el valor más alto de n tal que $n(n-1) \cdot 2b < 1$. Utilizando la fórmula de la ecuación de segundo grado, se obtiene que $n^*(b)$ es el mayor entero por debajo de

$$\frac{1}{2}\left[1 + \sqrt{1 + (2/b)}\right].$$

Consistente con la derivación del equilibrio de dos escalones, $n^*(b) = 1$ para $b \geq 1/4$: no hay comunicación posible si las preferencias de los jugadores son demasiado diferentes. Así mismo, como hemos dicho antes, $n^*(b)$ es decreciente en b pero tiende a infinito sólo cuando b tiende a cero: puede haber más comunicación a través del parloteo cuando las preferencias de los jugadores están más alineadas, pero no puede existir comunicación perfecta a no ser que las preferencias de los jugadores estén perfectamente alineadas.

4.3.B Negociación sucesiva bajo información asimétrica

Consideremos una empresa y un sindicato negociando sobre salarios. Para simplificar, supongamos que el nivel de empleo es fijo. El salario de reserva del sindicato (es decir, la cantidad que los miembros del sindicato ganan si no son empleados por la empresa) es w_r. Los beneficios de la empresa, que denotamos mediante π, se distribuyen uniformemente en $[\pi_B, \pi_A]$, pero el valor real de π es conocido sólo por la empresa. Esta información privada podría, por ejemplo, reflejar un mejor conocimiento por parte de la empresa de los nuevos productos en fase de planificación. Simplificamos el análisis suponiendo que $w_r = \pi_B = 0$.

El juego de negociación dura dos periodos como máximo. En el primer periodo, el sindicato realiza una oferta salarial, w_1. Si la empresa acepta esta oferta el juego concluye: la ganancia del sindicato es w_1 y la de la empresa $\pi - w_1$. (Estas ganancias son los valores presentes de las sucesiones de salarios y beneficios [netos] que los jugadores acumulan a lo largo de la duración del contrato que se está negociando, normalmente tres años en Estados Unidos.) Si la empresa rechaza esta oferta, entonces el juego pasa al segundo periodo. El sindicato realiza una segunda oferta salarial, w_2. Si la empresa acepta la oferta, los valores presentes de las ganancias de los jugadores (medidos en el primer periodo) son δw_2 para el sindicato y $\delta(\pi - w_2)$ para la empresa, donde δ refleja tanto el descuento como la corta vida de lo que queda de contrato después del primer periodo. Si la empresa rechaza la segunda oferta del sindicato, el juego finaliza y las ganancias son cero para ambos jugadores. Un modelo más realista podría permitir que la negociación continuara hasta que una oferta fuera aceptada, o podría obligar a las partes a someterse a una decisión arbitral vinculante después de una huelga prolongada. Aquí sacrificamos realismo para ganar claridad. (Véase Sobel y Takahashi [1983] y el ejercicio 4.12 para un análisis con horizonte infinito.)

Definir y hallar un equilibrio bayesiano perfecto es algo complicado en este modelo, pero la solución eventual es simple e intuitiva. Empezamos, por lo tanto, esbozando el único equilibrio bayesiano perfecto de este juego.

- La oferta salarial del sindicato en el primer periodo es

$$w_1^* = \frac{(2 - \delta)^2}{2(4 - 3\delta)} \pi_A.$$

- Si el beneficio de la empresa es mayor que

$$\pi_1^* = \frac{2w_1}{2 - \delta} = \frac{2 - \delta}{4 - 3\delta} \pi_A$$

la empresa acepta w_1^*; en caso contrario, la empresa rechaza w_1^*.

- Si su oferta es rechazada en el primer periodo, el sindicato actualiza su conjetura sobre los beneficios de la empresa: el sindicato cree que π se distribuye uniformemente en $[0, \pi_1^*]$.

- La oferta salarial del sindicato en el segundo periodo (condicionada a que w_1^* sea rechazada) es

$$w_2^* = \frac{\pi_1^*}{2} = \frac{2-\delta}{2(4-3\delta)}\pi_A < w_1^*.$$

- Si el beneficio de la empresa, π, es mayor que w_2^*, ésta acepta la oferta; en caso contrario, la rechaza.

Por lo tanto, en cada periodo, las empresas con beneficios altos aceptan la oferta del sindicato, mientras que las de beneficios bajos la rechazan, y la oferta del sindicato en el segundo periodo refleja el hecho de que las empresas con beneficios altos aceptaron la oferta en el primer periodo. (Nótese el ligero cambio en la terminología: nos referiremos indistintamente a una empresa con muchos tipos de beneficios posibles o a muchas empresas cada una con su propio nivel de beneficios.) En equilibrio, las empresas con beneficios bajos toleran una huelga de un periodo para convencer al sindicato de que tienen beneficios bajos e inducir con ello a una oferta salarial menor por parte del sindicato en el segundo periodo. Sin embargo, las empresas con beneficios muy bajos encuentran que incluso la oferta del segundo periodo es intolerablemente alta y, por tanto, también la rechazan.

Empezamos nuestro análisis describiendo las estrategias y conjeturas de los jugadores, tras lo cual definimos un equilibrio bayesiano perfecto. La figura 4.3.3 ofrece una representación en forma extensiva de una versión simplificada del juego: sólo hay dos valores de π (π_B y π_A), y el sindicato sólo tiene dos ofertas salariales posibles (w_B y w_A).

En este juego simplificado, al sindicato le corresponde decidir en tres conjuntos de información, por lo que su estrategia consiste en tres ofertas salariales: la oferta del primer periodo, w_1, y dos ofertas en el segundo periodo, w_2 después de que $w_1 = w_A$ sea rechazada y w_2 después de que $w_1 = w_B$ sea rechazada. Estas tres decisiones tienen lugar en tres conjuntos de información con más de un elemento, en los que las conjeturas del sindicato son $(p, 1-p)$, $(q, 1-q)$ y $(r, 1-r)$ respectivamente. En el juego completo (a diferencia de lo que pasa en el juego simplificado de la figura 4.3.3), una estrategia del sindicato es una oferta w_1 en el primer periodo y una función de oferta $w_2(w_1)$ en el segundo periodo que determina la oferta w_2 a realizar después de que cada oferta w_1 sea rechazada. Cada una de estas decisiones tiene lugar en un conjunto de información con más de un elemento. Hay un conjunto de información en el segundo periodo para cada oferta salarial que el sindicato podría hacer en el primer periodo (por lo que hay un continuo de conjuntos de información en vez de sólo

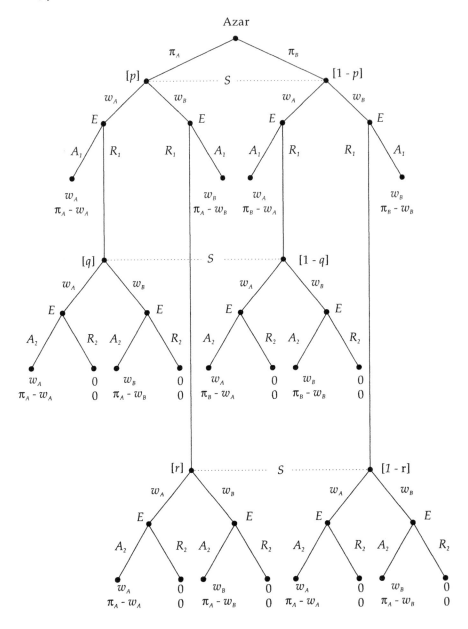

Figura 4.3.3

dos como en la figura 4.3.3). En cada conjunto de información, la conjetura del sindicato es una distribución de probabilidad sobre estos nodos. En el juego completo, denotamos la conjetura del sindicato en el primer periodo mediante $\mu_1(\pi)$, y la del segundo (después de que la oferta w_1 del primer periodo haya sido rechazada) con $\mu_2(\pi|w_1)$.

Una estrategia de la empresa incluye dos decisiones (tanto en el juego simplificado como en el completo). Sea $A_1(w_1|\pi)$ igual a uno si la empresa aceptase la oferta w_1 del primer periodo cuando su beneficio es π, y cero si la empresa rechazase w_1 cuando su beneficio es π. Del mismo modo, sea $A_2(w_2|\pi,w_1)$ igual a uno si la empresa aceptase la oferta w_2 del segundo periodo cuando su beneficio es π y la oferta del primer periodo fue w_1, y cero si la empresa rechazase w_2 en tales circunstancias. Una estrategia de la empresa es un par de funciones $[A_1(w_1|\pi),A_2(w_2|\pi,w_1)]$. Puesto que la empresa tiene información completa durante todo el juego, sus conjeturas son triviales.

Las estrategias $[w_1,w_2(w_1)]$ y $[A_1(w_1|\pi),A_2(w_2|\pi,w_1)]$, y las conjeturas $[\mu_1(\pi), \mu_2(\pi|w_1)]$ constituyen un equilibrio bayesiano perfecto si satisfacen los requisitos 2, 3 y 4 de la sección 4.1. (El requisito 1 se satisface por la simple existencia de las conjeturas del sindicato.) Vamos a demostrar que existe un único equilibrio bayesiano perfecto. La parte más simple del argumento es aplicar el requisito 2 a la decisión de la empresa en el segundo periodo $A_2(w_2|\pi,w_1)$: puesto que éste es el último movimiento del juego, la decisión óptima de la empresa es aceptar w_2 si y sólo si $\pi \geq w_2$; w_1 es irrelevante. Dada esta parte de la estrategia de la empresa, es inmediato aplicar el requisito 2 a la elección de una oferta salarial por parte del sindicato en el segundo periodo: w_2 debería maximizar la ganancia esperada por el sindicato, dada la conjetura de éste $\mu_2(\pi|w_1)$ y la consiguiente estrategia de la empresa $A_2(w_2|\pi,w_1)$. La parte más difícil del argumento es determinar la conjetura $\mu_2(\pi|w_1)$ del modo siguiente.

Comenzamos considerando momentáneamente el siguiente problema de negociación de un periodo. (Utilizaremos más tarde los resultados de este problema como la solución en el segundo periodo del juego con dos periodos.) En el problema con un periodo, supongamos que el sindicato cree que el beneficio de la empresa se distribuye uniformemente en $[0,\pi_1]$, donde π_1 es por el momento arbitrario. Si el sindicato ofrece w, la mejor respuesta de la empresa es clara: aceptar w si y sólo si $\pi \geq w$. Por lo tanto, el problema del sindicato puede formularse como:

$$\max_{w} w \cdot \text{Prob}\{\text{la empresa acepta } w\} + 0 \cdot \text{Prob}\{\text{la empresa no acepta } w\},$$

donde $\text{Prob}\{\text{la empresa acepta } w\} = (\pi_1 - w)/\pi_1$ para los valores relevantes de las ofertas salariales (concretamente, $0 \leq w \leq \pi_1$). La oferta salarial óptima es, por lo tanto, $w^*(\pi_1) = \pi_1/2$.

Volvemos ahora (definitivamente) al problema con dos periodos. Demostramos en primer lugar que, para valores arbitrarios de w_1 y w_2, si el sindicato ofrece w_1 en el primer periodo y la empresa espera que ofrezca w_2 en el segundo periodo, todas las empresas con beneficios lo suficientemente altos aceptarán w_1 y todas las demás lo rechazarán. Las posibles ganancias de la empresa son $\pi - w_1$ por aceptar w_1, $\delta(\pi - w_2)$ por rechazar w_1 y aceptar w_2, y cero si rechaza ambas ofertas. Por lo tanto, la empresa prefiere aceptar w_1 a aceptar w_2 si $\pi - w_1 > \delta(\pi - w_2)$, o

$$\pi > \frac{w_1 - \delta w_2}{1 - \delta} \equiv \pi^*(w_1, w_2),$$

y la empresa prefiere aceptar w_1 a rechazar las dos ofertas si $\pi - w_1 > 0$. Por lo tanto, para valores arbitrarios de w_1 y w_2, empresas con $\pi > \max\{\pi^*(w_1, w_2), w_1\}$ aceptarán w_1 y empresas con $\pi < \max\{\pi^*(w_1, w_2), w_1\}$ lo rechazarán. Como el requisito 2 establece que la empresa actúa óptimamente dadas las subsiguientes estrategias de los jugadores, podemos obtener $A_1(w_1|\pi)$ para un valor arbitrario de w_1: empresas con $\pi > \max\{\pi^*(w_1, w_2), w_1\}$ aceptarán w_1 y empresas con $\pi < \max\{\pi^*(w_1, w_2), w_1\}$ lo rechazarán, donde w_2 es la oferta salarial del sindicato en el segundo periodo $w_2(w_1)$.

Podemos ahora obtener $\mu_2(\pi|w_1)$, la conjetura del sindicato en el segundo periodo en el conjunto de información al que se llega si la oferta w_1 del primer periodo es rechazada. El requisito 4 implica que la conjetura correcta es que π se distribuya uniformemente en $[0, \pi(w_1)]$, donde $\pi(w_1)$ es el valor de π que hace que la empresa sea indiferente entre aceptar w_1 y rechazarlo para aceptar la oferta óptima del sindicato en el segundo periodo dada esta conjetura (concretamente, $w^*(\pi(w_1)) = \pi(w_1)/2$, como obtuvimos en el problema de un periodo). Para ver esto, recordemos que el requisito 4 establece que la conjetura del sindicato debe obtenerse a partir de la regla de Bayes y de la estrategia de la empresa. Por lo tanto, dada la primera parte de la estrategia de la empresa $A_1(w_1|\pi)$ que acabamos de hallar, la conjetura del sindicato debe ser que los tipos que quedan en el segundo periodo se distribuyen uniformemente en $[0, \pi_1]$, donde $\pi_1 = \max\{\pi^*(w_1, w_2), w_1\}$ y w_2 es la oferta salarial del sindicato en el segundo periodo $w_2(w_1)$. Dada esta conjetura, la oferta óptima del sindicato en el segundo periodo debe ser $w^*(\pi_1) = \pi_1/2$, lo que proporciona una ecuación implícita de π_1 en función de w_1:

$$\pi_1 = \max\{\pi^*(w_1,\pi_1/2),w_1\}.$$

Para resolver esta ecuación implícita, supongamos que $w_1 \geq \pi^*(w_1,\pi_1/2)$. Entonces $\pi_1 = w_1$, lo que contradice $w_1 \geq \pi^*(w_1,\pi_1/2)$. Por lo tanto, $w_1 < \pi^*(w_1,\pi_1/2)$, de manera que $\pi_1 = \pi^*(w_1,\pi_1/2)$, o

$$\pi_1(w_1) = \frac{2w_1}{2-\delta} \qquad \text{y} \qquad w_2(w_1) = \frac{w_1}{2-\delta}.$$

Hemos reducido el juego a un problema de optimización en un periodo para el sindicato: dada la oferta salarial del sindicato en el primer periodo, w_1, hemos hallado la respuesta óptima de la empresa en el primer periodo, la conjetura del sindicato al principio del segundo periodo, la oferta óptima del sindicato en el segundo periodo y la respuesta óptima de la empresa en el segundo periodo. Por lo tanto, la oferta salarial del sindicato en el primer periodo debería ser una solución de

$$\max_{w_1} \cdot \text{Prob}\{\text{la empresa acepta } w_1\}$$

$$+ \delta w_2(w_1) \cdot \text{Prob}\{\text{la empresa no acepta } w_1 \text{ pero acepta } w_2\}$$

$$+ \delta \cdot 0 \cdot \text{Prob}\{\text{la empresa no acepta } w_1 \text{ ni } w_2\}.$$

Nótese que Prob$\{$la empresa acepta $w_1\}$ *no* es simplemente la probabilidad de que π sea mayor que w_1, sino la probabilidad de que π sea mayor que $\pi_1(w_1)$:

$$\text{Prob}\{\text{la empresa acepta } w_1\} = \frac{\pi_A - \pi_1(w_1)}{\pi_A}.$$

La solución de este problema de optimización es w_1^*, dado al principio del análisis, y π_1^* y w_2^*, dados por $\pi_1(w_1^*)$ y $w_2(w_1^*)$ respectivamente.

4.3.C La reputación en el dilema de los presos repetido finitamente

En el análisis de los juegos con información completa repetidos finitamente de la sección 2.3.A, demostramos que si un juego de etapa tiene un único equilibrio de Nash, cualquier juego repetido finitamente basado en este juego de etapa tiene un único equilibrio de Nash perfecto en subjuegos: en cada etapa, después de cualquier historia, se juega el equilibrio de Nash del juego de etapa. En contraste con este resultado teórico, buena parte de la evidencia experimental sugiere que frecuentemente se da cooperación en dilemas de los presos repetidos finitamente, especialmente en etapas que no están demasiado cerca del final. (Véase algunas referencias en Axelrod [1981].) Kreps, Milgrom, Roberts y Wilson (1982) demuestran que un modelo de *reputación* ofrece una explicación de estos hechos.[8]

La explicación más simple de un equilibrio de reputación en el dilema de los presos repetido finitamente incluye una manera nueva de modelar la información asimétrica. En lugar de suponer que un jugador tiene información privada sobre sus ganancias, supondremos que el jugador tiene información privada sobre sus estrategias factibles. En particular, supondremos que con probabilidad p, el jugador fila puede jugar sólo la estrategia del Talión (*tit-fot-tat*) (que empieza el juego repetido cooperando e imita en lo sucesivo la jugada anterior de su oponente), mientras que con probabilidad $1 - p$ el jugador fila puede utilizar cualquiera de las estrategias disponibles en el juego repetido infinitamente (incluida la del Talión). De acuerdo con la terminología habitual, llamaremos "racional" al jugador fila. La ventaja expositiva de esta formulación se debe al hecho de que si el jugador fila se desvía alguna vez de la estrategia del Talión, pasa a ser información del dominio público que el jugador fila es racional.

La estrategia del Talión es simple y atractiva, y fue además la ganadora en el torneo del dilema de los presos de Axelrod. No obstante, se podría cuestionar el supuesto de que un jugador tiene sólo una estrategia, incluso si ésta es atractiva. A costa de perder algo de simplicidad expositiva, se podría suponer que ambos tipos del jugador fila pueden jugar cualquier estrategia, pero con probabilidad p las ganancias del jugador son tales que la estrategia del Talión domina a cualquier otra estrategia del juego repetido. (La exposición se complica bajo este supuesto, porque una desviación de la estrategia del Talión no hace que sea información del dominio público que el jugador es racional.) Estas ganancias difieren de las que se suponen normalmente en los juegos repetidos: para que la imitación de la decisión previa del jugador columna sea un óptimo, las ganancias en este periodo del jugador fila deben depender de la jugada del jugador columna en el periodo anterior. Como tercera posibilidad (de nuevo a costa de sacrificar simplicidad expositiva), se podría permitir que un jugador tuviera información privada sobre sus ganancias en el juego de etapa, pero insistir

---

[8] Demostramos en la sección 2.3.B que puede existir cooperación en el dilema de los presos repetido infinitamente. Algunos autores se refieren a tal equilibrio como un equilibrio de "reputación", aun cuando las ganancias y oportunidades de ambos jugadores son información del dominio público. Por claridad, se podría describir ese equilibrio como un equilibrio basado en "amenazas y promesas", reservando el término "reputación" a los juegos en los que al menos un jugador tiene algo que aprender sobre otro, como ocurre en esta sección.

en que la ganancia en una etapa dependa sólo de las jugadas de esa etapa, y que la ganancia total del juego repetido sea la suma de las ganancias en cada una de las etapas del juego. En particular, se podría suponer que con probabilidad p la mejor respuesta del jugador fila a la cooperación es la cooperación. Kreps, Milgrom, Roberts y Wilson (KMRW en lo sucesivo) demuestran que la existencia de información asimétrica unilateral de este tipo no es suficiente para producir la cooperación en el equilibrio; al contrario, no cooperar (confesar) es lo que ocurre en cada etapa, al igual que bajo información completa. Sin embargo, también demuestran que si la asimetría informativa es bilateral (es decir, existe también una probabilidad q de que la mejor respuesta del jugador columna a la cooperación sea la cooperación) puede existir entonces un equilibrio en el que los dos jugadores cooperen hasta que quede muy poco para que el juego se acabe.

Para repetirlo otra vez, supondremos que con probabilidad p el jugador fila sólo puede jugar la estrategia del Talión. El espíritu del análisis de KMRW es que incluso si p es muy pequeña (es decir, incluso si el jugador columna tiene sólo una ligera sospecha de que el jugador fila podría no ser racional), esta incertidumbre puede tener un gran efecto en el siguiente sentido. KMRW demuestran que existe una cota superior al número de etapas en las que algún jugador no coopera en equilibrio. Esta cota superior depende de p y de las ganancias en el juego de etapa, pero no del número de etapas en el juego repetido. Por lo tanto, en cualquier equilibrio de un juego repetido lo suficientemente largo, la fracción de etapas en las que ambos jugadores cooperan es grande. (KMRW establecen su resultado para el equilibrio sucesivo, pero sus argumentos también se pueden aplicar al equilibrio bayesiano perfecto.) Dos pasos clave en el argumento de KMRW son: (i) si el jugador fila se desvía de la estrategia del Talión, pasa a ser información del dominio público que el jugador es racional, por lo que ningún jugador cooperará en lo sucesivo, de manera que el jugador fila racional tiene un incentivo para imitar la estrategia del Talión, y (ii) dado un supuesto que impondremos más adelante sobre las ganancias del juego de etapa, la mejor respuesta del jugador columna a la estategia del Talión sería cooperar hasta la última etapa del juego.

Para entender cuáles son los elementos básicos del modelo de KMWR, consideraremos el complementario de su análisis: en lugar de suponer que p es baja y analizar los juegos repetidos de larga duración, supondremos que p es lo suficientemente alta como para que exista un equilibrio de un juego repetido corto en el que los dos jugadores cooperen en todas las etapas menos en las dos últimas. Empezamos con el caso de dos periodos.

El desarrollo temporal es:

1. El azar determina un tipo para el jugador fila. Con probabilidad p, el jugador fila sólo dispone de la estrategia del Talión; con probabilidad $1 - p$, puede jugar cualquier estrategia. El jugador fila se entera de su tipo, pero el jugador columna no se entera del tipo del jugador fila.
2. Los jugadores fila y columna juegan al dilema de los presos. Sus decisiones en esta etapa pasan a ser información del dominio público.
3. Los jugadores fila y columna juegan al dilema de los presos por segunda y última vez.
4. Se reciben las ganancias. Para el jugador fila racional y el jugador columna éstas son la suma (sin descuento) de sus ganancias en las dos etapas. El juego de etapa se presenta en la figura 4.3.4.

Para hacer de este juego de etapa un dilema de los presos, suponemos que $a > 1$ y $b < 0$. KMRW también suponen que $a + b < 2$, de forma que (como indicamos anteriormente en (ii)) la mejor respuesta del jugador columna a la estrategia del Talión es cooperar hasta la última etapa del juego, en lugar de ir alternando entre cooperar y no cooperar.

Columna

		Cooperar	No cooperar
	Cooperar	1,1	b,a
Fila			
	No cooperar	a,b	0,0

Figura 4.3.4

Al igual que en el último periodo de un dilema de los presos repetido finitamente con información completa, no cooperar (NC) domina estrictamente a cooperar (C) en la última etapa de este juego de dos periodos con información incompleta, tanto para el jugador fila racional como para el jugador columna. Dado que el jugador columna no cooperará en la última etapa, no existe ninguna razón para que el jugador fila racional lo haga en la primera etapa. Ahora bien, la estrategia del Talión empieza el juego con cooperación. Por lo tanto, la única decisión que hace falta determinar es la del jugador columna en el primer periodo, (X), que será

imitada por la estrategia del Talión en el segundo periodo, como se ve en
la trayectoria de equilibrio en la figura 4.3.5.

	$t = 1$	$t = 2$
Estrategia del Talión	C	X
Jugador racional fila	NC	NC
Jugador columna	X	NC

Figura 4.3.5

	$t = 1$	$t = 2$	$t = 3$
Estrategia del Talión	C	C	C
Jugador racional fila	C	NC	NC
Jugador columna	C	C	NC

Figura 4.3.6

Escogiendo $X = C$, el jugador columna recibe la ganancia esperada
$p \cdot 1 + (1 - p) \cdot b$ en el primer periodo, y $p \cdot a$ en el segundo. (Como la
estrategia del Talión y el jugador fila racional eligen jugadas diferentes
en el primer periodo, el jugador columna empezará el segundo periodo
sabiendo si el jugador fila es racional o juega la estrategia del Talión. La
ganancia esperada en el segundo periodo $p \cdot a$ refleja la incertidumbre
del jugador columna sobre el tipo del jugador fila a la hora de decidir si
cooperar o no en el primer periodo.) Escogiendo $X = NC$, en cambio, el
jugador columna recibe $p \cdot a$ en el primer periodo y cero en el segundo.
Por lo tanto, el jugador columna cooperará en el primer periodo siempre
que

$$p + (1 - p)b \geq 0. \tag{4.3.2}$$

Supondremos en lo sucesivo que (4.3.2) se cumple.

Consideremos ahora el caso con tres periodos. Dado (4.3.2), si el jugador columna y el jugador fila racional cooperan en el primer periodo, la trayectoria de equilibrio en el segundo y tercer periodos vendrá dada por la figura 4.3.5, con $X = C$ y los números de los periodos cambiados. Derivaremos condiciones suficientes para que el jugador columna y el jugador fila racional cooperen en el primer periodo, como se indica en la trayectoria de equilibrio de tres periodos en la figura 4.3.6.

En este equilibrio, la ganancia del jugador fila racional es $1 + a$ y la ganancia esperada del jugador columna es $1 + p + (1 - p)b + pa$. Si el jugador fila racional no coopera en el primer periodo, pasa a ser información del dominio público que el jugador fila es racional. Por lo tanto, la ganancia del jugador fila racional por no cooperar en el primer periodo es a, que es menor que la ganancia $1 + a$ de equilibrio, por lo que el jugador fila racional no tiene incentivos para desviarse de la estrategia implícita en la figura 4.3.6.

	$t = 1$	$t = 2$	$t = 3$
Estrategia del Talión	C	NC	NC
Jugador racional fila	C	NC	NC
Jugador columna	NC	NC	NC

Figura 4.3.7

Nos ocupamos ahora de si el jugador columna tiene algún incentivo para desviarse. Si el jugador columna no coopera en el primer periodo, la estrategia del Talión tampoco lo hará en el segundo, y el jugador fila racional no cooperará en el segundo periodo, porque es seguro que el jugador columna no lo hará en el último periodo. No habiendo cooperado en el primer periodo, el jugador columna debe decidir si cooperar o no en el segundo periodo. Si el jugador columna no coopera en el segundo periodo, la estrategia del Talión tampoco lo hará en el tercero, por lo que el juego se desarrollará como indica la figura 4.3.7. La ganancia del jugador columna por esta desviación es a, que es menor que su ganancia esperada en equilibrio siempre que

$$1 + p + (1 - p)b + pa \geq a.$$

Dada (4.3.2), una condición suficiente para que el jugador columna no se desvíe es

$$1 + pa \geq a. \tag{4.3.3}$$

Alternativamente, el jugador columna podría desviarse no cooperando en el primer periodo pero cooperando en el segundo, en cuyo caso la estrategia del Talión cooperaría en el tercer periodo, por lo que el desarrollo del juego sería como se indica en la figura 4.3.8. La ganancia esperada del jugador columna por esta desviación es $a + b + pa$, que es menor que su ganancia esperada en equilibrio siempre que

$$1 + p + (1 - p)b + pa \geq a + b + pa.$$

	$t = 1$	$t = 2$	$t = 3$
Estrategia del Talión	C	NC	C
Jugador racional fila	C	NC	NC
Jugador columna	NC	C	NC

Figura 4.3.8

Dada (4.3.2), una condición suficiente para que el jugador columna no se desvíe es

$$a + b \leq 1. \tag{4.3.4}$$

Hemos demostrado que si (4.3.2), (4.3.3) y (4.3.4) se cumplen, el desarrollo del juego descrito en la figura 4.3.6 es la trayectoria de equilibrio de un equilibrio bayesiano perfecto del dilema de los presos con tres periodos. Dado un valor de p, las ganancias a y b satisfacen estas tres desigualdades si pertenecen a la región sombreada de la figura 4.3.9. A medida que p tiende a cero, la región sombreada desaparece, consistentemente con la observación anterior de que en esta sección analizamos la cooperación en el equilibrio en juegos cortos con valores altos de p, mientras que KMRW se centran en juegos de larga duración con valores bajos de p. Por otra parte, si p es lo suficientemente alta como para sustentar la cooperación en un juego corto, es suficientemente alta para hacerlo en un juego largo.

Formalmente, si a, b y p satisfacen (4.3.2), (4.3.3) y (4.3.4), para cualquier $T > 3$ finita existe un equilibrio bayesiano perfecto en el juego repetido T periodos, en el cual el jugador fila racional y el jugador columna cooperan hasta el periodo $T - 2$, tras el cual los periodos $T - 1$ y T son tal como se describen en la figura 4.3.5. (Véase el apéndice para una demostración de esta afirmación.)

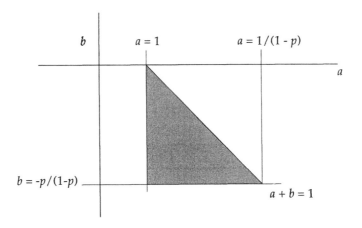

Figura 4.3.9

Apéndice

Por razón de brevedad, nos referiremos a un equilibrio bayesiano perfecto del dilema de los presos repetido T periodos, como un *equilibrio cooperativo* si el jugador fila racional y el jugador columna cooperan hasta el periodo $T - 2$, tras lo cual los periodos $T - 1$ y T se describen en la figura 4.3.5. Vamos a demostrar que si a, b y p satisfacen (4.3.2), (4.3.3) y (4.3.4), existe un equilibrio cooperativo para cada $T > 3$ finito. Argumentamos por inducción: dado que para cada $\tau = 2, 3, \ldots, T - 1$ existe un equilibrio cooperativo en el juego con τ periodos, demostramos que existe un equilibrio cooperativo en el juego con T periodos.

Demostramos primero que el jugador fila racional no tiene incentivos para desviarse del equilibrio cooperativo en el juego con T periodos. Si el jugador fila no fuera a cooperar en ningún periodo $t < T - 1$, llegaría a ser del dominio público que el jugador fila es racional, por lo que recibiría una ganancia a en el periodo t y cero en cada periodo siguiente. Pero la ganancia en equilibrio del jugador fila es 1 en los periodos t a $T - 2$, y a

en el periodo $T - 1$, o $(T - t - 1) + a$, por lo que no cooperar no resulta rentable para ningún $t < T - 1$. El argumento referente a la figura 4.3.5 implica que el jugador fila racional no tiene incentivos para desviarse en los periodos $T - 1$ o T.

Demostramos a continuación que el jugador columna no tiene incentivos para desviarse. El argumento referente a la figura 4.3.5 significa que el jugador columna no tiene incentivos para desviarse cooperando hasta el periodo $T - 2$ y dejando de cooperar en el periodo $T - 1$; el argumento referente a la figura 4.3.6 implica que el jugador columna no tiene incentivos para desviarse cooperando hasta el periodo $T - 3$ y dejando de cooperar en el periodo $T - 2$. Por lo tanto, necesitamos demostrar que el jugador columna no tiene incentivos para desviarse cooperando hasta el periodo $t - 1$ y dejando de cooperar en el periodo t, donde $1 \leq t \leq T - 3$.

Si el jugador columna no coopera en el periodo t, la estrategia del Talión tampoco lo hará en el periodo $t+1$, por lo que el jugador fila racional tampoco lo hará (ya que no cooperar domina estrictamente a cooperar en la $(t + 1)$-ésima etapa del juego, después de lo cual no cooperar de $t + 2$ a T proporciona una ganancia cero como mínimo, mientras que cooperar en $t + 1$ haría que fuera información del dominio público que el jugador fila es racional, resultando en una ganancia de exactamente cero a partir de $t + 2$ hasta T). Dado que tanto la estrategia del Talión como el jugador fila racional cooperan hasta el periodo t y dejan de cooperar en el periodo $t + 1$, la conjetura del jugador columna al principio del periodo $t + 2$ es que la probabilidad de que el jugador fila sea la estrategia del Talión es p. Por lo tanto, si el jugador columna coopera en el periodo $t + 1$, el juego de continuación que empieza en el periodo $t + 2$ será idéntico a un juego de τ periodos con $\tau = T - (t + 2) + 1$. Por la hipótesis de inducción, existe un equilibrio cooperativo en este juego de continuación de τ periodos; supongamos que se juega este equilibrio. Entonces la ganancia del jugador columna en los periodos t a T por no cooperar en el periodo t y cooperar en el periodo $t + 1$ es

$$a + b + [T - (t + 2) - 1] + p + (1 - p)b + pa,$$

que es menor que la ganancia de equilibrio del jugador columna en los periodos t a T,

$$2 + [T - (t + 2) - 1] + p + (1 - p)b + pa. \tag{4.3.5}$$

Hasta ahora hemos demostrado que el jugador columna no tiene incentivos para desviarse cooperando hasta el periodo $t - 1$ y dejando de cooperar en el periodo t, dado que se jugará el equilibrio cooperativo en el juego de continuación que empieza en el periodo $t + 2$. Más en general, el jugador columna podría cooperar hasta el periodo $t - 1$, no cooperar en los periodos t a $t + s$ y volver a cooperar en el periodo $t + s + 1$. Hay tres casos que son triviales: (1) si $t + s = T$ (es decir, si el jugador columna nunca coopera después de no haberlo hecho en el periodo t), la ganancia es a en el periodo t y cero en lo sucesivo, que es menor que (4.3.5); (2) si $t + s + 1 = T$, la ganancia del jugador columna de t a T es $a + b$, peor que en (1), y (3) si $t + s + 1 = T - 1$, la ganancia del jugador columna de t a T es $a + b + pa$, que es menor que (4.3.5). Quedan por considerar los valores de s para los que $t + s + 1 < T - 1$. Al igual que en el caso anterior con $s = 0$, existe un equilibrio cooperativo en el juego de continuación que empieza en el periodo $t + s + 2$; supongamos que se juega este equilibrio. Entonces, la ganancia del jugador columna en los periodos t a T por jugar esta desviación es

$$a + b + [T - (t + s + 2) - 1] + p + (1 - p)b + pa,$$

que es, de nuevo, menor que (4.3.5).

4.4 Refinamientos del equilibrio bayesiano perfecto

En la sección 4.1 definimos un equilibrio bayesiano perfecto como las estrategias y las conjeturas que satisfacen los requisitos 1 a 4, y observamos que en tal equilibrio ninguna estrategia de ningún jugador puede estar estrictamente dominada a partir de ningún conjunto de información. Ahora consideramos dos requisitos adicionales (sobre conjeturas fuera de la trayectoria de equilibrio), el primero de los cuales formaliza la idea siguiente: puesto que un equilibrio bayesiano perfecto impide que el jugador i juegue una estategia estrictamente dominada a partir de algún conjunto de información, no es razonable que el jugador j crea que i utilizará esa estrategia.

Para concretar más esta idea, consideremos el juego de la figura 4.4.1. Existen dos equilibrios bayesianos perfectos en estrategias puras: $(I,I',p = 1)$ y $(D,D',p \leq 1/2)$.[9] La característica clave de este ejemplo es que para

[9]Derivar la representación en forma normal revela que existen en este juego dos equilibrios de Nash con estrategias puras: (I,I') y (D,D'). Puesto que no hay subjuegos en la forma

el jugador 1 C es una estrategia estrictamente dominada: la ganancia de 2 por utilizar D es mayor que cualquiera de las ganancias que el jugador 1 recibiría por utilizar C, 0 y 1. Por tanto, no es razonable que el jugador 2 crea que el jugador 1 puede haber elegido C; formalmente, no es razonable que $1 - p$ sea positivo, por lo que p debe ser igual a 1. Si la conjetura $1 - p > 0$ no es razonable, tampoco lo es el equilibrio bayesiano perfecto $(D,D',p \leq 1/2)$, quedando $(I,I',p = 1)$ como el único equilibrio bayesiano perfecto que satisface este requisito.

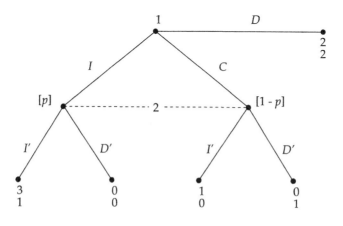

Figura 4.4.1

Otras dos características de este ejemplo merecen una breve mención. En primer lugar, aunque C está estrictamente dominada, I no. Si I estuviera estrictamente dominada (como ocurriría si la ganancia de 3 por parte del jugador 1 fuera, por ejemplo, 3/2) el mismo argumento implicaría que no es razonable que p sea positiva, lo que implica que p debe ser cero, pero esto contradiría el resultado anterior de que p debe ser uno. En tal caso, este requisito no restringiría las conjeturas fuera del equilibrio del jugador 2. (Véase la definición formal que damos más adelante.)

En segundo lugar, el ejemplo no ilustra el requisito descrito inicialmente, porque C no sólo está estrictamente dominada a partir de algún conjunto de información, sino estrictamente dominada en el sentido más

extensiva, ambos equilibrios de Nash son perfectos en subjuegos. En (I,I') el conjunto de información del jugador 2 está en la trayectoria de equilibrio, por lo que el requisito 3 establece que $p = 1$. En (D,D') este conjunto de información está fuera de la trayectoria de equilibrio, pero el requisito 4 no impone ninguna restricción a p. Por lo tanto, sólo requerimos que la conjetura p de 2 haga que la acción D' sea óptima, es decir, $p \leq 1/2$.

pleno. Para ver la diferencia, recordemos de la sección 1.1.B que una estrategia s'_i es estrictamente dominada si existe otra estrategia s_i tal que para cada posible combinación de estrategias de los demás jugadores, la ganancia de i por jugar s_i es estrictamente mayor que la ganancia por jugar s'_i. Ahora consideremos una versión expandida del juego en la figura 4.4.1, en la cual el jugador 2 tiene que jugar antes que el jugador 1, y cuenta con dos opciones en esta jugada inicial: acabar el juego o pasar el control de éste a 1 en el conjunto de información de 1 tal como aparece en la figura. En este juego expandido, C está aún estrictamente dominada a partir de algún conjunto de información, pero no está estrictamente dominada, puesto que si 2 termina el juego en el nodo inicial, I, C y D obtienen la misma ganancia.

Puesto que C está estrictamente dominada en la figura 4.4.1, no es razonable que el jugador 2 crea que 1 puede haber elegido C, pero la dominancia estricta es una condición demasiado fuerte y, por lo tanto, hace que este requisito sea demasiado débil. (Puesto que hay más estrategias estrictamente dominadas a partir de algún conjunto de información que estrategias estrictamente dominadas, requerir que j no crea que i puede haber elegido una de las primeras pone más restricciones sobre las conjeturas de j de las que habría si j no creyera que i pueda haber utilizado una de las últimas.) Seguidamente, nos quedamos con el requisito tal como lo enunciamos originalmente: el jugador j no debería creer que el jugador i ha elegido una estrategia estrictamente dominada a partir de algún conjunto de información. A continuación enunciamos este requisito formalmente.

Definición. *Consideremos un conjunto de información en el cual le toca decidir al jugador i. La estrategia s'_i está **estrictamente dominada a partir de este conjunto de información** si existe otra estrategia s_i tal que, para cada conjetura que pudiera formarse i en el conjunto de información dado, y para cada posible combinación de las estrategias subsiguientes de los otros jugadores (donde una "estrategia subsiguiente" es un plan completo de acción que cubre cada contingencia que pudiera presentarse una vez se ha alcanzado el conjunto de información dado) la ganancia esperada de i al tomar la acción indicada por s_i en el conjunto de información dado y al jugar la estrategia subsiguiente indicada por s_i es estrictamente mayor que la ganancia esperada al tomar la acción y jugar la estrategia subsiguiente especificadas por s'_i.*

Requisito 5. *Si es posible, cada una de las conjeturas del jugador fuera de la trayectoria de equilibrio debería asignar una probabilidad cero a los nodos que se alcanzan sólo si otro jugador utiliza una estrategia que está estrictamente dominada a partir de algún conjunto de información.*

La expresión "si es posible" en el requisito 5 incluye el caso que podría plantearse en la figura 4.4.1 si D dominara tanto a C como a I, como ocurriría si la ganancia de 3 del jugador 1 fuera 3/2. En tal caso, el requisito 1 precisa que el jugador 2 tenga una conjetura, pero no es posible que esta conjetura asigne una probabilidad cero a los nodos que siguen a C y a I, por lo que el requisito 5 no se aplicaría en este caso.

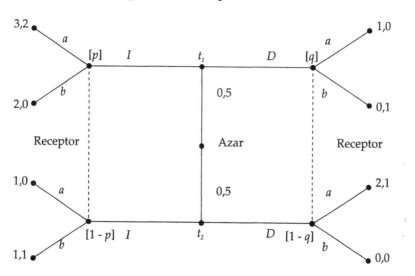

Figura 4.4.2

Como segunda ilustración del requisito 5 consideremos el juego de señalización de la figura 4.4.2. Al igual que en la sección 4.2.A, la estrategia del emisor (m',m'') significa que el tipo t_1 elige el mensaje m' y el tipo t_2 elige m'', y la estrategia del receptor (a',a'') significa que el receptor elige la acción a' siguiendo a I y a'' siguiendo a D. Es inmediato comprobar que las estrategias y conjeturas $[(I,I),(u,d),p=0,5,q]$ constituyen un equilibrio bayesiano perfecto de agrupación para cualquier $q \geq 1/2$. Sin embargo, la característica esencial de este juego de señalización es que no tiene sentido que t_1 elija D. Formalmente, las estrategias del emisor (D,I) y (D,D) (es decir, las estrategias en las cuales t_1 elige D) están estrictamente dominadas a partir del conjunto de información del emisor correspondiente a t_1.[10] Por lo tanto, el nodo t_1 en el conjunto de información del receptor que sigue a D se alcanza sólo si el emisor utiliza una estrategia que esté estrictamente dominada a partir de algún conjunto de información. Además, el nodo t_2 en el conjunto de información del receptor que sigue a D puede alcanzarse por medio de una estrategia que no está estrictamente dominada a partir de algún conjunto de información, concretamente (I,D). Por lo tanto, el requisito 5 establece que $q = 0$. Como $[(I,I),(u,d),p = 0,5,q]$ es un equilibrio bayesiano perfecto sólo si $q \geq 1/2$, tal equilibrio no puede cumplir el requisito 5.

Un modo equivalente de imponer el requisito 5 al equilibrio bayesiano perfecto del juego de señalización definido en la sección 4.2.A es el siguiente.

Definición. *En un juego de señalización, el mensaje m_j de M está **dominado** **para el tipo** t_i de T si existe otro mensaje m'_j de M tal que la menor ganancia posible de t_i por utilizar m'_j es más alta que la mayor ganancia posible de t_i por utilizar m_j:*

$$\min_{a_k \in A} U_E(t_i, m_{j'}, a_k) > \max_{a_k \in A} U_E(t_i, m_j, a_k).$$

Requisito 5 de señalización. *Si el conjunto de información que sigue a m_j está fuera de la trayectoria de equilibrio y m_j está dominado para el tipo t_i, entonces (si es posible) la conjetura del receptor $\mu(t_i|m_j)$ debería asignar probabilidad cero al tipo t_i. (Esto es posible siempre que m_j no esté dominado para todos los tipos en T.)*

En el juego de la figura 4.4.2, el equilibrio bayesiano perfecto de separación $[(I,D),(u,u),p = 1,q = 0]$ satisface el requisito 5 de señalización trivialmente (porque no hay conjuntos de información fuera de esta trayectoria de equilibrio). Como ejemplo de un equilibrio que satisface el requisito 5 de señalización de forma no trivial, supongamos que se invierten las ganancias del receptor cuando el tipo t_2 juega D: 1 por jugar d y 0 por u,

---

[10] Como el conjunto de información del emisor correspondiente a t_1 sólo tiene un elemento, las conjeturas del emisor no juegan ningún papel en la definición de dominancia estricta a partir de este conjunto de información. Demostrar que (D,I) y (D,D) están estrictamente dominadas a partir de este conjunto de información se reduce a ofrecer una estrategia alternativa al emisor que proporcione la ganancia mayor a t_1 para cada estrategia que el receptor pudiera jugar. (I,D) es esa estrategia: proporciona 2 a t_1 en el peor de los casos, mientras que (D,I) y (D,D) proporcionan 1 en el mejor de los casos.

en lugar de 0 y 1 como en la figura 4.4.2. Ahora $[(I,I),(u,d),p = 0,5,q]$ es un equilibrio bayesiano perfecto de agrupación para cualquier valor de q, por lo que $[(I,I),(u,d),p = 0,5,q = 0]$ es un equilibrio bayesiano perfecto que satisface el requisito 5 de señalización.

En algunos juegos, existen equilibrios bayesianos perfectos que parecen poco razonables y sin embargo satisfacen el requisito 5. Una de las áreas de investigación más activas en teoría de juegos se ha preocupado de las dos siguientes cuestiones: (i) cuándo es un equilibrio bayesiano perfecto poco razonable y (ii) qué requisito adicional puede añadirse a la definición de equilibrio para eliminar estos equilibrios que no son razonables. Cho y Kreps (1987) hicieron una contribución original y muy influyente en esta área. Vamos a concluir esta sección discutiendo tres aspectos de su trabajo: (1) el juego de señalización "cerveza y quiche", que ilustra cómo ciertos equilibrios bayesianos perfectos que no son razonables pueden satisfacer el requisito 5 de señalización; (2) una versión más fuerte (pero de ninguna manera la más fuerte posible) del requisito 5 de señalización, llamada el *criterio intuitivo*; y (3) la aplicación del criterio intuitivo al juego de señalización en el mercado de trabajo de Spence.

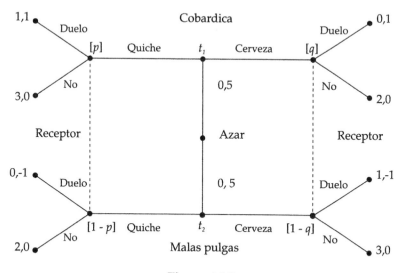

Figura 4.4.3

En el juego de señalización "cerveza y quiche", el emisor es uno de los dos tipos: $t_1 =$ "cobardica" (con probabilidad $0,1$) y $t_2 =$ "malas pulgas" (con probabilidad $0,9$). El mensaje del emisor es su elección de cerveza o quiche para desayunar; la acción del receptor es decidir si batirse en duelo o no con el emisor. Las características cualitativas de las ganancias son que el tipo cobardica preferiría tomar quiche para desayunar, el malas pulgas preferiría cerveza, ambos preferirían no tener que batirse con el emisor (y esto les importa más que sus desayunos), y el receptor preferiría batirse con el cobardica antes que con el malas pulgas. (Por lo tanto, utilizando la terminología más convencional para los tipos, mensajes, y acciones, este juego podría ser un modelo de barreras de entrada, como el de Milgrom y Roberts [1982].) En la representación en forma extensiva de la figura 4.4.3, la ganancia por desayunar lo que se prefiere es 1 para ambos tipos del emisor, la ganancia adicional por evitar un duelo es de 2 para los dos tipos, y las ganancias del receptor por batirse en duelo con el cobardica o con el malas pulgas son 1 o -1 respectivamente; todas las demás ganancias son cero.

En este juego, [(quiche, quiche), (no, duelo), $p = 0,9$, q] es un equilibrio bayesiano perfecto de agrupación para $q \geq 1/2$. Además, este equilibrio satisface el requisito 5 de señalización, ya que la cerveza no está dominada para ningún tipo del emisor. En particular, nada garantiza que el cobardica vaya a estar mejor por tomar quiche (una ganancia de 1 en el peor de los casos) que por tomar cerveza (una ganancia de 2 en el mejor de los casos). Por otra parte, la conjetura del receptor fuera de la trayectoria de equilibrio parece sospechosa: si el receptor observa inesperadamente que el emisor elige cerveza, concluye que es al menos tan probable que el emisor sea cobardica como que sea malas pulgas (es decir, $q \geq 1/2$), aun cuando (a) el cobardica no puede mejorar de ninguna manera su ganancia de 3 en equilibrio tomando cerveza en vez de quiche, mientras que (b) el malas pulgas podría mejorar su ganancia de 2 en equilibrio y recibir una ganancia de 3 si el receptor mantuviera la conjetura de que $q < 1/2$. Dados (a) y (b), cabría esperar que el malas pulgas escogiera cerveza y pronunciara el siguiente discurso:

> Verme escoger cerveza debería convencerte de que soy del tipo malas pulgas: escoger cerveza no podría de ninguna manera haber mejorado la ganancia del tipo cobardica, por (a); y si escoger cerveza te convenciera de que soy del tipo malas pulgas, entonces hacerlo mejoraría mi ganancia, por (b).

Si este discurso fuera creído, establecería que $q = 0$, lo que es incompatible con este equilibrio bayesiano perfecto de agrupación.

Podemos ahora generalizar este argumento a la clase de juegos de señalización definida en la sección 4.2.A; con ello obtenemos el requisito 6 de señalización.

Definición. *Dado un equilibrio bayesiano perfecto en un juego de señalización, el mensaje m_j está* **dominado en equilibrio para el tipo** *t_i de T si la ganancia en equilibrio de t_i, que denotamos mediante $U^*(t_i)$, es más alta que la mayor ganancia posible para t_i por utilizar m_j:*

$$U^*(t_i) > \max_{a_k \in A} U_E(t_i, m_j, a_k).$$

Requisito 6 de señalización. ("El criterio intuitivo", Cho y Kreps 1987): *Si el conjunto de información que sigue a m_j está fuera de la trayectoria de equilibrio y m_j está dominado en equilibrio para el tipo t_i, entonces (si es posible) la conjetura del receptor $\mu(t_i|m_j)$ debería asignar probabilidad cero al tipo t_i. (Esto es posible siempre que m_j no esté dominado en equilibrio para todos los tipos de T.)*

Cerveza y quiche muestra que un mensaje m_j puede estar dominado en equilibrio para t_i sin estar dominado para t_i. Sin embargo, si m_j está dominado para t_i, m_j debe estar dominado en equilibrio para t_i, por lo que imponer el requisito 6 de señalización hace que el requisito 5 sea redundante. Cho y Kreps utilizan un resultado más poderoso debido a Kohlberg y Mertens (1986) para demostrar que cualquier juego de señalización de la clase definida en la sección 4.2.A tiene un equilibrio bayesiano perfecto que satisface el requisito 6 de señalización. Se dice a veces que los argumentos de este tipo utilizan la *inducción hacia delante*, porque al interpretar una desviación (esto es, al formarse la conjetura $\mu(t_i|m_j)$) el receptor se pregunta si el comportamiento pasado del emisor podría haber sido racional, mientras que en inducción hacia atrás se supone que el comportamiento futuro será racional.

Para ilustrar sobre el requisito 6 de señalización, lo aplicamos al caso con envidia del modelo de señalización en el mercado de trabajo, analizado en la sección 4.2.B.

Recordemos que existe una enorme cantidad de equilibrios bayesianos perfectos de agrupación, de separación e híbridos en este modelo. Sorprendentemente, uno de estos equilibrios es consistente con el requisito 6 de señalización, el equilibrio de separación en el cual el trabajador con baja capacidad escoge el nivel de educación de información completa y el trabajador con capacidad alta escoge la educación mínima necesaria para hacer que el trabajador con capacidad baja sea indiferente entre imitarle o no, como ilustra la figura 4.4.4.

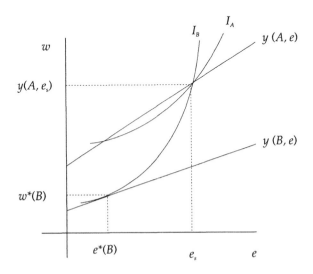

Figura 4.4.4

En cualquier equilibrio bayesiano, si el trabajador escoge un nivel de educación e y las empresas creen en consecuencia que la probabilidad de que el trabajador tenga capacidad alta es $\mu(A|e)$, el salario del trabajador será

$$w(e) = \mu(A|e) \cdot y(A,e) + [1 - \mu(A|e)] \cdot y(B,e).$$

Por lo tanto, la utilidad para el trabajador con capacidad baja al escoger $e^*(B)$ es como mínimo $y[B,e^*(B)] - c[B,e^*(B)]$, que es mayor que su utilidad al escoger cualquier $e > e_s$, independientemente de lo que la empresa crea después de observar e. Es decir, en términos del requisito 5 de señalización, cualquier nivel de educación $e > e_s$ está dominado para el tipo de capacidad baja. Utilizando un lenguaje informal, el requisito 5 de señalización implica que la conjetura de la empresa debe ser $\mu(A|e) = 1$ para $e > e_s$, lo que a su vez implica que un equilibrio de separación en el cual el trabajador con capacidad alta escoge un nivel de educación $\hat{e} > e_s$ no puede satisfacer el requisito 5 de señalización, ya que en tal equilibrio las empresas deben creer que $\mu(A|e) < 1$ para niveles de educación entre e_s y $\hat{e}$. (Un enunciado preciso es: el requisito 5 de señalización implica que $\mu(A|e) = 1$ para $e > e_s$ siempre que e no esté dominado para el tipo con capacidad alta, pero si existe un equilibrio de separación en el que el trabajador con capacidad alta escoge un nivel de educación $\hat{e} > e_s$ entonces los niveles de educación entre e_s y $\hat{e}$ no están dominados para el tipo con capacidad alta, de forma que el argumento es válido.) Por lo tanto, el único equilibrio de separación que satisface el requisito 5 de señalización es el equilibrio que se muestra en la figura 4.4.4.

Una segunda conclusión se deriva también de este argumento: en cualquier equilibrio que satisfaga el requisito 5 de señalización, la utilidad del trabajador con capacidad alta debe ser como mínimo $y(A,e_s) - c(A,e_s)$. A continuación demostramos que esta conclusión significa que algunos equilibrios híbridos y de agrupación no pueden satisfacer el requisito 5 de señalización. Existen dos casos, dependiendo de si la probabilidad de que el trabajador tenga capacidad alta (q) es lo suficientemente baja para que la función de salario $w = q \cdot y(A,e) + (1 - q) \cdot y(B,e)$ esté por debajo de la curva de indiferencia del trabajador con alta capacidad que pasa por el punto $[e_s,y(A,e_s)]$.

Suponemos en primer lugar que q es baja, como se muestra en la figura 4.4.5. En este caso, ningún equilibrio de agrupación satisface el requisito 5 de señalización, porque el trabajador con capacidad alta no puede alcanzar la utilidad $y(A,e_s) - c(A,e_s)$ en este equilibrio. Del mismo modo, ningún equilibrio híbrido en el que el trabajador con capacidad alta se comporte aleatoriamente satisface el requisito 5 de señalización, porque el punto (educación, salario) en el que hay agrupación en este equilibrio está por debajo de la función de salario $w = q \cdot y(A,e) + (1 - q) \cdot y(B,e)$. Finalmente, ningún equilibrio híbrido en el cual el trabajador con capacidad baja se comporte aleatoriamente satisface el requisito 5 de señalización, porque el punto (educación, salario) en el que hay agrupación en este equilibrio debe estar en la curva de indiferencia del trabajador con capacidad baja que pasa por el punto $[e^*(B),w^*(B)]$, como en la figura 4.2.9, y está por tanto por debajo de la curva de indiferencia del trabajador con capacidad alta que pasa por el punto $[e_s,y(A,e_s)]$. Por lo tanto, en el caso de la figura 4.4.5, el único equilibrio bayesiano perfecto que satisface el requisito 6 de señalización es el equilibrio de separación que muestra la figura 4.4.4.

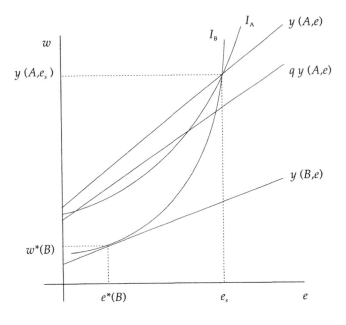

Figura 4.4.5

Suponemos ahora que q es alta, como se indica en la figura 4.4.6. Como antes, los equilibrios híbridos en los que el tipo con capacidad baja se comporta aleatoriamente no pueden satisfacer el requisito 5 de señalización, pero ahora los equilibrios de agrupación y equilibrios híbridos en los que el tipo con capacidad alta se comporta aleatoriamente pueden satisfacer este requisito si la agrupación se da en un punto (educación, salario) de la región sombreada de la figura. Sin embargo, estos equilibrios no pueden satisfacer el requisito 6 de señalización.

Consideremos el equilibrio de agrupación en e_a mostrado en la figura 4.4.7. Las elecciones de nivel de educación $e > e'$ están dominadas en equilibrio para el tipo con baja capacidad porque incluso el salario más alto que podría pagarse a un trabajador con educación e, concretamente $y(A,e)$, da un punto (educación, salario) por debajo de la curva de indiferencia del trabajador con baja capacidad que pasa por el punto de equilibrio (e_a, w_a). Las elecciones de nivel de educación entre e' y e'' no están dominadas en equilibrio para el tipo con capacidad alta. Sin embargo, si esta elección convence a las empresas de que el trabajador tiene capacidad alta, éstas ofrecerán el salario $y(A,e)$, lo que hará que el trabajador con capacidad alta esté mejor que en el equilibrio de agrupación indicado. Por lo tanto, si $e' < e < e''$, el requisito 6 de señalización implica que la conjetura de la empresa debe ser $\mu(A|e) = 1$, lo que a su vez significa que el equilibrio de agrupación indicado no puede satisfacer el requisito 6 de señalización, ya que en tal equilibrio las empresas deben creer que $\mu(A|e) < 1$ para las elecciones de educación entre e' y e''. Este argumento puede repetirse para todos los equilibrios de agrupación e híbridos en la región sombreada de la figura, por lo que el único equilibrio bayesiano perfecto que satisface el requisito 6 de señalización es el equilibrio de separación mostrado en la figura 4.4.4.

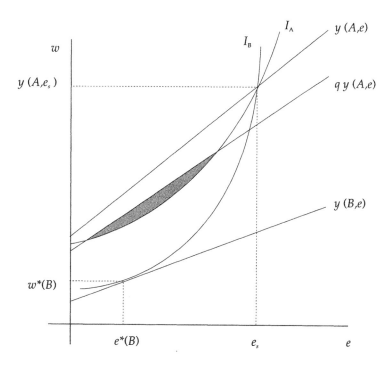

Figura 4.4.6

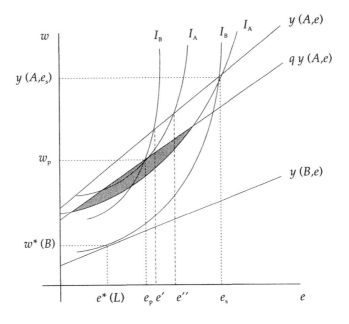

Figura 4.4.7

4.5 Lecturas adicionales

Milgron y Roberts (1982) ofrecen una aplicación clásica de los juegos de
señalización en temas de organización industrial. En economía financiera,
Bhattacharya (1979) y Leland y Pyle (1977) analizan la política de dividen-
dos y de propiedad empresarial (respectivamente) utilizando modelos de
señalización. Sobre política monetaria, Rogoff (1989) pasa revista a los
juegos repetidos, los de señalización y los modelos de reputación, y Ball
(1990) utiliza cambios (inobservables) en el tipo de la autoridad monetaria
para explicar la trayectoria temporal de la inflación. Para aplicaciones de
juegos con parloteo, véanse los trabajos de Austen-Smith (1990), Farrell
y Gibbons (1991), Matthews (1989), y Stein (1989) descritos en el texto.
Kennan y Wilson (1992) examinan la literatura sobre los modelos teóricos
y empíricos de negociación bajo información asimétrica, subrayando sus
aplicaciones a huelgas y pleitos. Cramton y Tracy (1992) permiten que
un sindicato escoja entre ir a la huelga y continuar trabajando al salario
vigente; muestran que, de acuerdo con los datos, estas "últimas situacio-

nes" se dan frecuentemente y que su modelo puede explicar muchos de los datos empíricos sobre huelgas. Sobre reputación, véase la "teoría de la credibilidad" de Sobel (1985), en la cual una parte informada puede ser un "amigo" o un "enemigo" de un agente decisor desinformado en una sucesión de juegos con parloteo. Finalmente, véase Cho y Sobel (1990) para más información sobre refinamientos en los juegos de señalización, incluyendo un refinamiento que selecciona el equilibrio de separación eficiente del modelo de Spence cuando hay más de dos tipos.

4.6 Ejercicios

4.1 En los siguientes juegos en forma extensiva, derívese el juego en forma normal y hállense todos los equilibrios de Nash con estrategias puras, los perfectos en subjuegos y los bayesianos perfectos.

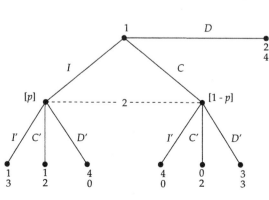

a.

b.

4.2 Demuéstrese que no existe ningún equilibrio bayesiano perfecto con estrategias puras en el siguiente juego en forma extensiva. ¿Cuál es el equilibrio bayesiano perfecto con estrategias mixtas?

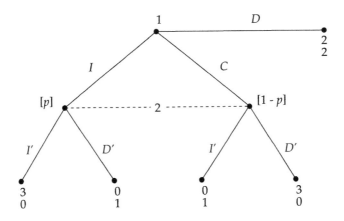

4.3 a. Descríbase un equilibrio bayesiano perfecto de agrupación en el que los dos tipos del emisor juegan D en el siguiente juego de señalización.

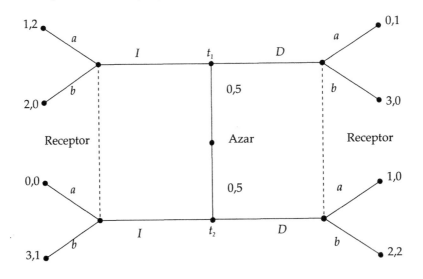

b. El siguiente juego de señalización con tres tipos empieza con una jugada del azar, que no aparece en el árbol y que determina uno de los tres tipos con igual probabilidad. Descríbase un equilibrio bayesiano perfecto de agrupación en el que los tres tipos del emisor juegan I.

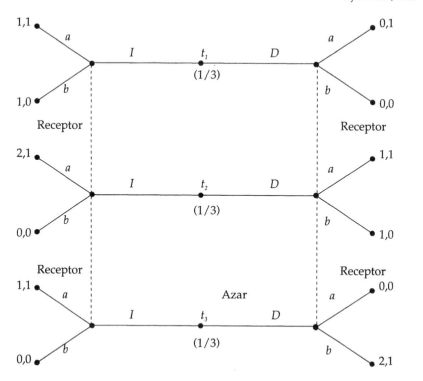

4.4 Descríbanse todos los equilibrios bayesianos perfectos de agrupación y de separación con estrategias puras de los siguientes juegos de señalización.

a.

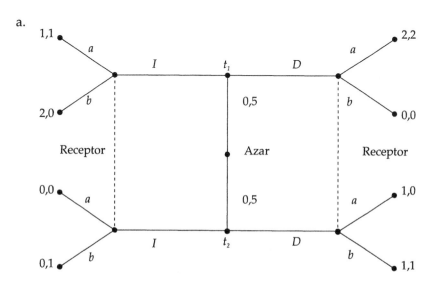

b.

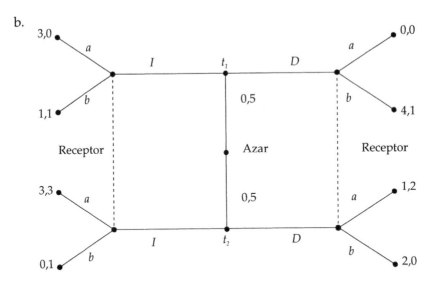

4.5 Hállense todos los equilibrios bayesianos perfectos con estrategias puras del ejercicio 4.3 (a) y (b).

4.6 El siguiente juego de señalización es análogo al juego dinámico con información completa pero imperfecta de la figura 4.1.1. (Los tipos t_1 y t_2 son análogos a las jugadas I y C del jugador 1 en la figura 4.1.1; si el emisor escoge D en el juego de señalización, el juego se acaba, igual que cuando el jugador 1 escoge D en la figura 4.1.1.) Hállense (i) los equilibrios bayesianos de Nash con estrategias puras y (ii) los equilibrios bayesianos perfectos con estrategias puras de este juego de señalización. Relaciónense (i) con el equilibrio de Nash y (ii) con el equilibrio bayesiano perfecto de la figura 4.1.1.

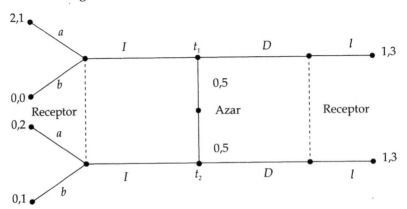

4.7 Dibújense las curvas de indiferencia y las funciones de producción para un modelo de señalización en el mercado de trabajo con dos tipos. Descríbase un equilibrio bayesiano perfecto híbrido en el cual el trabajador con capacidad alta se comporta aleatoriamente.

4.8 Hállese el equilibrio bayesiano perfecto con estrategias puras en el siguiente juego con parloteo. Cada tipo tiene la misma posibilidad de ser escogido por el azar. Como en la figura 4.3.1, la primera ganancia de cada casilla es la del emisor, y la segunda la del receptor, pero la figura no es un juego en forma normal, sino que simplemente expresa las ganancias de los jugadores para cada par tipo-acción.

	t_1	t_2	t_3
a_1	0,1	0,0	0,0
a_2	1,0	1,2	1,0
a_3	0,0	0,0	2,1

4.9 Considérese el ejemplo del modelo con parloteo de Crawford y Sobel discutido en la sección 4.3.A: el tipo del emisor se distribuye uniformemente entre cero y uno (formalmente, $T = [0,1]$ y $p(t) = 1$ para todo t en T); el espacio de acciones es el intervalo de cero a uno ($A = [0,1]$); la función de ganancias del receptor es $U_R(t,a) = -(a - t)^2$, y la función de ganancias del emisor es $U_E(t,a) = -[a - (t + b)]^2$. ¿Para qué valores de b existe un equilibrio de tres escalones? ¿Es la ganancia esperada del receptor más alta en un equilibrio de tres escalones que en uno de dos escalones? ¿Qué tipos del emisor están mejor en un equilibrio de tres escalones que en uno de dos escalones?

4.10 Dos socios deben disolver su sociedad. El socio 1 posee una participación s en la sociedad, el socio 2 posee $1 - s$. Los socios están de acuerdo en jugar el siguiente juego: el socio 1 anuncia un precio para la sociedad, p, y el socio 2 escoge entonces si comprar la participación de 1 por ps o vender la suya por $p(1 - s)$. Supongamos que es información del dominio público que las valoraciones de los socios de ser propietarios de toda la sociedad son independientes y se distribuyen uniformemente en $[0,1]$, pero que la valoración de cada socio es información privada. ¿Cuál es el equilibrio bayesiano perfecto?

4.11 Un comprador y un vendedor tienen valoraciones v_c y v_v respectivamente. Es información del dominio público que el intercambio es rentable (es decir, que $v_c > v_v$), pero la magnitud de esta rentabilidad es información privada de la siguiente manera: la valoración del vendedor se distribuye uniformemente en [0,1]; la valoración del comprador $v_c = k \cdot v_v$, donde $k > 1$ es información del dominio público; el vendedor conoce v_v (y por tanto v_c) pero el comprador no conoce v_c (o v_v). Supongamos que el comprador realiza una única oferta p que el vendedor acepta o rechaza. ¿Cuál es el equilibrio bayesiano perfecto cuando $k < 2$? ¿Y cuando $k > 2$? (Véase Samuelson 1984.)

4.12 Este problema considera la versión con horizonte infinito del juego de la negociación con dos periodos analizado en la sección 4.3.B. Como antes, la empresa tiene información privada sobre sus beneficios (π), que están uniformemente distribuidos en [0,π_0], y el sindicato realiza todas las ofertas salariales y tiene un salario de reserva $w_r = 0$.

En el juego con dos periodos, la empresa acepta la primera oferta del sindicato (w_1) si $\pi > \pi_1$, donde el tipo con beneficios π_1 es indiferente entre (i) aceptar w_1 y (ii) rechazar w_1 pero aceptar la oferta del sindicato en el segundo periodo (w_2), y w_2 es la oferta óptima del sindicato dado que los beneficios de la empresa están uniformemente distribuidos en [0,π_1] y que sólo queda un periodo de negociación. En cambio, en el juego con horizonte infinito, w_2 será la oferta óptima del sindicato dado que el beneficio de la empresa está uniformemente distribuido en [0,π_1] y que queda un número infinito de periodos de negociación (potencial). Aunque el tipo con beneficios π_1 será otra vez indiferente entre las opciones (i) y (ii), el cambio en w_2 hará que cambie el valor de π_1.

El juego de continuación que empieza en el segundo periodo del juego de horizonte infinito es una versión a escala del juego completo: existe un número infinito de periodos de negociación (potencial), y los beneficios de la empresa están otra vez uniformemente distribuidos entre 0 y una cota superior; la única diferencia es que la cota superior es ahora π_1 en lugar de π_0. Sobel y Takahashi (1983) demuestran que el juego con horizonte infinito tiene un equilibrio bayesiano perfecto estacionario. En este equilibrio, si los beneficios de la empresa están uniformemente distribuidos entre 0 y π^*, el sindicato realiza una oferta salarial $w(\pi^*) = b\pi^*$, por lo que la primera oferta es $b\pi_0$, la segunda $b\pi_1$, etc. Si el sindicato utiliza esta estrategia estacionaria, la mejor respuesta de la empresa proporciona $\pi_1 = c\pi_0$, $\pi_2 = c\pi_1$, etc., y el valor presente esperado de las ganancias del sindicato, cuando los beneficios de la empresa están uniformemente distribuidos entre cero y π^*, es $V(\pi^*) = d\pi^*$. Demuéstrese que $b = 2d$, $c = 1/[1 + \sqrt{1 - \delta}]$ y que $d = [\sqrt{1 - \delta} - (1 - \delta)]/2\delta$.

4.13 Una empresa y un sindicato juegan el siguiente juego de la negociación con dos periodos. Es información del dominio público que el beneficio de la empresa, π, está uniformemente distribuido entre cero y uno, que el salario de reserva del sindicato es w_r y que sólo la empresa conoce el verdadero valor de π. Supongamos que $0 < w_r < 1/2$. Hállese el equilibrio bayesiano perfecto del siguiente juego:

1. Al comienzo del primer periodo, el sindicato realiza una oferta salarial a la empresa, w_1.
2. La empresa o acepta o rechaza w_1. Si acepta, hay producción en los dos periodos, por lo que las ganancias son $2w_1$ para el sindicato y $2(\pi - w_1)$ para la empresa. (No hay descuento.) Si la empresa no acepta w_1, no hay producción en el primer periodo, y las ganancias del primer periodo son cero tanto para la empresa como para el sindicato.
3. Al comienzo del segundo periodo (suponiendo que la empresa rechazó w_1) la empresa realiza una oferta salarial al sindicato, w_2. (Al contrario que en el modelo de Sobel y Takahashi, el sindicato no realiza la oferta.)
4. El sindicato o acepta o rechaza w_2. Si lo acepta hay producción en el segundo periodo, con lo que las ganancias del segundo periodo (y totales) son w_2 para el sindicato y $\pi - w_2$ para la empresa. (Recordemos que las ganancias del primer periodo fueron cero.) Si el sindicato rechaza w_2 no hay producción, por lo que el sindicato gana un salario alternativo w_r en el segundo periodo y la empresa cierra y gana cero.

4.14 Nalebuff (1987) analiza el siguiente modelo de la negociación previo a un posible pleito entre un demandante y un demandado. Si el caso va a juicio, el demandado se verá obligado a pagar al demandante una cantidad d por daños. Es información del dominio público que d está uniformemente distribuida en $[0,1]$ y que sólo el demandado conoce el verdadero valor de d. Ir a juicio le cuesta al demandante $c < 1/2$, pero (por simplicidad) no le cuesta nada al demandado.

El desarrollo temporal es el siguiente: (1) El demandante propone un acuerdo, s. (2) El demandado o acepta el acuerdo (en cuyo caso la ganancia del demandante es s y la del demandado es $-s$) o lo rechaza. (3)

Si el demandado rechaza s, el demandante decide si ir a juicio, donde la ganancia del demandante será $d - c$ y la del demandado $-d$, o retirar los cargos, en cuyo caso la ganancia de ambos jugadores es cero.

En la etapa (3) si el demandante cree que existe una d^* tal que el demandado aceptaría el acuerdo si y sólo si $d > d^*$, ¿cuál es la decisión óptima del demandante con respecto al pleito? En la etapa 2, dada la propuesta de acuerdo s, si el demandado cree que la probabilidad de que el demandante vaya a juicio si s es rechazada es p, ¿cuál es la decisión óptima para llegar a un acuerdo por parte del demandado de tipo d? Dada una oferta $s > 2c$, ¿cuál es el equilibrio bayesiano perfecto del juego de continuación que comienza en la etapa 2? ¿Y dada una oferta $s < 2c$? ¿Cuál es el equilibrio bayesiano perfecto del juego completo si $c < 1/3$? ¿Y si $1/3 < c < 1/2$?

4.15 Consideremos un proceso legislativo en el que las decisiones factibles varían continuamente desde $p = 0$ hasta $p = 1$. La decisión ideal desde el punto de vista del Congreso es c, pero el *status quo* es s, donde $0 < c < s < 1$; es decir, la decisión ideal está a la izquierda del *status quo*. La decisión ideal para el Presidente es t, que se distribuye uniformemente en $[0,1]$ pero es información privada del Presidente. El desarrollo temporal es simple: el Congreso propone una decisión p, que el presidente puede ratificar o vetar. Si p es ratificada las ganancias son $-(c - p)^2$ para el congreso y $-(t - p)^2$ para el Presidente; si es vetada las ganancias son $-(c - s)^2$ y $-(t - s)^2$. ¿Cuál es el equilibrio bayesiano perfecto? Verifíquese que $c < p < s$ en equilibrio.

Supongamos ahora que el Presidente puede comunicarse (en el sentido de enviar un mensaje del tipo que hemos llamado de parloteo) antes de que el Congreso proponga una decisión. Consideremos un equilibrio bayesiano perfecto de dos escalones en el que el Congreso propone p_B o p_A, dependiendo del mensaje que el Presidente envíe. Demuéstrese que tal equilibrio no puede tener $c < p_B < p_A < s$. Explíquese por qué se deduce que no puede haber equilibrios que incluyan tres o más propuestas por parte del Congreso. Derívense los detalles del equilibrio de dos escalones en el que $c = p_B < p_A < s$: ¿qué tipos envían qué mensajes?, y ¿cuál es el valor de p_A? (Véase Matthews, 1989.)

4.16 Considérese los equilibrios de agrupación descritos en el ejercicio 4.3 (a) y (b). Para cada equilibrio: (i) determínese si el equilibrio puede ser sustentado por conjeturas que satisfagan el requisito 5 de señalización;

(ii) determínese si el equilibrio puede ser sustentado por conjeturas que satisfagan el requisito 6 de señalización (el criterio intuitivo).

4.7 Referencias

AUSTEN-SMITH, D. 1990. "Information Transmission in Debate." *American Journal of Political Science* 34:124-52.

AXELROD, R. 1981. "The Emergence of Cooperation Among Egoists." *American Political Science Review* 75:306-18.

BALL, L. 1990. "Time-Consistent Policy and Persistent Changes in Inflation." National Bureau of Economic Research Working Paper #3529 (December).

BARRO, R. 1986. "Reputation in a Model of Monetary Policy with Incomplete Information." *Journal of Monetary Economics* 17:3-20.

BHATTACHARYA, S. 1979. "Imperfect Information, Dividend Policy, and the 'Bird in the Hand' Fallacy." *Bell Journal of Economics* 10:259-70.

CHO, J.-K., y D. KREPS. 1987. "Signaling Games and Stable Equilibria." *Quarterly Journal of Economics* 102:179-222.

CHO, I.-K., y J. SOBEL. 1990. "Strategic Stability and Uniqueness in Signaling Games." *Journal of Economic Theory* 50:381-413.

CRAMTON, P., y J. TRACY. 1992. "Strikes and Holdouts in Wage Bargaining: Theory and Data." *American Economic Review* 82:100-21.

CRAWFORD, V., y J. SOBEL. 1982. "Strategic Infomation Transmission." *Econometrica* 50:1431-51.

DYBVIG, P., y J. ZENDER. 1991. "Capital Structure and Dividend Irrelevance with Asymmetric Information." *Review of Financial Studies* 4:201-19.

FARRELL, J., y R. GIBBONS. 1991. "Union Voice." Mimeo, Cornell University.

FUDENBERG, D., y J. TIROLE. 1991. "Perfect Bayesian Equilibrium and Sequential Equilibrium." *Journal of Economic Theory* 53:236-60.

HARSANYI, J. 1967. "Games with Incomplete Information Played by Bayesian Players, Parts I, II, and III." *Management Science* 14:159-82, 320-34, 486-502.

KENNAN, J., y R. WILSON. 1992. "Bargaining with Private Information." De próxima aparición en *Journal of Economic Literature*.

KOHLBERG, E., y J.-F. MERTENS. 1986. "On the Strategic Stability of Equilibria." *Econometrica*. 54:1003-38.

KREPS, D., y R. WILSON. 1982. "Sequential Equilibrium." *Econometrica* 50:863-94.

KREPS, D., P. MILGROM, J. ROBERTS, y R. WILSON. 1982. "Rational Cooperation in the Finitely Repeated Prisioners' Dilemma." *Journal of Economic Theory* 27:245-52.

LELAND, H., y D. PYLE. 1977. "Informational Asymmetries, Financial Structure, and Financial Intermediation." *Journal of Finance* 32:371-87.

MATTHEWS, S. 1989. "Veto Threats: Rhetoric in a Bargaining Game." *Quarterly Journal of Economics* 104:347-69.

MILGROM, P., y J. ROBERTS. 1982. "Limit Pricing and Entry under Incomplete Information: An Equilibrium Analysis." *Econometrica* 40:443-59.

MINCER, J. 1974. *Schooling, Experience, and Earnings*. New York: Columbia University Press for the NBER.

MYERS, S., y N. MAJLUF. 1984. "Corporate Financing and Investment Decisions When Firms Have Information that Investors Do Not Have." *Journal of Financial Economics* 13:187-221.

NALEBUFF, B. 1987. "Credible Pretrial Negotiation." *Rand Journal of Economics* 18;198-210.

NOLDEKE, G., y E. VAN DAMME. 1990. "Signalling in a Dynamic Labour Market." *Review of Economic Studies* 57:1- 23.

ROGOFF, K. 1989. "Reputation, Coordination, and Monetary Policy." En *Modern Business Cycle Theory*. R. Barro, ed. Cambridge: Harvard University Press.

SAMUELSON, W. 1984. "Bargaining Under Asymmetric Information." *Econometrica* 52:995-1005.

SOBEL, J. 1985. "A Theory of Credibility." *Review of Economic Studies* 52:557-73.

SOBEL, J., y I. TAKAHASHI. 1983. "A multistage Model of Bargaining." *Review of Economic Studies* 50:411- 26.

SPENCE, A. M. 1973. "Job Market Signaling." *Quarterly Journal of Economics* 87:355-74.

SPENCE, A. M. 1974. "Competitive and Optimal Responses to Signaling: An Analysis of Efficiency and Distribution." *Journal of Economic Theory* 8:296-332.

STEIN, J. 1989. "Cheap Talk and the Fed: A Theory of Imprecise Policy Announcements." *American Economic Review* 79:32-42.

VICKERS, J. 1986. "Signalling in a Model of Monetary Policy with Incomplete Information." *Oxford Economic Papers* 38:443-55.

ÍNDICE ANALÍTICO